Diagnostische Kriterien
DSM-IV

Diagnostische Kriterien des Diagnostischen und Statistischen Manuals Psychischer Störungen DSM-IV

Deutsche Bearbeitung von
Henning Saß, Hans-Ulrich Wittchen,
Michael Zaudig und Isabel Houben

 Hogrefe · Verlag für Psychologie
Göttingen · Bern · Toronto · Seattle

Titel der Originalausgabe:
American Psychiatric Association: Diagnostic Criteria from DSM-IV
Washington, D.C., American Psychiatric Association, 1994

Die Deutsche Bibliothek - CIP-Einheitsaufnahme

Diagnostische Kriterien des Diagnostischen und Statistischen Manuals Psychischer Störungen DSM-IV. Deutsche Bearbeitung von Henning Saß, Hans-Ulrich Wittchen, Michael Zaudig und Isabel Houben. - Göttingen ; Bern ; Toronto ; Seattle : Hogrefe, Verl. für Psychologie, 1998
Einheitssacht.: Diagnostic Criteria from DSM-IV <dt.>

ISBN 3-8017-0915-9

© by Hogrefe-Verlag, Göttingen • Bern • Toronto • Seattle 1998
Rohnsweg 25, D-37085 Göttingen

Umschlaggraphik: Bernhard Zerwann, Bad Dürkheim
Satz: Druckvorlagen Bernert, Göttingen
Druck: Universitätsbuchdruckerei W. Fr. Kaestner GmbH & Co. KG,
        37124 Rosdorf/Göttingen
Printed in Germany
Auf säurefreiem Papier gedruckt

ISBN 3-8017-0915-9

Inhaltsverzeichnis

Vorwort
der deutschen Herausgeber

Das von der American Psychiatric Association 1994 herausgegebene DSM-IV ist die vierte Version eines weltweit angewandten Klassifikationssystems für psychische Störungen. Eines seiner wichtigsten Merkmale ist die Bereitstellung diagnostischer Kriterien zur Verbesserung der Zuverlässigkeit diagnostischer Urteile. Das vorliegende Mini-DSM-IV stellt eine komprimierte Version des Manuals dar und bietet dem Anwender die Möglichkeit, das Vorhandensein und Fehlen spezifischer klinischer Symptome festzustellen und die Kriterienlisten als Richtlinien bei der Diagnosestellung zu verwenden.

Wie im Hauptband, haben wir auch in der Taschenbuchausgabe zusätzlich zur DSM-IV-Codierung auch die ICD-10-Codierungen in die Klassifikation mit aufgenommen. Dies ermöglicht dem Anwender, DSM-IV als Grundlage für die diagnostische Verschlüsselung nach ICD-10 zu verwenden. Natürlich sind nicht bei allen Diagnosekategorien die klinisch-diagnostischen Leitlinien der ICD-10 mit denen der DSM-IV-Klassifikation identisch. Soweit möglich, haben wir Probleme adäquater ICD-10-Verschlüsselungen durch Anmerkungen kenntlich gemacht. Benutzer sollten wegen der zwangsläufig systembedingten Unterschiede und der dadurch entstehenden Unschärfe bei der ICD-10-Diagnostik gegebenenfalls unsere Zuordnungen überprüfen.

Dieses Buch enthält – im Unterschied zum Hauptband – neben dem alphabetischen Register der DSM-IV-Diagnosen zusätzlich eine numerische Auflistung. Dies ermöglicht die rasche Diagnosenzuordnung in solchen Fällen, in denen nur eine Schlüsselnummer vorhanden ist.

Unerläßlich ist allerdings die Kenntnis der beschreibenden Texte, die in DSM-IV den einzelnen Störungbildern zugefügt sind. Dort werden die Kriterien erläutert und an Beispielen anschaulich gemacht. Eine diagnostische Anwendung der Kriterien ohne Beachtung der definierenden Erläuterungen würde das von der APA intendierte Ziel, die Reliabilität der psychiatrischen Diagnosestellung zu erhöhen, in Frage stellen.

H. Saß, Aachen
H.-U. Wittchen, München
M. Zaudig, Windach
I. Houben, Aachen

Einleitung

Eines der wichtigsten Merkmale von DSM-IV ist die Bereitstellung diagnostischer Kriterien zur Verbesserung der Zuverlässigkeit diagnostischer Urteile. Zum schnellen Nachschlagen kann ein Taschenbuch, das nur die DSM-IV-Klassifikation und die diagnostischen Kriterien enthält, für den Kliniker hilfreich sein.

Dieses Mini-Taschenbuch sollte in Verbindung mit DSM-IV benutzt werden. Seine richtige Anwendung erfordert Vertrautheit mit den Textbeschreibungen, die den Kriterienlisten zu jeder Störung beigefügt sind.

Allen Frances, M.D.
Vorsitzender,
DSM-IV-Sonderkomitee

Harold Alan Pincus, M.D.
Stellvertrender Vorsitzender
DSM-IV-Sonderkomitee

Michael B. First, M.D.
Herausgeber,
DSM-IV Text und Kriterien

Thomas A. Widiger, Ph.D.
Forschungskoordinator

Warnhinweis

Die spezifischen diagnostischen Kriterien für jede psychische Störung werden als Richtlinien zur Erstellung von Diagnosen angeboten. Es hat sich gezeigt, daß der Gebrauch solcher Kriterien die Verständigung zwischen Klinikern und Forschern verbessert. Die richtige Anwendung dieser Kriterien erfordert ein spezifisches klinisches Training zur Vermittlung von Wissen und klinischen Fertigkeiten.

Diese diagnostischen Kriterien und die DSM-IV-Klassifikation der psychischen Störungen beruhen auf einem Konsensus über aktuelle Formulierungen eines sich weiterentwickelnden Kenntnisstandes in unserem Gebiet, umfassen aber nicht alle Zustände, aufgrund derer Menschen behandelt werden, oder die angemessene Forschungsbereiche darstellen.

Das Ziel des DSM-IV besteht darin, klare Beschreibungen diagnostischer Kategorien zu geben, um Kliniker und Forscher in die Lage zu versetzen, bestimmte psychische Störungen zu diagnostizieren, sich über sie zu verständigen, sie zu untersuchen und zu behandeln. Es muß darauf hingewiesen werden, daß die Aufnahme einer diagnostischen Kategorie in das DSM-IV zu klinischen und Forschungszwecken, wie z.B. die Diagnosen Pathologisches Spielen oder Pädophilie, nicht bedeutet, daß dieser Zustand bestimmte rechtliche oder andere nicht-medizinische Kriterien erfüllt, die das Bestehen einer psychischen Erkrankung, einer psychischen Störung oder einer geistigen Behinderung festlegen. Die klinischen und wissenschaftlichen Überlegungen bei der Klassifikation dieser Zustände als psychische Störungen sind ferner möglicherweise weniger relevant in Zusammenhang mit z.B. forensischen Aspekten, bei denen Gesichtspunkte wie individuelle Verantwortlichkeit sowie Bestimmung von Behinderungen oder Geschäftsfähigkeit eine Rolle spielen.

Zum Gebrauch des Manuals

Hinweis: Für eine ausführlichere Diskussion siehe Kapitel „Die Anwendung des DSM-IV" in DSM-IV (Seite 1).

Diagnostische Codes

Das offizielle Codierungssystem, das bei der Drucklegung dieses Manuals in den Vereinigten Staaten im Gebrauch ist, ist die *International Classification of Diseases, 9th Revision, Clinical Modification* (ICD-9-CM). Die meisten DSM-IV-Diagnosen haben einen numerischen ICD-9-CM-Code (in der deutschen Bearbeitung wird zusätzlich die vorgeschriebene ICD-10-Nummer in Klammern angegeben), der in der DSM-IV-Klassifikation der Störungsbezeichnung vorangeht und in der Kriterienliste zu jeder Störung aufgeführt ist. Bei einigen Diagnosen (z. B. Geistige Behinderung, Substanzinduzierte Affektive Störung) hängt die passende Codierung von weitergehender Spezifizierung ab. Diese wird im Anschluß an den Text und an die Kriterienliste der Störung aufgeführt. Bei manchen Störungsnamen sind alternative Bezeichnungen in Klammern hinzugefügt. Dies waren im allgemeinen die in DSM-III-R benutzten Störungsnamen.

Es werden Subtypen (von denen einige an der 5. Stelle codiert werden) und Zusatzcodierungen vorgegeben, um eine höhere Genauigkeit zu erreichen. Als *Subtypen* werden sich gegenseitig ausschließende und zusammengenommen erschöpfende phänomenologische Untergruppen innerhalb einer Diagnose definiert und durch die Instruktion „Bestimme den Typus" in der Kriterienliste angezeigt. Zum Beispiel wird die Wahnhafte Störung aufgrund des Inhalts der Wahnphänomene in Subtypen unterteilt, wobei 7 Subtypen vorgesehen sind: Typus mit Liebeswahn, Typus mit Größenwahn, Typus mit Eifersuchtswahn, Typus mit Verfolgungswahn, Typus mit Körperbezogenem Wahn, Typus mit Gemischtem Wahn und Unpezifischer Typus. Im Gegensatz dazu müssen *Zusatzcodierungen* sich nicht gegenseitig ausschließend und zusammengenommen erschöpfend sein und werden durch die Instruktion „bestimme" oder „bestimme, ob" in der Kriterienliste angezeigt (z. B. heißt bei der Sozialen Phobie die Instruktion: „Bestimme, ob: Generalisiert"). Zusatzcodierungen stellen eine Möglichkeit dar, eine homogenere Gruppe von Personen mit einer Störung, die bestimmte Merkmale gemeinsam haben, zu bezeichnen (z. B. Major Depression, Mit Melancholischen Merkmalen). Obwohl manchmal die 5. Stelle vorgesehen ist, um einen Subtypus oder eine Zusatzcodierung (z. B. 290.12 Demenz vom Alzheimer Typ, Mit Frühem Beginn, Mit Wahnphänomenen) oder einen Schweregrad (296.21 Major Depression, Einzelne Episode, Leicht) zu codieren, kann die Mehrzahl der in DSM-IV aufgenommenen Subtypen und Zusatzcodierungen nicht im ICD-9-CM-System verschlüsselt werden. In diesem Fall werden Subtypus oder Zusatzcodierung zu dem Störungsnamen hinzugefügt (z. B. Soziale Phobie, Generalisiert).

Zusatzcodierungen für Schweregrad und Verlauf

Eine DSM-IV-Diagnose gilt üblicherweise für das aktuelle Symptomenbild des Betroffenen und wird gewöhnlich nicht vergeben, um in der Vergangenheit diagnostizierte Störungsbilder zu bezeichnen, von denen die Person sich jetzt erholt hat. Die folgenden Zusatzcodierungen für den Schweregrad und den Verlauf können der Diagnose hinzugefügt werden: Leicht, Mittelschwer, Schwer, Teilremittiert, Vollremittiert, In der Vorgeschichte.

Die Zusatzcodierungen „Leicht", „Mittelschwer", „Schwer" sollten nur benutzt werden, wenn die Kriterien für die Störung zum Untersuchungszeitpunkt vollständig erfüllt sind. Bei der Entscheidung, ob das Störungsbild als leicht, mittelschwer oder schwer zu beschreiben ist, sollte der Untersucher Anzahl und Intensität der mit der Störung verbundenen Zeichen und Symptome und das Ausmaß der Funktionsbeeinträchtigung im sozialen oder beruflichen Bereich miteinbeziehen. Bei der Mehrzahl der Störungen können die folgenden Leitlinien benutzt werden:
— **Leicht.** Wenn überhaupt, sind nur wenig mehr Symptome vorhanden als zur Diagnosestellung nötig, und die Symptome führen nur zu geringer Funktionsbeeinträchtigung im sozialen oder beruflichen Bereich.

— **Mittelschwer.** Symptome oder Funktionsbeeinträchtigungen liegen zwischen „leicht" und „schwer".

— **Schwer.** Es sind viel mehr Symptome vorhanden als für die Diagnosestellung erforderlich, oder einige Symptome sind besonders schwer, oder die Symptome führen zu deutlicher Funktionsbeeinträchtigung im sozialen oder beruflichen Bereich.

— **Teilremittiert.** Die Kriterien für die Störung waren vormals vollständig erfüllt, zur Zeit sind aber nur noch einige der Symptome oder Zeichen übrig.

— **Vollremittiert.** Es gibt keine Zeichen oder Symptome der Störung mehr, es ist aber klinisch immer noch wichtig, sie festzuhalten z. B. bei einer Person mit früheren Episoden einer Bipolaren Störung, die unter Lithiumgabe in den letzten 3 Jahren symptomfrei war. Nach einem Zeitraum der Vollremission kann der Untersucher entscheiden, daß der Betroffene gesund ist, und wird dann die Störung nicht mehr als aktuelle Diagnose verschlüsseln. Die Unterscheidung zwischen vollremittiert und gesund erfordert die Erwägung einer Vielzahl von Faktoren, einschließlich des charakteristischen Verlaufsmusters der Störung, der Dauer seit der letzten Störungsperiode, der Gesamtdauer des Störungsbildes und des Bedarfs an weiterer Beobachtung oder prophylaktischer medikamentöser Behandlung.

— **In der Vorgeschichte.** Für manche Zwecke kann es nützlich sein, ein Störungsbild, das in der Vorgeschichte die Kriterien für eine Diagnose erfüllt hat, festzuhalten, auch wenn die Person inzwischen gesund ist. Solche nachträglichen Diagnosen von psychischen Störungen würden mit der Zusatzcodierung „In der Vorgeschichte" kenntlich gemacht (z. B. Störung mit Trennungsangst, In der Vorgeschichte, bei einer Person, die zur Zeit keine Störung hat oder die zur Zeit die Kriterien für eine Panikstörung erfüllt, bei der jedoch in der Vorgeschichte eine Störung mit Trennungsangst auftrat).

Spezifische Kriterien für Leicht, Mittelschwer und Schwer sind bei folgenden Störungen vorgesehen: Geistige Behinderung, Störung des Sozialverhaltens, Manische Episode und Episode einer Major Depression. Spezifische Kriterien für Teilremittiert und Vollremittiert finden sich bei der Manischen Episode, der Episode einer Major Depression und Substanzabhängigkeit.

Rezidive

In der klinischen Praxis kommt es häufig vor, daß Personen nach einer Zeit, in der die Kriterien einer Störung nicht mehr vollständig erfüllt waren (d.h. vollremittiert oder genesen), Symptome entwikkeln, die ein Rezidiv der ursprünglichen Erkrankung nahelegen, die jedoch noch unterhalb der in den Kriterienlisten für die Störung vorgegebenen Schwelle liegen. Es ist eine Frage der klinischen Beurteilung, wie das Vorhandensein solcher Symptome am besten zu bezeichnen ist. Hierfür gibt es folgende Möglichkeiten:

● Wenn die Symptome als neue Episode einer rezidivierenden Erkrankung angesehen werden, kann die Diagnose als aktuell (oder vorläufig) gestellt werden, noch bevor die Kriterien vollständig erfüllt sind (z. B. wenn die Kriterien für eine Major Depression erst seit 10 Tagen statt der eigentlich erforderlichen 14 Tage erfüllt sind).

● Wenn die Symptome als klinisch bedeutsam eingeschätzt werden, aber noch nicht klar ist, ob sie ein Rezidiv der ursprünglichen Störung darstellen, kann die entsprechende Nicht-Näher-Bezeichnet-Kategorie herangezogen werden.

● Wenn man zu dem Urteil kommt, daß die Symptome nicht klinisch bedeutsam sind, wird keine aktuelle Diagnose gegeben, es kann aber „In der Vorgeschichte" hinzugefügt werden (siehe S. 7).

Hauptdiagnose/Konsultationsgrund

Wird im stationären Rahmen mehr als eine Diagnose vergeben, ist die *Hauptdiagnose* der Zustand, der aufgrund der Untersuchung als hauptverantwortlich für die Krankenhausaufnahme des Patienten angesehen wird. Im ambulanten Rahmen ist bei mehr als einer Diagnose der *Konsultationsgrund* der Zustand, der hauptverantwortlich für die ambulante medizinische Betreuung ist, die der Patient während seiner Arztbesuche erhält. In den meisten Fällen stehen die Hauptdiagnose bzw. der Konsultationsgrund auch im Zentrum der klinischen Aufmerksamkeit bzw. Behandlung. Häufig ist es schwierig (und einigermaßen willkürlich) zu entscheiden, welche Diagnose die Hauptdiagnose bzw. der Konsultationsgrund ist, besonders bei „Doppeldiagnosen" (z. B. eine Diagnose im Zusammenhang mit Substanzen wie Amphetaminabhängigkeit, die mit einer nicht mit Substanzen zusammenhängenden Diagnose wie Schizophrenie einhergeht). Es kann z. B. unklar sein, welche Diagnose bei einer Person, die sowohl mit Schizophrenie als auch mit Amphetaminintoxikation stationär behandelt wird, als Hauptdiagnose in Betracht kommt, da beide Zustände gleichermaßen dazu beigetragen haben können, daß Einweisung und stationäre Behandlung notwendig wurden.

Mehrere Diagnosen können entweder in einem multiaxialen Format oder in einem nichtaxialen Format aufgezeichnet werden. Wenn die Hauptdiagnose eine Achse I-Störung ist, wird dies angezeigt, indem sie als erste aufgeführt wird. Die verbleibenden Störungen werden je nach Schwerpunkt der Aufmerksamkeit und Behandlung geordnet. Wenn eine Person sowohl eine Achse I- als auch eine Achse II-Störung hat, wird die Hauptdiagnose bzw. der Konsultationsgrund im allgemeinen auf Achse I erwartet, es sei denn, der Achse II-Diagnose folgt der qualifizierende Zusatz „(Hauptdiagnose)" bzw. „(Konsultationsgrund)".

Vorläufige Diagnosen

Die Zusatzbezeichnung *vorläufig* kann benutzt werden, wenn mit hoher Wahrscheinlichkeit anzunehmen ist, daß die Kriterien für eine Störung letztendlich erfüllt werden, jedoch nicht genügend Informationen erhältlich sind, um eine sichere Diagnose zu stellen. Der Untersucher kann auf die diagnostische Unsicherheit hinweisen, indem er der Diagnose „(Vorläufig)" hinzufügt, z. B. wenn ein Patient eine Major Depression zu haben scheint, jedoch nicht in der Lage ist, eine angemessene Auskunft über die Vorgeschichte zu geben, so daß nicht belegt werden kann, daß die Kriterien vollständig erfüllt sind. Der Zusatz *vorläufig* kann auch in solchen Fällen benutzt werden, in denen die Differentialdiagnose ausschließlich auf der Dauer der Erkrankung beruht. Zum Beispiel ist für die Diagnose einer Schizophreniformen Störung eine Dauer von weniger als 6 Monaten erforderlich. Daher kann sie vor Auftreten einer Remission nur vorläufig gegeben werden.

Anwendung der Kategorie Nicht Näher Bezeichnet (NNB)

Aufgrund der Streubreite klinischer Störungsbilder kann eine diagnostische Nomenklatur nicht jede mögliche Situation abdecken. Deshalb hat jede diagnostische Klasse mindestens eine Nicht-Näher-Bezeichnet-Kategorie (NNB), und einige haben sogar mehrere. Es gibt 4 Situationen, in denen eine NNB-Diagnose angemessen sein kann:

● Das klinische Bild paßt zu den generellen Leitlinien einer psychischen Störung in der jeweiligen diagnostischen Klasse, das Symptomenbild erfüllt jedoch nicht die Kriterien einer bestimmten Störung. Dies tritt entweder ein, wenn die Symptome unterhalb der diagnostischen Schwelle einer bestimmten Störung bleiben oder wenn es sich um ein atypisches oder gemischtes Bild handelt.

● Das klinische Bild paßt zu einem Symptommuster, das nicht in der DSM-IV-Klassifikation enthalten ist, das jedoch in klinisch bedeutsamer Weise Leiden oder Beeinträchtigungen verursacht. Anhang B des DSM-IV enthält Forschungskriterien für einige dieser Symptommuster („Kriterienlisten und Achsen, die für weitere Forschung vorgesehen sind").

● Es besteht Unsicherheit über die Ätiologie (d. h. ob die Störung auf einen medizinischen Krankheitsfaktor zurückgeht, durch eine Substanz induziert oder primär ist).

● Die Möglichkeit zur vollständigen Datenerhebung ist eingeschränkt (z. B. in Notfallsituationen) oder die Informationen sind inkonsistent oder widersprüchlich, reichen aber aus, um die Symptome einer bestimmten diagnostischen Klasse zuzuordnen (z. B. stellt der Untersucher fest, daß der Betroffene psychotische Symptome hat, für die Diagnose einer bestimmten Psychotischen Störung liegen aber nicht genügend Informationen vor).

DSM-IV-Klassifikation mit den ICD-10-Codierungen

NNB = Nicht Näher Bezeichnet

x = ein x im diagnostischen Code gibt an, daß eine entsprechend passende Schlüsselzahl einzusetzen ist

(...) = hier sind die Namen bestimmter Störungen oder Krankheiten einzusetzen (z. B. 293.0 Delir Aufgrund von Hypothyreose)

Wenn die Kriterien für eine Störung erfüllt sind, können zusätzlich folgende Schweregradsbezeichnungen vergeben werden:
● Leicht
● Mittelschwer
● Schwer

Wenn die Kriterien für eine Störung nicht vollständig erfüllt sind, kann eine der folgenden Zusatzbezeichnungen verwendet werden:
● Teilremittiert
● Vollremittiert
● In der Vorgeschichte

Die beiden Klassifikationssysteme ICD-10 und DSM-IV sind nicht voll kompatibel. Oftmals sollte bei einer Codierung nach ICD-10 – besonders bei Restkategorien – geprüft werden, ob nicht eine spezifischere ICD-10-F-Nummer vergeben werden sollte.

Störungen, die Gewöhnlich Zuerst im Kleinkindalter, in der Kindheit oder Adoleszenz Diagnostiziert werden (S. 51)

Geistige Behinderung* (S. 51)
(beachte: wird auf Achse II codiert)

317	F70.9	Leichte Geistige Behinderung (S. 51)
318.0	F71.9	Mittelschwere Geistige Behinderung (S. 51)
318.1	F72.9	Schwere Geistige Behinderung (S. 51)
318.2	F73.9	Schwerste Geistige Behinderung (S. 51)

319   F79.9   Geistige Behinderung mit Unspezifischem
                 Schweregrad (S. 52)
* (In der ICD-10 lassen sich weitere Subtypen bestimmen!)

Lernstörungen (S.52)

315.00	F81.0	Lesestörung (S. 52)
315.1	F81.2	Rechenstörung (S. 52)
315.2	F81.8	Störung des Schriftlichen Ausdrucks (S. 53)
315.9	F81.9	NNB Lernstörung (S. 53)

Störung der Motorischen Fertigkeiten (S. 54)

315.4	F82	Entwicklungsbezogene Koordinationsstörung (S. 54)

Kommunikationsstörungen (S. 54)

315.31	F80.1	Expressive Sprachstörung (S. 54)
315.31	F80.2	Kombinierte Rezeptiv-Expressive Sprachstörung (S. 55)
315.39	F80.0	Phonologische Störung (S. 56)
307.0	F98.5	Stottern (S. 56)
307.9	F80.9	NNB Kommunikationsstörung (S. 57)

Tiefgreifende Entwicklungsstörungen (S. 57)

299.00	F84.0	Autistische Störung (S. 57)
299.80	F84.2	Rett-Störung (S. 59)
299.10	F84.3	Desintegrative Störung im Kindesalter (S. 59)
299.80	F84.5	Asperger-Störung (S. 60)
299.80	F84.9	NNB Tiefgreifende Entwicklungsstörung (S. 61)

Störungen der Aufmerksamkeit, der Aktivität und des Sozialverhaltens (S. 62)

314.xx	—.—	Aufmerksamkeitsdefizit-/Hyperaktivitätsstörung (S. 62)
—.01	F90.0	Mischtypus
—.00	F98.8	Vorwiegend Unaufmerksamer Typus
—.01	F90.1	Vorwiegend Hyperaktiv-Impulsiver Typus

Andere Störungen im Kleinkindalter, in der Kindheit oder Adoleszenz (S. 72)

309.21	F93.0	Störung mit Trennungsangst (S. 72)
		Bestimme, ob: Früher Beginn
313.23	F94.0	Selektiver Mutismus (S. 73)
313.89	F94.x	Reaktive Bindungsstörung im Säuglingsalter oder in der Frühen Kindheit (S. 73)
		Bestimme den Typus: Gehemmter Typus (F94.1)/Ungehemmter Typus (F94.2)
307.3	F98.4	Stereotype Bewegungsstörung (S. 75)
		Bestimme, ob: Mit Selbstschädigendem Verhalten (F98.41)
313.9	F98.9	NNB Störung im Kleinkindalter, in der Kindheit oder Adoleszenz (S. 75)

Delir, Demenz, Amnestische und Andere Kognitive Störungen (S. 77)

Delir (S. 77)

293.0	F05	Delir Aufgrund von... *[Benenne den Medizinischen Krankheitsfaktor]* (S. 77)
——.——	——.—	Substanzintoxikationsdelir *(für substanzspezifische Codierung siehe Störungen im Zusammenhang mit Psychotropen Substanzen)* (S. 78)
——.——	——.—	Substanzentzugsdelir *(für substanzspezifische Codierung siehe Störungen im Zusammenhang mit Psychotropen Substanzen)* (S. 79)
——.——	——.—	Delir Aufgrund Multipler Ätiologien *(codiere jede der spezifischen Ätiologien)* (S. 80)
780.09	F05.9	NNB Delir (S. 80)

Demenz (S. 81)

290.xx	F00.0x	Demenz vom Alzheimer Typ, Mit Frühem Beginn *(codiere auch G30.0 Alzheimersche Erkrankung auf Achse III)* (S. 81/82)
——.10	F00.00	Unkompliziert

——.11   F00.0/F05.1   Mit Delir
——.12   F00.01   Mit Wahn
——.13   F00.03   Mit Depressiver Verstimmung
                      Bestimme, ob: Mit Verhaltensstörung
290.xx   F00.1x   Demenz vom Alzheimer Typ, Mit Spätem Beginn
                      (codiere auch G30.1 Alzheimersche Erkrankung
                      auf Achse III) (S. 81/82)
——.0   F00.10   Unkompliziert
——.3   F00.1/F05.1   Mit Delir
——.20   F00.11   Mit Wahn
——.21   F00.13   Mit Depressiver Verstimmung
                      Bestimme, ob: Mit Verhaltensstörung
290.xx   F01.xx   Vaskuläre Demenz (S. 83)
——.40   F01.80   Unkompliziert
——.41   F01.0/F05.1   Mit Delir
——.42   F01.81   Mit Wahn
——.43   F01.83   Mit Depressiver Verstimmung
                      Bestimme,. ob: Mit Verhaltensstörung
294.1   F02.4   Demenz Aufgrund einer HIV-Erkrankung *(co-diere auch B22.0 HIV-Infektion des Zentralner-vensystems auf Achse III)* (S. 84/85)
294.1   F02.8   Demenz Aufgrund eines Schädel-Hirn-Trau-mas *(codiere auch S06.9 Kopfverletzung auf Ach-se III)* (S. 84/85)
294.1   F02.3   Demenz Aufgrund einer Parkinsonschen Er-krankung *(codiere auch G20 Parkinsonsche Er-krankung auf Achse III)* (S. 84/85)
294.1   F02.2   Demenz Aufgrund einer Huntingtonschen Er-krankung *(codiere auch G10 Huntingtonsche Er-krankung auf Achse III)* (S. 84/85)
290.10   F02.0   Demenz Aufgrund einer Pickschen Erkrankung *(codiere auch G31.0 Picksche Erkrankung auf Achse III)* (S. 84/85)
290.10   F02.1   Demenz Aufgrund einer Creutzfeldt-Jakob-schen Erkrankung *(codiere auch A81.0 Creutz-feldt-Jakobsche Erkrankung auf Achse III)* (S. 84/85)
294.1   F02.8   Demenz Aufgrund von ... *[Benenne den Nicht Oben Aufgeführten Medizinischen Krankheitsfak-*

*tor] (Codiere den medizinischen Krankheitsfaktor
auch auf Achse III)* (S. 84/85)

—.— —.— Persistierende Substanzinduzierte Demenz *(für
substanzspezifische Codierung siehe Störungen im
Zusammenhang mit Psychotropen Substanzen)*
(S. 85)

—.— F02.8 Demenz Aufgrund Multipler Ätiologien *(codiere F00.2 kombiniert für Alzheimersche Erkrankung und Vaskuläre Demenz)* (S. 86)

294.8 F03 NNB Demenz (S. 87)

Amnestische Störungen (S. 88)

294.0 F04 Amnestische Störung Aufgrund von ... *[Benen-
ne den Medizinischen Krankheitsfaktor]*
Bestimme, ob: Vorübergehend/Chronisch
(S. 88)

—.— F1x.6 Persistierende Substanzinduzierte Amnestische
Störung *(für substanzspezifische Codierung siehe
Störungen im Zusammenhang mit Psychotropen
Substanzen)* (S. 89)

294.8 R41.3 NNB Amnestische Störung (S. 89)

Andere Kognitive Störungen (S. 90)

294.9 F06.9 NNB Kognitive Störung (S. 90) (erwäge auch:
F06.7, F07.2, F07.8)

Psychische Störungen Aufgrund eines Medizinischen Krankheitsfaktors, Nicht Andernorts Klassifiziert (S. 91)

293.89 F06.1 Katatone Störung Aufgrund von... *[Benenne
den Medizinischen Krankheitsfaktor]* (S. 92)

310.1 F07.0 Persönlichkeitsveränderung Aufgrund von...
[Benenne den Medizinischen Krankheitsfaktor]
(S. 93)

Störungen im Zusammenhang mit Psychotropen Substanzen (S. 95)

[a]*Die folgenden Zusatzcodierungen können bei Substanzabhängigkeit vergeben werden:*
Mit Körperlicher Abhängigkeit/Ohne Körperliche Abhängigkeit
Früh Vollremittiert/Früh Teilremittiert
Anhaltend Vollremittiert/Anhaltend Teilremittiert
Bei Agonistischer Therapie/In Geschützter Umgebung

Die folgenden Zusatzcodierungen werden bei den Störungen im Zusammenhang mit Psychotropen Substanzen, wo markiert, vergeben:
[I]Mit Beginn Während der Intoxikation/[E]Mit Beginn Während des Entzugs

Störungen im Zusammenhang mit Alkohol (S. 106)

Störungen durch Alkoholkonsum

Alkoholinduzierte Störungen

291.1	F10.6	Persistierende Alkoholinduzierte Amnestische Störung (S. 89)
291.x	F10.xx	Alkoholinduzierte Psychotische Störung (S. 145)
—.5	—.51	Mit Wahn[I,E]
—.3	—.52	Mit Halluzinationen[I,E]
291.8	F10.8	Alkoholinduzierte Affektive Störung[I,E] (S. 168)
291.8	F10.8	Alkoholinduzierte Angststörung[I,E] (S. 195)
291.8	F10.8	Alkoholinduzierte Sexuelle Funktionsstörung[I] (S. 220)
291.8	F10.8	Alkoholinduzierte Schlafstörung[I,E] (S. 242)
291.9	F10.9	NNB Störung im Zusammenhang mit Alkohol (S. 109)

Störungen im Zusammenhang mit Amphetamin (oder Amphetaminähnlichen Substanzen) (S. 109)

Störungen durch Amphetaminkonsum
| 304.40 | F15.2x | Amphetaminabhängigkeit[a] (S. 99) |
| 305.70 | F15.1 | Amphetaminmißbrauch (S. 103) |

Amphetamininduzierte Störungen
292.89	F15.0x	Amphetaminintoxikation (S. 110)
		Bestimme, ob: Mit Wahrnehmungsstörungen (F15.04)
292.0	F15.3	Amphetaminentzug (S. 111)
292.81	F15.03	Amphetaminintoxikationsdelir (S. 78)
292.xx	F15.xx	Amphetamininduzierte Psychotische Störung (S. 145)
—.11	—.51	Mit Wahn
—.12	—.52	Mit Halluzinationen
292.84	F15.8	Amphetamininduzierte Affektive Störung[I,E] (S. 168)
292.89	F15.8	Amphetamininduzierte Angststörung[I] (S. 195)
292.89	F15.8	Amphetamininduzierte Sexuelle Funktionsstörung[I] (S. 220)
292.89	F15.8	Amphetamininduzierte Schlafstörung[I,E] (S. 242)

292.9   F15.9   NNB Störung im Zusammenhang mit Amphetamin (S. 112)

Störungen im Zusammenhang mit Cannabis (S. 112)

Störungen durch Cannabiskonsum
304.30   F12.2x   Cannabisabhängigkeit[a] (S. 99)
305.20   F12.1   Cannabismißbrauch (S. 103)

Cannabisinduzierte Störungen
292.89   F12.0x   Cannabisintoxikation (S. 113)
                  Bestimme, ob: Mit Wahrnehmungsstörungen
                  (F12.04)
292.81   F12.03   Cannabisintoxikationsdelir (S. 78)
292.xx   F12.xx   Cannabisinduzierte Psychotische Störung
                  (S. 145)
——.11   ——.51   Mit Wahn[I]
——.12   ——.52   Mit Halluzinationen[I]
292.89   F12.8   Cannabisinduzierte Angststörung[I] (S. 195)
292.9   F12.9   NNB Störung im Zusammenhang mit Cannabis (S. 114)

Störungen im Zusammenhang mit Halluzinogenen (S. 114)

Störungen durch Halluzinogenkonsum
304.50   F16.2x   Halluzinogenabhängigkeit[a] (S. 99)
305.30   F16.1   Halluzinogenmißbrauch (S. 103)

Halluzinogeninduzierte Störungen
292.89   F16.0x   Halluzinogenintoxikation (S. 115)
292.89   F16.70   Persistierende Wahrnehmungsstörung im Zusammenhang mit Halluzinogenen (Flashbacks)
                  (S. 116)
292.81   F16.03   Halluzinogenintoxikationsdelir (S. 78)
292.xx   F16.xx   Halluzinogeninduzierte Psychotische Störung
                  (S. 145)
——.11   ——.51   Mit Wahn[I]
——.12   ——.52   Mit Halluzinationen[I]

292.84   F16.8   Halluzinogeninduzierte Affektive Störung[I]
                  (S. 168)
292.89   F16.8   Halluzinogeninduzierte Angststörung[I] (S. 195)
292.9   F16.9   NNB Störung im Zusammenhang mit Hallu-
                  zinogenen (S. 116)

Störungen im Zusammenhang mit Inhalantien (S. 117)

Störungen durch Inhalantienkonsum

304.60   F18.2x   Inhalantienabhängigkeit[a] (S. 99)
305.90   F18.1   Inhalantienmißbrauch (S. 103)

Inhalantieninduzierte Störungen

292.89   F18.0x   Inhalantienintoxikation (S. 117)
292.81   F18.03   Inhalantienintoxikationsdelir (S. 78)
292.82   F18.73   Persistierende   Inhalantieninduzierte   Demenz
                    (S. 79)
292.xx   F18.xx   Inhalantieninduzierte Psychotische Störung
                    (S. 145)
——.11   ——.51   Mit Wahn[I]
——.12   ——.52   Mit Halluzinationen[I]
292.84   F18.8   Inhalantieninduzierte Affektive Störung[I]
                  (S. 168)
292.89   F18.8   Inhalantieninduzierte Angststörung[I] (S. 195)
292.9   F18.9   NNB Störung im Zusammenhang mit Inha-
                  lantien (S. 118)

Störungen im Zusammenhang mit Koffein (S. 119)

Koffeininduzierte Störungen

305.90   F15.0x   Koffeinintoxikation (S. 119)
292.89   F15.8   Koffeininduzierte Angststörung[I] (S. 195)
292.89   F15.8   Koffeininduzierte Schlafstörung[I] (S. 242)
292.9   F15.9   NNB Störung im Zusammenhang mit Koffein
                  (S. 120)

Störungen im Zusammenhang mit Kokain (S. 120)

Störungen durch Kokainkonsum

304.20   F14.2x   Kokainabhängigkeit[a] (S. 99)
305.60   F14.1   Kokainmißbrauch (S. 103)

Kokaininduzierte Störungen

292.89   F14.0x   Kokainintoxikation (S. 121)
                  Bestimme, ob: Mit Wahrnehmungsstörungen
                  (F14.04)
292.0   F14.3   Kokainentzug (S. 122)
292.81   F14.03   Kokainintoxikationsdelir (S. 78)
292.xx   F14.xx   Kokaininduzierte Psychotische Störung (S. 145)
——.11   ——.51   Mit Wahn[I]
——.12   ——.52   Mit Halluzinationen[I]
292.84   F14.8   Kokaininduzierte Affektive Störung[I,E] (S. 168)
292.89   F14.8   Kokaininduzierte Angststörung[I,E] (S. 195)
292.89   F14.8   Kokaininduzierte Sexuelle Funktionsstörung[I]
                  (S. 220)
292.89   F14.8   Kokaininduzierte Schlafstörung[I,E] (S. 242)
292.9   F14.9   NNB Störung im Zusammenhang mit Kokain
                  (S. 123)

Störungen im Zusammenhang mit Nikotin (S. 123)

Störung durch Nikotinkonsum

305.10   F17.2x   Nikotinabhängigkeit[a] (S. 99)

Nikotininduzierte Störung

292.0   F17.3   Nikotinentzug (S. 123)
292.9   F17.9   NNB Störung im Zusammenhang mit Nikotin
                  (S. 124)

Störungen im Zusammenhang mit Opiaten (S. 124)

Störungen durch Opiatkonsum

304.00   F11.2x   Opiatabhängigkeit[a] (S. 99)
305.50   F11.1   Opiatmißbrauch (S. 103)

Opiatinduzierte Störungen

292.89	F11.0x	Opiatintoxikation (S. 125)
		Bestimme, ob: Mit Wahrnehmungsstörungen (F11.04)
292.0	F11.3	Opiatentzug (S. 126)
292.81	F11.03	Opiatintoxikationsdelir (S. 79)
292.xx	F11.xx	Opiatinduzierte Psychotische Störung (S. 145)
—.11	—.51	Mit Wahn[I]
—.12	—.52	Mit Halluzinationen[I]
292.84	F11.8	Opiatinduzierte Affektive Störung[I] (S. 168)
292.89	F11.8	Opiatinduzierte Sexuelle Funktionsstörung[I] (S. 220)
292.89	F11.8	Opiatinduzierte Schlafstörung[I,E] (S. 242)
292.9	F11.9	NNB Störung im Zusammenhang mit Opiaten (S. 127)

Störungen im Zusammenhang mit Phencyclidin (oder Phencyclidinähnlichen Substanzen) (S. 127)

Störungen durch Phencyclidinkonsum

| 304.90 | F19.2x | Phencyclidinabhängigkeit[a] (S. 99) |
| 305.90 | F19.1 | Phencyclidinmißbrauch (S. 103) |

Phencyclidininduzierte Störungen

292.89	F19.0x	Phencyclidinintoxikation (S. 128)
		Bestimme, ob: Mit Wahrnehmungsstörungen (F19.04)
292.81	F19.03	Phencyclidinintoxikationsdelir (S. 78)
292.xx	F19.xx	Phencyclidininduzierte Psychotische Störung (S. 145)
—.11	—.51	Mit Wahn[I]
—.12	—.52	Mit Halluzinationen[I]
292.84	F19.8	Phencyclidininduzierte Affektive Störung[I] (S. 168)
292.89	F19.8	Phencyclidininduzierte Angststörung[I] (S. 195)
292.9	F19.9	NNB Störung im Zusammenhang mit Phencyclidin (S. 129)

Störungen im Zusammenhang mit Sedativa-, Hypnotika- oder Anxiolytikaähnlichen Substanzen (S. 129)

Störungen durch Sedativa-, Hypnotika- oder Anxiolytikakonsum

Durch Sedativa, Hypnotika oder Anxiolytika Induzierte Störungen

292.9   F13.9   NNB Störung im Zusammenhang mit Sedativa, Hypnotika oder Anxiolytika (S. 132)

Störung im Zusammenhang mit Multiplen Substanzen (S. 133)

304.80   F19.2x   Polytoxikomanie (S. 133)

Störung im Zusammenhang mit Anderen (oder Unbekannten) Substanzen (S. 133)

Störungen durch Konsum von Anderen (oder Unbekannten) Substanzen

304.90   F19.2x   Abhängigkeit von Anderer (oder Unbekannter) Substanz (S. 99)
305.90   F19.1   Mißbrauch von Anderer (oder Unbekannter) Substanz (S. 103)

Durch Andere (oder Unbekannte) Substanzen Induzierte Störungen

292.89   F19.0x   Intoxikation mit Anderer (oder Unbekannter) Substanz (S. 103)
                  Bestimme, ob: Mit Wahrnehmungsstörungen (F19.04)
292.0   F19.3   Entzug von Anderer (oder Unbekannter) Substanz (S. 104)
                  Bestimme, ob: Mit Wahrnehmungsstörungen
292.81   F19.03   Durch Andere (oder Unbekannte) Substanz Induziertes Delir (S. 78)
292.82   F19.73   Durch Andere (oder Unbekannte) Substanz Induzierte Persistierende Demenz (S. 85)
292.83   F19.6   Durch Andere (oder Unbekannte) Substanz Induzierte Persisitierende Amnestische Störung (S. 89)
292.xx   F19.xx   Durch Andere (oder Unbekannte) Substanz Induzierte Psychotische Störung (S. 145)
——.11   ——.51   Mit Wahn
——.12   ——.52   Mit Halluzinationen

292.84 F19.8 Durch Andere (oder Unbekannte) Substanz Induzierte Affektive Störung (S. 168)
292.89 F19.8 Durch Andere (oder Unbekannte) Substanz Induzierte Angststörung (S. 195)
292.89 F19.8 Durch Andere (oder Unbekannte) Substanz Induzierte Sexuelle Funktionsstörung (S. 220)
292.89 F19.8 Durch Andere (oder Unbekannte) Substanz Induzierte Schlafstörung (S. 242)
292.9   F19.9 NNB Störung im Zusammenhang mit Anderer (oder Unbekannter) Substanz

Schizophrenie und Andere Psychotische Störungen (S. 137)

295.xx F20.xx Schizophrenie (S. 137)

Die folgende Klassifikation des Langzeitverlaufs wird bei allen Schizophrenie-Subtypen vergeben:
— Episodisch mit Residualsymptomen zwischen den Episoden (*Bestimme, ob:* Mit Ausgeprägten Negativen Symptomen/Episodisch Ohne Residualsymptome Zwischen den Episoden)
— Kontinuierlich (*Bestimme, ob:* Mit Ausgeprägten Negativen Symptomen)
— Einzelne Episode Teilremittiert (*Bestimme, ob:* Mit Ausgeprägten Negativen Symptomen) / Einzelne Episode Vollremittiert
— Anderes oder Unspezifisches Muster

——.30 F20.0x Paranoider Typus (S. 138)
——.10 F20.1x Desorganisierter Typus (S. 139)
——.20 F20.2x Katatoner Typus (S. 139)
——.90 F20.3x Undifferenzierter Typus (S. 139)
——.60 F20.5x Residualer Typus (S. 139)
295.40 F20.8   Schizophreniforme Störung (S. 141)
Bestimme, ob: Ohne Günstige Prognostische Merkmale/Mit Günstigen Prognostischen Merkmalen

295.70	F25.x	Schizoaffektive Störung (S. 141)

Bestimme den Typus: Bipolarer (F25.0 oder F25.2), Depressiver Typus (F25.1)

297.1	F22.0	Wahnhafte Störung (S. 142)

Bestimme den Typus: Typus mit Liebeswahn/mit Größenwahn/mit Eifersuchtswahn/mit Verfolgungswahn/mit Körperbezogenem Wahn/mit Gemischtem Wahn/Unspezifischer Typus

297.3	F24	Gemeinsame Psychotische Störung (S. 143)
298.8	F23.x	Kurze Psychotische Störung (S. 144)

Bestimme, ob: Mit Deutlichen Belastungsfaktoren/Ohne Deutliche Belastungsfaktoren/Mit Postpartalem Beginn

293.xx	F06.x	Psychotische Störung Aufgrund von... *[Benenne den Medizinischen Krankheitsfaktor]* (S. 144)
——.81	F06.2	Mit Wahn
——.82	F06.0	Mit Halluzinationen
——.—	F1x.5x	Substanzinduzierte Psychotische Störung (S. 145) *(für substanzspezifische Codierung siehe Störungen im Zusammenhang mit Psychotropen Substanzen)*

Bestimme, ob: Mit Beginn Während der Intoxikation/Mit Beginn Während des Entzugs

298.9	F29	NNB Psychotische Störung (S. 147)

Affektive Störungen (S. 149)

Codiere den gegenwärtigen Ausprägungsgrad der Major Depression oder Bipolar I Störung auf der 5. Stelle

1 =   Leicht
2 =   Mittelschwer
3 =   Schwer, ohne Psychotische Merkmale
4 =   Schwer, mit Psychotischen Merkmalen
      Bestimme, ob: Stimmungskongruente Psychotische Merkmale/Stimmungsinkongruente Psychotische Merkmale
5 =   Teilremittiert
6 =   Vollremittiert
0 =   Unspezifisch

Die folgenden Zusatzcodierungen werden (für die gegenwärtige oder letzte Episode), wo vermerkt, den Affektiven Störungen hinzugefügt:
[a]Schweregrad/Remissionsgrad/[b]Chronisch/[c]Mit Katatonen Merkmalen/[d]Mit Melancholischen Merkmalen/[e]Mit Atypischen Merkmalen/[f]Mit Postpartalem Beginn

Die folgenden Zusatzcodierungen werden, wo vermerkt, den Affektiven Störungen hinzugefügt:
[g]Mit/Ohne Vollremission im Intervall/[h]Mit Saisonalem Muster/[i]Mit Rapid Cycling

Depressive Störungen

296.xx	(F32.xx	
oder	F33.xx)	Major Depression (S. 153)
296.2x	F32.x	Einzelne Episode[a,b,c,d,e,f]
296.3x	F33.x	Rezidivierend[a,b,c,d,e,f,g,h]
300.4	F34.1	Dysthyme Störung (S. 156)
		Bestimme, ob: Früher Beginn/Später Beginn
		Bestimme, ob: Mit Atypischen Merkmalen
311	F32.9	
oder	F33.9	NNB Depressive Störung (S. 158)

Bipolare Störungen

296.xx	F31.xx	Bipolar I Störung (S. 159)
296.0x	F30.x	Einzelne Manische Episode[a,c,f]
		Bestimme, ob: Gemischt. (F30.1 oder F30.2 bzw. F30.8 oder F30.9)
296.40	F31.0	Letzte Episode Hypoman[g,h,i]
296.4x	F31.x	Letzte Episode Manisch[a,c,f,g,h,i] (F31.1 oder F31.2x)
292.6x	F31.6	Letzte Episode Gemischt[a,c,f,g,h,i]
292.5x	F31.x	Letzte Episode Depressiv[a,b,c,d,e,f,g,h,i] (F31.3x oder F31.4 oder F31.5x)
292.7	F31.9	Letzte Episode Unspezifisch[g,h,i]
296.89	F31.0	
oder	F31.8	Bipolar II Störung[a,b,c,d,e,f,g,h,i] (S. 165)
		Bestimme für die aktuelle (oder letzte) Episode: Hypoman/Depressiv
301.13	F34.0	Zyklothyme Störung (S. 166)

296.80	F31.9	
oder	F31.8	NNB Bipolare Störung (S. 167)
293.83	F06.3x	Affektive Störung Aufgrund von... *[Benenne den Medizinischen Krankheitsfaktor]* (S. 167) *Bestimme, ob:* Mit Depressiven Merkmalen/Mit Major Depression-Ähnlicher Episode/Mit Manischen Merkmalen/Mit Gemischten Merkmalen
—.—	F1x.8	Substanzinduzierte Affektive Störung (S. 168 *(für substanzspezifische Codierung siehe Störungen im Zusammenhang mit Psychotropen Substanzen)* *Bestimme, ob:* Mit Depressiven Merkmalen/Mit Manischen Merkmalen/Mit Gemischten Merkmalen *Bestimme, ob:* Mit Beginn Während der Intoxikation/Mit Beginn Während des Entzugs
296.90	(F39	
oder	F38.xx)	NNB Affektive Störung (S. 170)

Angststörungen (S. 181)

300.01	F41.0	Panikstörung ohne Agoraphobie (S. 182)
300.21	F40.01	Panikstörung mit Agoraphobie (S. 183)
300.22	F40.00	Agoraphobie ohne Panikstörung in der Vorgeschichte (S. 184)
300.29	F40.2	Spezifische Phobie (S. 184) *Bestimme den Typus:* Tier-Typus, Umwelt-Typus, Blut-Spritzen-Verletzungs-Typus, Situativer Typus, Anderer Typus
300.23	F40.1	Soziale Phobie (S. 186) *Bestimme, ob:* Generalisiert
300.3	F42	Zwangsstörung (S. 188) *Bestimme, ob:* Mit Wenig Einsicht
309.81	F43.1	Posttraumatische Belastungsstörung (S. 189) *Bestimme, ob:* Akut/Chronisch; *Bestimme, ob:* Mit Verzögertem Beginn
308.3	F43.0	Akute Belastungsstörung (S. 191)

300.02	F41.1	Generalisierte Angststörung (S. 193)
293.89	F06.4	Angststörung Aufgrund von ... *[Benenne den Medizinischen Krankheitsfaktor]* (S. 194)

Bestimme, ob: Mit Generalisierter Angst/Mit Panikattacken/Mit Zwangssymptomen

——.—	F1x.8	Substanzinduzierte Angststörung *(für substanzspezifische Codierung siehe Störungen im Zusammenhang mit Psychotropen Substanzen)* (S. 195)

Bestimme, ob: Mit Generalisierter Angst/Mit Panikattacken/Mit Zwangssymptomen/Mit Phobischen Symptomen

Bestimme, ob: Mit Beginn Während der Intoxikation/Mit Beginn Während des Entzugs

300.00	F41.9	
oder	F40.9	NNB Angststörung (S. 196)

Somatoforme Störungen (S. 199)

300.81	F45.0	Somatisierungsstörung (S. 199)
300.81	F45.1	Undifferenzierte Somatoforme Störung (S. 200) (erwäge auch Codierung nach ICD-10 F48.0)
300.11	F44.xx	Konversionsstörung (S. 201)

Bestimme, ob: Mit Motorischen Symptomen oder Ausfällen/Mit Sensorischen Symptomen oder Ausfällen/Mit Anfällen oder Krämpfen/Mit Gemischtem Erscheinungsbild

307.xx	F45.4	Schmerzstörung (S. 202)
——.80	F45.4	in Verbindung mit Psychischen Faktoren
——.89	F45.4	in Verbindung mit sowohl Psychischen Faktoren wie einem Medizinischen Krankheitsfaktor

Bestimme, ob: Akut/Chronisch

300.7	F45.2	Hypochondrie (S. 204)

Bestimme, ob: Mit Wenig Einsicht

300.7	F45.2	Körperdysmorphe Störung (S. 204)
300.81	F45.9	NNB Somatoforme Störung (S. 205) (erwäge die Vergabe einer spezifischeren ICD-10-Diagnose aus F44.xx oder F45.xx)

Vorgetäuschte Störungen (S. 207)

300.xx F68.1 Vorgetäuschte Störung (S. 207)
—.16 F68.1 Mit Vorwiegend Psychischen Zeichen und Symptomen
—.19 F68.1 Mit Vorwiegend Körperlichen Zeichen und Symptomen
—.19 F68.1 Mit sowohl Psychischen wie Körperlichen Zeichen und Symptomen
300.19 F68.1 NNB Vorgetäuschte Störung (S. 207) (erwäge die Vergabe einer spezifischeren ICD-10-Diagnose aus F44)

Dissoziative Störungen (S. 209)

300.12 F44.0 Dissoziative Amnesie (S. 209)
300.13 F44.1 Dissoziative Fugue (S. 209)
300.14 F44.81 Dissoziative Identitätsstörung (S. 210)
300.6   F48.1 Depersonalisationsstörung (S. 210)
300.15 F44.9 NNB Dissoziative Störung (S. 211) (erwäge die Vergabe einer spezifischeren ICD-10-Diagnose aus F44)

Sexuelle und Geschlechtsidentitätsstörungen (S. 213)

Sexuelle Funktionsstörungen (S. 213)

Die folgenden Subtypen können allen primären Sexuellen Funktionsstörungen hinzugefügt werden:
Lebenslanger Typus/Erworbener Typus
Generalisierter Typus/Situativer Typus
Aufgrund Psychischer Faktoren/Aufgrund Kombinierter Faktoren

Störungen der Sexuellen Appetenz
302.71 F52.0 Störung mit Verminderter Sexueller Appetenz (S. 213)
302.79 F52.10 Störung mit Sexueller Aversion (S. 214)

—.— —.— Substanzinduzierte Sexuelle Funktionsstörung
(für substanzspezifische Codierung siehe Störungen im Zusammenhang mit Psychotropen Substanzen) (S. 220)
Bestimme, ob: Mit Beeinträchtigter Appetenz/Mit Beeinträchtigter Erregung/Mit Beeinträchtigtem Orgasmus/Mit Sexuell Bedingten Schmerzen
Bestimme, ob: Mit Beginn Während der Intoxikation
302.70 F52.9 NNB Sexuelle Funktionsstörung (S. 221)

Paraphilien (S. 222)

302.4	F65.2	Exhibitionismus (S. 222)
302.81	F65.0	Fetischismus (S. 222)
302.89	F65.8	Frotteurismus (S. 222)
302.2	F65.4	Pädophilie (S. 223)

Bestimme, ob: Sexuell Orientiert auf Jungen/Sexuell Orientiert auf Mädchen/Sexuell Orientiert auf Jungen und Mädchen,
Bestimme, ob: Beschränkt auf Inzest
Bestimme den Typus: Ausschließlicher Typus/Nicht-Ausschließlicher Typus

302.83	F65.5	Sexueller Masochismus (S. 223)
302.84	F65.5	Sexueller Sadismus (S. 224)
302.3	F65.1	Transvestitischer Fetischismus (S. 224)

Bestimme, ob: Mit Geschlechtsdysphorie

302.82	F65.3	Voyeurismus (S. 224)
302.9	F65.9	NNB Paraphilie (S. 225)

Geschlechtsidentitätsstörungen (S. 225)

302.xx	F64.x	Geschlechtsidentitätsstörung (S. 225)
—.6	F64.2	Bei Kindern
—.85	F64.0	Bei Jugendlichen oder Erwachsenen

Bestimme, ob: Sexuell Orientiert auf Männer/Sexuell Orientiert auf Frauen/Auf Beide Geschlechter Sexuell Orientiert/Sexuell

307.46 F51.3 Schlafstörung mit Schlafwandeln (S. 238)
307.47 F51.8 NNB Parasomnie (S. 238)

Schlafstörungen im Zusammenhang mit einer Anderen Psychischen Störung (S. 239)

307.42 F51.0 Insomnie im Zusammenhang mit ...
[Benenne die Achse I-Störung] (S. 239)
307.44 F51.1 Hypersomnie im Zusammenhang mit ...
[Benenne die Achse I-Störung] (S. 240)

Andere Schlafstörungen (S. 241)

780.xx G47.x Schlafstörung Aufgrund von ... *[Benenne den Medizinischen Krankheitsfaktor]* (S. 241)
780.52 G47.0 Insomnie-Typus
780.54 G47.1 Hypersomnie-Typus
780.59 G47.8 Parasomnie-Typus
780.59 G47.8 Mischtypus
——.— F1x.8 Substanzinduzierte Schlafstörung *(für substanzspezifische Codierung siehe Störungen im Zusammenhang mit Psychotropen Substanzen)* (S. 242)
Bestimme den Typus: Insomnie-Typus/ Hypersomnie-Typus/Parasomnie-Typus/ Gemischter Typus
Bestimme, ob: Mit Beginn Während der Intoxikation/Mit Beginn Während des Entzugs

Störungen der Impulskontrolle, Nicht Andernorts Klassifiziert (S. 245)

312.34 F63.8 Intermittierende Explosible Störung (S. 245)
312.32 F63.2 Kleptomanie (S. 245)
312.33 F63.1 Pyromanie (S. 246)
312.31 F63.0 Pathologisches Spielen (S. 246)
312.39 F63.3 Trichotillomanie (S. 247)
312.30 F63.9 NNB Störung der Impulskontrolle (S. 248)

Anpassungsstörungen (S. 249)

309.xx	F43.xx	Anpassungsstörung (S. 249/250)
—.0	F43.20	Mit Depressiver Stimmung
—.24	F43.28	Mit Angst
—.28	F43.22	Mit Angst und Depressiver Stimmung, Gemischt
—.3	F43.24	Mit Störungen des Sozialverhaltens
—.4	F43.25	Mit Emotionalen Störungen und Störungen des Sozialverhaltens, Gemischt
—.9	F43.9	Unspezifisch (Erwäge die Vergabe einer spezifischeren ICD-10-Diagnose aus F43.xx)

Bestimme, ob: Akut/Chronisch

Persönlichkeitsstörungen (S. 251)

Beachte: Diese werden auf Achse II codiert

301.0	F60.0	Paranoide Persönlichkeitsstörung (S. 252)
301.20	F60.1	Schizoide Persönlichkeitsstörung (S. 253)
301.22	F21	Schizotypische Persönlichkeitsstörung (S. 253)
301.7	F60.2	Antisoziale Persönlichkeitsstörung (S. 254)
301.83	F60.31	Borderline Persönlichkeitsstörung (S. 255)
301.50	F60.4	Histrionische Persönlichkeitsstörung (S. 256)
301.81	F60.8	Narzißtische Persönlichkeitsstörung (S. 257)
301.82	F60.6	Vermeidend-Selbstunsichere Persönlichkeitsstörung (S. 258)
301.6	F60.7	Dependente Persönlichkeitsstörung (S. 258)
301.4	F60.5	Zwanghafte Persönlichkeitsstörung (S. 259)
301.9	F60.9	NNB Persönlichkeitsstörung (S. 260) Erwäge auch die Vergabe einer spezifischeren ICD-10-Diagnose aus F61.x oder F62.x)

Andere Klinisch Relevante Probleme (S. 261)

Psychische Faktoren, die einen Medizinischen Krankheitsfaktor Beeinflussen

316   F54 ...   *[spezifischer Psychischer Faktor], der...*
[Benenne den Medizinischen Krankheitsfaktor]
Beeinflußt (S. 261)
Wähle den Namen je nach der Art des Faktors:
Psychische Störung, die einen Medizinischen Krankheitsfaktor Beeinflußt
Psychische Symptome, die einen Medizinischen Krankheitsfaktor Beeinflussen
Persönlichkeitsmerkmale oder Bewältigungsstile, die einen Medizinischen Krankheitsfaktor beeinflussen
Gesundheitsgefährdendes Verhalten, das einen Medizinischen Krankheitsfaktor Beeinflußt
Körperliche Streßreaktion, die einen Medizinischen Krankheitsfaktor Beeinflußt
Andere oder Unspezifische Psychologische Faktoren, die einen Medizinischen Krankheitsfaktor Beeinflussen

Medikamenteninduzierte Bewegungsstörungen

332.1   G21.1   Neuroleptikainduzierter Parkinsonismus (S. 263)

333.92   G21.0   Malignes Neuroleptisches Syndrom (S. 263)

333.7   G24.0   Neuroleptikainduzierte Akute Dystonie (S. 264)

333.99   G21.1   Neuroleptikainduzierte Akute Akathisie (S. 264)

333.82   G24.0   Neuroleptikainduzierte Tardive Dyskinesie (S. 264)

333.1   G25.1   Medikamenteninduzierter Haltetremor (S. 265)

333.90   G25.9   NNB Medikamenteninduzierte Bewegungsstörung (S. 265)

Andere Medikamenteninduzierte Störungen

995.2 T88.7 NNB Ungünstige Wirkungen einer Medikation (S. 265)

Zwischenmenschliche Probleme

V61.9 Z63.7 Zwischenmenschliches Problem im Zusammenhang mit einer Psychischen Störung oder einem Medizinischen Krankheitsfaktor (S. 266)

V61.20 Z63.8 Eltern-Kind-Problem (S. 266)
Codiere Z63.1, wenn das Hauptaugenmerk beim Kind liegt

V61.1 Z63.0 Partnerschaftsproblem (S. 267)

V61.8 F93.3 Problem zwischen Geschwistern (S. 267)

V62.81 Z63.9 NNB Zwischenmenschliches Problem (S. 267)

Probleme im Zusammenhang mit Mißbrauch oder Vernachlässigung

V61.21 T74.1 Körperliche Mißhandlung eines Kindes (S. 268)

V61.21 T74.2 Sexueller Mißbrauch eines Kindes (S. 268)

V61.21 T74.0 Vernachlässigung eines Kindes (S. 268)

V61.1 T74.1 Körperliche Mißhandlung eines Erwachsenen (S. 269)

V61.1 T74.2 Sexueller Mißbrauch eines Erwachsenen (S. 269)

Weitere Klinisch Relevante Probleme

V15.81 Z91.1 Nichtbefolgen von Behandlungsanweisungen (S. 270)

V65.2 Z76.5 Simulation (S. 270)

V71.01 Z72.8 Antisoziales Verhalten im Erwachsenenalter (S. 271)

V71.02 Z72.8 Antisoziales Verhalten in der Kindheit oder Adoleszenz (S. 271)

V62.89 R41.8 Grenzbereich der Intellektuellen Leistungsfähigkeit (S. 272)

780.9 R41.8 Altersbedingter Kognitiver Abbau (S. 272)

V62.82	Z63.4	Einfache Trauer (S. 272)
V62.3	Z55.8	Schwierigkeiten in Schule oder Studium (S. 273)
V62.2	Z56.7	Berufsproblem (S. 274)
313.82	F93.8	Identitätsproblem (S. 274)
V62.89	Z71.8	Religiöses oder Spirituelles Problem (S. 274)
V62.4	Z60.3	Kulturelles Anpassungsproblem (S. 274)
V62.89	Z60.0	Problem einer Lebensphase (S. 275)

Zusätzliche Codierungen (S. 277)

300.9	F99	Unspezifische Psychische Störung (nichtpsychotisch) (S. 277)
V71.09	Z03.2	Keine Diagnose oder kein Zustand auf Achse I (S. 277)
799.9	R69	Diagnose oder Zustand auf Achse I Zurückgestellt (S. 277)
V71.09	Z03.2	Keine Diagnose auf Achse II (S. 278)
799.9	R46.8	Diagnose auf Achse II Zurückgestellt (S. 278)

Multiaxiales System

Achse I	Klinische Störungen
	Andere Klinisch Relevante Probleme
Achse II	Persönlichkeitsstörungen
	Geistige Behinderung
Achse III	Medizinische Krankheitsfaktoren
Achse IV	Psychosoziale und Umgebungsbedingte Probleme
Achse V	Globale Beurteilung des Funktionsniveaus

Die multiaxiale Beurteilung

Ein multiaxiales System erfordert eine Beurteilung auf verschiedenen Achsen, von denen jede sich auf einen anderen Bereich von Informationen bezieht, die dem Untersucher bei der Behandlungsplanung und Prognose helfen können. Die multiaxiale Klassifikation von DSM-IV enthält 5 Achsen:

- Achse I   Klinische Störungen
               Andere Klinisch Relevante Probleme
- Achse II   Persönlichkeitsstörungen
               Geistige Behinderung
- Achse III   Medizinische Krankheitsfaktoren
- Achse IV   Psychosoziale oder Umgebungsbedingte Probleme
- Achse V   Globale Beurteilung des Funktionsniveaus

Die Anwendung des multiaxialen Systems erleichtert die umfassende und systematische Beurteilung unter Beachtung der verschiedenen psychischen Störungen und medizinischen Krankheitsfaktoren, der psychosozialen und Probleme des Umfelds und des Funktionsniveaus. Diese könnten übersehen werden, wenn die Beurteilung nur eines einzigen auffälligen Problems im Blickfeld wäre. Ein multiaxiales System bietet ein brauchbares Regelwerk, um klinische Informationen zu organisieren und weiterzugeben, um die Komplexität der klinischen Situationen zu erfassen und um die Heterogenität von Patienten mit gleicher Diagnose zu beschreiben. Darüber hinaus fördert das multiaxiale System die Anwendung des biopsychosozialen Modells in Klinik, Ausbildung und Forschung.

Im folgenden wird eine Beschreibung der einzelnen DSM-IV-Achsen gegeben. Unter bestimmten Umständen oder Bedingungen zieht der Untersucher es vielleicht vor, das multiaxiale System nicht anzuwenden. Deshalb wird am Ende dieses Kapitels ein Leitfaden vorgestellt, mit dem die Ergebnisse einer DSM-IV-Beurteilung ohne die formale Anwendung des multiaxialen Systems wiedergegeben werden können.

Achse I: *Klinische Störungen*
Andere Klinisch Relevante Probleme

Auf Achse I werden alle Störungen oder Zustände aus dieser Klassifikation erfaßt, außer den Persönlichkeitsstörungen und der Geistigen Behinderung (diese werden auf Achse II codiert). Auf Achse I werden auch Andere Klinisch Relevante Probleme codiert.

Wenn eine Person mehr als eine Achse I-Störung hat, sollten diese alle wiedergegeben werden. Wenn mehr als eine Achse I-Störung vorliegt, sollten die Hauptdiagnose oder der Konsultationsgrund an erster Stelle aufgeführt sein (siehe S. 8). Wenn eine Person sowohl eine Achse I- als auch eine Achse II-Störung hat, wird vorausgesetzt, daß sich die Hauptdiagnose oder der Konsultationsgrund auf Achse I findet, es sei denn, die Achse II-Störung wird mit der Bewertung „(Hauptdiagnose)" oder „(Konsultationsgrund)" versehen. Wenn keine Achse I-Störung vorliegt, sollte dies mit V71.09 codiert werden. Wenn eine Achse I-Störung zurückgestellt wird, da noch zusätzliche Informationen einzuholen sind, sollte dies als 799.9 codiert werden.

Achse II: *Persönlichkeitsstörungen*
Geistige Behinderung

Auf Achse II werden die Persönlichkeitsstörungen und die Geistige Behinderung erfaßt. Sie kann auch zur Beschreibung auffallender, unangepaßter Persönlichkeitszüge und Abwehrmechanismen benutzt werden. Die Auflistung von Persönlichkeitsstörungen und Geistiger Behinderung auf einer separaten Achse stellt sicher, daß das mögliche Vorliegen von Persönlichkeitsstörungen und Geistiger Behinderung auch dann nicht übersehen wird, wenn sich die Aufmerksamkeit auf die normalerweise auffälligeren Achse I-Störungen konzentriert. Die Codierung von Persönlichkeitsstörungen auf Achse II soll nicht bedeuten, daß diese sich hinsichtlich ihrer Pathogenese oder hinsichtlich der Möglichkeiten geeigneter Therapien grundlegend von den auf Achse I codierten Störungen unterscheiden.

Wenn, wie es häufig vorkommt, eine Person mehr als eine Achse II-Diagnose hat, sollten alle genannt werden. Wenn eine Person sowohl eine Achse I- als auch eine Achse II-Diagnose aufweist, und die Achse II-Diagnose die Hauptdiagnose oder der Konsultationsgrund ist, so sollte die Bewertung „(Hauptdiagnose)" oder „(Konsultationsgrund)" der Achse II-Diagnose folgen. Wenn keine Achse II-Störung vorliegt, sollte dies als V71.09 erfaßt werden. Wenn eine Achse II-Diagnose zurückgestellt wird, weil noch zusätzliche Informationen einzuholen sind, sollte dies als 799.9 codiert werden.

Achse II kann auch herangezogen werden, um auffallende, unangepaßte Persönlichkeitszüge anzuzeigen, die nicht das Ausmaß einer Persönlichkeitsstörung erreichen (in solchen Fällen sollte keine Zahlencodierung erfolgen). Auch der gewohnheitsmäßige Gebrauch unangepaßter Abwehrmechanismen kann auf Achse II erfaßt werden.

Achse III: Medizinische Krankheitsfaktoren

Auf Achse III werden aktuelle medizinische Krankheitsfaktoren erfaßt, die möglicherweise für den Umgang mit der psychischen Störung des Betroffenen oder für deren Verständnis relevant sind. Diese Zustände werden außerhalb des Kapitels „Psychische Störungen" der ICD-9-CM (und außerhalb von Kapitel V der ICD-10) klassifiziert. (Für eine detailliertere Liste, die die genauen ICD-9-CM Codes enthält, siehe Anhang G.)

Die multiaxiale Unterscheidung zwischen Achse I, II und III-Störungen bedeutet nicht, daß grundlegende Unterschiede in ihrer Konzeptualisierung bestehen, daß psychische Störungen keinen Zusammenhang zu körperlichen oder biologischen Faktoren oder Prozessen aufweisen oder daß kein Zusammenhang zwischen medizinischen Krankheitsfaktoren und Verhaltens- oder psychosozialen Faktoren oder Prozessen besteht. Die Absicht bei der Abgrenzung der medizinischen Krankheitsfaktoren ist, eine sorgfältige Beurteilung zu fördern und die Kommunikation unter den im Gesundheitswesen Tätigen zu verbessern.

Medizinische Krankheitsfaktoren können mit psychischen Störungen in unterschiedlicher Weise verbunden sein. In einigen Fällen ist es eindeutig, daß der medizinische Krankheitsfaktor die direkte ätiologische Ursache für die Entwicklung oder Verschlechterung der psychischen Symptome ist und daß diesem Effekt ein körperlicher Wirkmechanismus zugrundeliegt. Wenn eine psychische Störung als direkte körperliche Folge des medizinischen Krankheitsfaktors angesehen wird, sollte eine Psychische Störung Aufgrund eines Medizinischen Krankheitsfaktors auf Achse I, und der medizinische Krankheitsfaktor selbst sowohl auf Achse I als auch auf Achse III diagnostiziert werden. Wenn z. B. eine Hypothyreose die direkte Ursache für depressive Symptome ist, lautet die Codierung auf Achse I 293.83 Affektive Störung Aufgrund von Hypothyreose, Mit Depressiven Merkmalen und die Hypothyreose wird auf Achse III, als 244.9 codiert, nochmals aufgeführt.

In den Fällen, in denen der ätiologische Zusammenhang zwischen dem medizinischen Krankheitsfaktor und den psychischen Symptomen nicht ausreichend geklärt ist, um die Achse I-Diagnose der Psychischen Störung Aufgrund eines Medizinischen Krankheitsfaktors zu rechtfertigen, sollte die entsprechende psychische Störung (z. B. Major Depression) aufgeführt und auf Achse I codiert werden. Der medizinische Krankheitsfaktor sollte dann nur auf Achse III codiert werden.

Es gibt andere Situationen, in denen medizinische Krankheitsfaktoren auf Achse III wegen ihrer Wichtigkeit für das Gesamtverständnis oder die Behandlung des Patienten mit der psychischen Störung erfaßt werden. Eine Achse I-Störung kann eine psychische Reaktion auf einen medizinischen Krankheitsfaktor sein (z. B. die Entwicklung einer 309.0 Anpassungsstörung mit Depressiver Stimmung als Reaktion auf die Diagnose eines Mammakarzinoms). Einige medizinische Krankheitsfaktoren müssen nicht direkt mit der psychischen Störung zusammenhängen, können aber trotzdem wichtige Auswirkungen auf die Prognose oder Behandlung haben (wenn z. B. die Diagnose auf Achse I 296.2 Major Depression und auf Achse III 427.9 Arrhythmie ist, so wird die Wahl einer Pharmakotherapie von dem medizinischen Krankheitsfaktor beeinflußt. Ähnlich verhält es sich, wenn eine Person mit Diabetes mellitus wegen der Exazerbation einer Schizophrenie ins Krankenhaus aufgenommen wird und die Insulinversorgung überwacht werden muß).

Wenn eine Person mehr als eine klinisch bedeutsame Achse III-Diagnose hat, so sollten alle erfaßt werden. Wenn keine Achse III-Störung vorliegt, sollte dies durch die Bemerkung „Achse III: Keine Diagnose" angezeigt werden. Wird eine Achse III-Diagnose zurückgestellt, weil noch zusätzliche Informationen einzuholen sind, sollte dies durch die Bemerkung „Achse III: Diagnose zurückgestellt" vermerkt werden.

Achse IV: Psychosoziale und Umgebungsbedingte Probleme

Achse IV dient der Erfassung psychosozialer und umgebungsbedingter Probleme, die Diagnose, Therapie und Prognose einer psychischen Störung (Achse I und Achse II) beeinflussen können. Psychosoziale oder umgebungsbedingte Probleme können ein negatives Lebensereignis sein, umgebungsbedingte Schwierigkeiten oder Mängel, familiäre oder zwischenmenschliche Belastungen, unzulängliche soziale Unterstützung bzw. finanzielle Mittel oder andere Probleme in bezug auf den Kontext, in dem sich die Schwierigkeiten des Betroffenen entwickelt haben. Sogenannte positive Stressoren wie berufliche Beförderung sollten nur aufgeführt werden, wenn sie zu einem Problem führen oder ein Problem darstellen, z. B. wenn der Betroffene Schwierigkeiten hat, sich der neuen Situation anzupassen. Neben der Rolle, die psychosoziale Probleme beim Beginn oder bei der Exazerbation einer psychischen Störung spielen, können sie auch als Folge der psychopathologischen Erscheinungen eines Betroffenen auftreten oder Probleme bilden, die beim Gesamtbehandlungsplan zu berücksichtigen sind.

Wenn eine Person mehrere psychosoziale oder umgebungsbedingte Probleme aufweist, kann der Untersucher so viele aufführen, wie er für wichtig erachtet. Im allgemeinen sollte der Untersucher nur solche psychosozialen und umgebungsbedingten Probleme einbeziehen, die im Laufe des letzten Jahres vor der augenblicklichen Untersuchung gegeben waren. Allerdings kann er auch entscheiden, psychosoziale und umgebungsbedingte Probleme mit zu erfassen, die vor dem vorangegangenen Jahr aufgetreten sind, wenn diese zu der psychischen Störung beitragen oder Anlaß zur Behandlung geben, z. B. frühere Kriegserfahrungen, die zu einer Posttraumatischen Belastungsstörung führen.

Üblicherweise werden die meisten psychosozialen oder umweltbedingten Probleme auf Achse IV angegeben. Wenn allerdings ein psychosoziales oder umgebungsbedingtes Problem den Schwerpunkt der klinischen Beachtung darstellt, so sollte es zusätzlich auf Achse I erfaßt werden, und zwar mit einer Codierung aus dem Bereich: „Andere Klinisch Relevante Probleme" (siehe S. 261).

Zur besseren Handhabung sind die Probleme in folgende Kategorien eingeteilt:

- **Probleme mit der Hauptbezugsgruppe**: z. B. Tod eines Familienmitglieds; gesundheitliche Probleme in der Familie; Auseinanderbrechen der Familie durch Trennung, Scheidung oder Entfremdung; Auszug von zu Hause; Wiederverheiratung eines Elternteils; sexueller oder körperlicher Mißbrauch; elterliche Überfürsorglichkeit; Vernachlässigung des Kindes; Erziehungsmängel; Streit mit Geschwistern; Geburt eines Geschwisters.
- **Probleme im sozialen Umfeld**: z. B. Tod oder Verlust eines Freundes; mangelnde soziale Unterstützung; Alleinleben; Schwierigkeiten, sich in einem neuen Kulturkreis einzuleben; Diskriminierung; Sich Einstellen auf den Übergang in einen neuen Lebensabschnitt (z. B. in Rente gehen).
- **Ausbildungsprobleme**: z. B. Analphabetismus; Lernprobleme; Streit mit Lehrern oder Mitschülern; mangelhaftes schulisches Umfeld.
- **Berufliche Probleme**: z. B. Arbeitslosigkeit; Furcht vor einem Arbeitsplatzverlust; Arbeit unter hohem Zeitdruck; schwierige Arbeitsbedingungen; Unzufriedenheit mit der Arbeit; Arbeitsplatzwechsel; Streit mit Vorgesetzten oder Kollegen.
- **Wohnungsprobleme**: z. B. Obdachlosigkeit; mangelhafte Wohnsituation; unsichere Wohngegend; Streit mit Nachbarn oder Vermietern.
- **Wirtschaftliche Probleme**: z. B. extreme Armut; mangelhafte finanzielle Situation; unzureichende Sozialhilfe.

- **Probleme beim Zugang zur Krankenversorgung:** z. B. unzulängliche Krankenversorgung; keine Transportmöglichkeiten zu Einrichtungen der Krankenversorgung; unzureichende Krankenversicherung.
- **Probleme im Umgang mit dem Rechtssystem/Delinquenz:** z. B. Festnahme; Inhaftierung; Rechtsstreit; Opfer eines Verbrechens zu werden.
- **Andere psychosoziale oder umgebungsbedingte Probleme:** z. B. Erlebnisse von Katastrophen, Krieg, anderen Feindseligkeiten; Differenzen mit nicht zur Familie gehörenden Helfern wie Anwälten, Sozialarbeitern, Ärzten; Nichtverfügbarkeit von sozialen Diensten.

Achse V: Globale Erfassung des Funktionsniveaus

Auf Achse V wird die Beurteilung des allgemeinen Funktionsniveaus des Patienten erfaßt. Diese Information hilft bei der Therapieplanung, der Messung ihrer Wirksamkeit und der Prognosestellung.

Die Erfassung des allgemeinen Funktionsniveaus auf Achse V erfolgt anhand der GAF (Global Assessment of Functioning)-Skala[1]. Die GAF-Skala kann insbesondere dazu dienen, die umfassenden Aussagen über den klinischen Fortschritt des Patienten anhand eines einzigen Maßes zu verfolgen. Auf der GAF-Skala werden nur die psychischen, sozialen oder beruflichen Funktionsbereiche beurteilt. Die Instruktionen geben vor: „Funktionsbeeinträchtigungen aufgrund von körperlichen (oder umgebungsbedingten) Einschränkungen sollen nicht einbezogen werden." In den mei-

---

1 Die Beurteilung der gesamten psychischen Funktionen auf einer Skala von 0–100 wurde von Luborsky mit der Gesundheits Krankheits-Skala operationalisiert (Luborsky, L.: Clinicians' Judgements of Mental Health. Archives of General Psychiatry 7: 407–417, 1962). Die Arbeitsgruppe um Spitzer entwickelte eine Revision der Gesundheits-Krankheits-Skala, die „Globale Beurteilungsskala" (Global Assessment Scale, GAS) genannt wurde (Endicott, J., Spitzer, R. L., Fleiss, J. L., Cohen, J.: The Sickness Rating Scale: A Procedure for Measuring Overall Severity of Psychiatric Disturbance. *Archives of General Psychiatry, 33*, 766–771, 1976). Eine modifizierte Version der GAS war in DSM-III-R als Global Assessment of Functioning (GAF) Scale enthalten.

sten Fällen sollte die Bewertung auf der GAF-Skala sich auf den aktuellen Zeitraum beziehen (also das Funktionsniveau zum Zeitpunkt der Beurteilung), da der Skalenwert für das augenblickliche Funktionsniveau in der Regel den Bedarf an Behandlung und Fürsorge widerspiegelt. In bestimmten Situationen kann es hilfreich sein, den GAF-Skalenwert sowohl bei der Aufnahme als auch bei der Entlassung zu erheben. Die GAF-Skala kann auch für andere Zeitabschnitte (z. B. das höchste Funktionsniveau über mindestens 2 Monate während des vergangenen Jahres) bewertet werden. Die GAF-Skala wird auf Achse V wie folgt registriert: „GAF = ...“ Es folgt der GAF-Wert zwischen 1 und 100, anschließend in Klammern der Zeitraum, auf den sich die Bewertung bezieht, z. B. „(zur Zeit)“, „(höchster Wert im vergangenen Jahr)“, „(bei Entlassung)“.

Skala zur Globalen Erfassung des Funktionsniveaus (GAF)

Die psychischen, sozialen und beruflichen Funktionen sind auf einem hypothetischen Kontinuum von psychischer Gesundheit bis Krankheit gedacht. Funktionsbeeinträchtigungen aufgrund von körperlichen (oder umgebungsbedingten) Einschränkungen sollten nicht einbezogen werden.

Codiere (Beachte: Benutze auch entsprechende Zwischenwerte, z. B. 45, 68, 72)

100–91 Hervorragende Leistungsfähigkeit in einem breiten Spektrum von Aktivitäten; Schwierigkeiten im Leben scheinen nie außer Kontrolle zu geraten; wird von anderen wegen einer Vielzahl positiver Qualitäten geschätzt; keine Symptome.

90–81 Keine oder nur minimale Symptome (z. B. leichte Angst vor einer Prüfung), gute Leistungsfähigkeit in allen Gebieten, interessiert und eingebunden in ein breites Spektrum von Aktivitäten, sozial effektiv im Verhalten, im allgemeinen zufrieden mit dem Leben, übliche Alltagsprobleme oder -sorgen (z. B. nur gelegentlicher Streit mit einem Familienmitglied).

80–71 Wenn Symptome vorliegen, sind diese vorübergehende oder zu erwartende Reaktionen auf psychosoziale Belastungsfaktoren (z. B. Konzentrationsschwierigkeiten nach einem Familienstreit); höchstens leichte Beeinträchtigung der sozialen, beruflichen und schulischen Leistungsfähigkeit (z. B. zeitweises Zurückbleiben in der Schule).

70–61 Einige leichte Symptome (z. B. depressive Stimmung oder leichte Schlaflosigkeit) ODER einige leichte Schwierigkeiten hinsichtlich der sozialen, beruflichen oder schulischen Leistungsfähigkeit (z. B. gelegentliches Schuleschwänzen oder Diebstahl im Haushalt), aber im allgemeinen relativ gute Leistungsfähigkeit, hat einige wichtige zwischenmenschliche Beziehungen.

60–51 Mäßig ausgeprägte Symptome (z. B. Affektverflachung, weitschweifige Sprache, gelegentliche Panikattacken)

ODER mäßig ausgeprägte Schwierigkeiten bezüglich der sozialen, beruflichen oder schulischen Leistungsfähigkeit (z. B. wenige Freunde, Konflikte mit Arbeitskollegen, Schulkameraden oder Bezugspersonen).

50–41　**Ernste Symptome** (z. B. Suizidgedanken, schwere Zwangsrituale, häufige Ladendiebstähle) ODER eine ernste Beeinträchtigung der sozialen, beruflichen und schulischen Leistungsfähigkeit (z. B. keine Freunde; Unfähigkeit, eine Arbeitsstelle zu behalten).

40–31　Einige **Beeinträchtigungen in der Realitätskontrolle oder der Kommunikation** (z. B. Sprache zeitweise unlogisch, unverständlich oder belanglos) ODER **starke Beeinträchtigung in mehreren Bereichen,** z. B. **Arbeit oder Schule, familiäre Beziehungen, Urteilsvermögen, Denken oder Stimmung** (z. B. ein Mann mit einer Depression vermeidet Freunde, vernachlässigt seine Familie und ist unfähig zu arbeiten; ein Kind schlägt häufig jüngere Kinder, ist zu Hause trotzig und versagt in der Schule).

30–21　**Das Verhalten ist ernsthaft durch Wahnphänomene oder Halluzinationen beeinflußt** ODER **ernsthafte Beeinträchtigung der Kommunikation und des Urteilsvermögens** (z. B. manchmal inkohärent, handelt grob inadäquat, starkes Eingenommensein von Selbstmordgedanken) ODER **Leistungsunfähigkeit in fast allen Bereichen** (z. B. bleibt den ganzen Tag im Bett, hat keine Arbeit, kein Zuhause und keine Freunde).

20–11　**Selbst- und Fremdgefährdung** (z. B. Selbstmordversuche ohne eindeutige Todesabsicht, häufig gewalttätig, manische Erregung) ODER **ist gelegentlich nicht in der Lage, die geringste persönliche Hygiene aufrechtzuerhalten** (z. B. schmiert mit Kot) ODER **grobe Beeinträchtigung der Kommunikation** (größtenteils inkohärent oder stumm).

10–1　**Ständige Gefahr, sich oder andere schwer zu verletzen** (z. B. wiederholte Gewaltanwendung) ODER **anhaltende Unfähigkeit, die minimale persönliche Hygiene aufrechtzuerhalten** ODER **ernsthafter Selbstmordversuch mit eindeutiger Todesabsicht.**

0　Unzureichende Informationen

Nichtaxiales Format

Untersucher, die das multiaxiale Format nicht benutzen wollen, können die entsprechenden Diagnosen einfach auflisten. In diesem Fall gilt die generelle Regel, so viele gleichzeitig vorhandene psychische Störungen, medizinische Krankheitsfaktoren und andere Faktoren, wie für die Versorgung und Behandlung des Patienten wichtig sind, zu erfassen. Die Hauptdiagnose bzw. der Konsultationsgrund sollten an erster Stelle stehen.

Störungen, die Gewöhnlich Zuerst im Kleinkindalter, in der Kindheit oder Adoleszenz Diagnostiziert werden

Geistige Behinderung

● **Geistige Behinderung**

A. Deutlich unterdurchschnittliche intellektuelle Leistungsfähigkeit: ein IQ von ca. 70 oder weniger bei einem individuell durchgeführten Intelligenztest (bei Kleinkindern durch eine klinische Beurteilung der deutlich unterdurchschnittlichen intellektuellen Leistungsfähigkeit).

B. Gleichzeitig Defizite oder Beeinträchtigung der gegenwärtigen sozialen Anpassungsfähigkeit (d.h. der Fähigkeit einer Person, die sozialen Normen ihres Umfelds altersgemäß zu erfüllen) in mindestens zwei der folgenden Bereiche: Kommunikation, Eigenständigkeit, häusliches Leben, soziale/zwischenmenschliche Fertigkeiten, Nutzung öffentlicher Einrichtungen, Selbstbestimmtheit, schulische Fertigkeiten, Arbeit, Freizeit, Gesundheit sowie Sicherheit.

C. Der Beginn der Störung liegt vor Vollendung des 18. Lebensjahres.

Codiere je nach Schweregrad, der die Stärke der intellektuellen Beeinträchtigung widerspiegelt:

317   **(F70.9) Leichte Geistige Behinderung**:
                     IQ 50–55 bis ca. 70

318.0   **(F71.9) Mittelschwere Geistige Behinderung**:
                     IQ 35–40 bis 50–55

318.1   **(F72.9) Schwere Geistige Behinderung**:
                     IQ 20–25 bis 35–40

318.2   **(F73.9) Schwerste Geistige Behinderung**:
                     IQ unter 20 bzw. 25

319   (F79.9) Geistige Behinderung mit
       Unspezifischem Schweregrad:
       Wenn mit hoher Wahrscheinlichkeit eine Gei-
       stige Behinderung angenommen werden kann,
       die Intelligenz einer Person jedoch nicht mit
       Standard-Tests meßbar ist.

Lernstörungen (*vormals* Schulleistungsstörungen)

● 315.00 (F81.0) Lesestörung

A. Die mit individuell durchgeführten standardisierten Tests für
   Lesegenauigkeit oder Leseverständnis gemessenen Leseleistungen liegen wesentlich unter denen, die aufgrund des Alters,
   der gemessenen Intelligenz und der altersgemäßen Bildung einer Person zu erwarten wären.
B. Die unter A. beschriebene Störung behindert deutlich die
   schulischen Leistungen oder Aktivitäten des täglichen Lebens,
   bei denen Leseleistungen benötigt werden.
C. Liegt ein sensorisches Defizit vor, sind die Leseschwierigkeiten
   wesentlich größer als diejenigen, die gewöhnlich mit diesem
   Defizit verbunden sind.

Codierhinweis: Liegt ein medizinischer (z. B. neurologischer)
Krankheitsfaktor oder ein sensorisches Defizit vor, werden diese
auf Achse III codiert.

● 315.1 (F81.2) Rechenstörung

A. Die mit individuell durchgeführten standardisierten Tests gemessenen mathematischen Fähigkeiten liegen wesentlich unter
   denen, die aufgrund des Alters, der gemessenen Intelligenz und
   der altersgemäßen Bildung einer Person zu erwarten wären.
B. Die unter A. beschriebene Störung behindert deutlich die
   schulischen Leistungen oder Aktivitäten des täglichen Lebens,
   bei denen mathematische Fähigkeiten benötigt werden.

C. Liegt ein sensorisches Defizit vor, sind die Schwierigkeiten beim Rechnen wesentlich größer als diejenigen, die gewöhnlich mit diesem Defizit verbunden sind.

Codierhinweis: Liegt ein medizinischer (z. B. neurologischer) Krankheitsfaktor oder ein sensorisches Defizit vor, werden diese auf Achse III codiert.

● 315.2 (F81.8) Störung des Schriftlichen Ausdrucks

A. Die mit individuell durchgeführten standardisierten Tests gemessenen Schreibleistungen (oder funktionelle, kriterienbezogene Überprüfung der Schreibfertigkeiten) liegen wesentlich unter denen, die aufgrund des Alters, der gemessenen Intelligenz und der altersgemäßen Bildung einer Person zu erwarten wären.

B. Die unter A. beschriebene Störung behindert deutlich die schulischen Leistungen oder die Aktivitäten des täglichen Lebens, bei denen das Verfassen geschriebener Texte erforderlich ist (z. B. das Schreiben grammatikalisch korrekter Sätze und inhaltlich strukturierter Textteile).

C. Liegt ein sensorisches Defizit vor, so sind die Schreibschwierigkeiten wesentlich größer als diejenigen, die gewöhnlich mit diesem Defizit verbunden sind.

Codierhinweis: Liegt ein medizinischer (z. B. neurologischer) Krankheitsfaktor oder ein sensorisches Defizit vor, werden diese auf Achse III codiert.

● 315.9 (F81.9) Nicht Näher Bezeichnete Lernstörung

Diese Kategorie ist für Lernstörungen vorgesehen, die nicht die Kriterien einer spezifischen Lernstörung erfüllen. Hier können Probleme in allen drei Bereichen (Lesen, Rechnen und Schreiben) aufgeführt sein, die zusammengenommen die schulischen Leistungen deutlich behindern, selbst wenn die Leistungen der Einzelfähigkeiten bei Testmessungen nicht wesentlich unterhalb der aufgrund des Alters, der gemessenen Intelligenz und der altersgemäßen Bildung zu erwartenden Leistungen liegen. (Bei Codierung nach ICD-10 ist zu prüfen, ob nicht auch F81.3 Kombinierte Störungen schulischer Fertigkeiten vorliegen.)

Störung der Motorischen Fertigkeiten

● **315.4 (F82) Entwicklungsbezogene Koordinationsstörung**

A. Die Leistungen bei Alltagsaktivitäten, die motorische Koordination erfordern, liegen wesentlich unter denen, die für das Alter und die gemessene Intelligenz zu erwarten wären. Dies kann sich durch deutliche Verzögerungen beim Erreichen wichtiger motorischer Entwicklungsetappen (z. B. Gehen, Krabbeln, Sitzen) sowie durch Fallenlassen von Gegenständen, „Unbeholfenheit", schwache sportliche Leistungen oder eine schlechte Handschrift zeigen.

B. Die unter A. beschriebene Störung behindert deutlich die schulischen Leistungen oder die Aktivitäten des täglichen Lebens.

C. Die Störung geht nicht auf einen medizinischen Krankheitsfaktor (z. B. infantile Cerebralparese, Hemiplegie oder Muskeldystrophie) zurück und die Kriterien einer Tiefgreifenden Entwicklungsstörung sind nicht erfüllt.

D. Liegt eine Geistige Behinderung vor, so sind die motorischen Schwierigkeiten wesentlich größer als diejenigen, die gewöhnlich mit der Geistigen Behinderung verbunden sind.

Codierhinweis: Liegt ein medizinischer (z. B. neurologischer) Krankheitsfaktor oder ein sensorisches Defizit vor, werden diese auf Achse III codiert.

Kommunikationsstörungen

● **315.31 (F80.1) Expressive Sprachstörung**

A. Die bei standardisierten, individuell durchgeführten Messungen der expressiven Sprachentwicklung erreichten Werte liegen wesentlich unter jenen Werten, die bei standardisierten Messungen der nonverbalen intellektuellen Leistungen sowie der rezeptiven Sprachentwicklung erzielt werden. Die Störung kann sich klinisch durch folgende Symptome manifestieren: deutlich eingeschränkter Wortschatz, Fehler im Tempusgebrauch, Schwierigkeiten, Worte zu erinnern oder Sätze zu bilden, die nach Länge und Komplexität der Entwicklungsstufe entsprechen.

B. Die Schwierigkeiten bei der expressiven Sprache behindern die schulischen bzw. beruflichen Leistungen oder die soziale Kommunikation.

C. Die Kriterien einer Kombinierten Rezeptiv-Expressiven Sprachstörung oder einer Tiefgreifenden Entwicklungsstörung sind nicht erfüllt.

D. Liegt eine Geistige Behinderung, ein sprechmotorisches oder sensorisches Defizit oder eine deprivierende Umwelt vor, sind die Sprachschwierigkeiten wesentlich größer als diejenigen, die gewöhnlich bei diesen Problemen auftreten.

Codierhinweis: Liegt ein sprechmotorisches oder sensorisches Defizit oder ein neurologischer Krankheitsfaktor vor, werden diese auf Achse III codiert.

● **315.31 (F80.2) Kombinierte Rezeptiv-Expressive Sprachstörung**

A. Die bei einer Serie von standardisierten, individuell durchgeführten Messungen sowohl der rezeptiven als auch der expressiven Sprachentwicklung erreichten Werte sind wesentlich niedriger als die Werte aus standardisierten Messungen der nonverbalen intellektuellen Fähigkeiten. Zu den Symptomen gehören diejenigen der Expressiven Sprachstörung sowie die Schwierigkeit, Worte, Sätze oder spezifische Wortfelder, wie beispielsweise räumliche Begriffe, zu verstehen.

B. Die Schwierigkeiten bei der rezeptiven und expressiven Sprache behindern deutlich die schulischen bzw. beruflichen Leistungen oder die soziale Kommunikation.

C. Die Kriterien einer Tiefgreifenden Entwicklungsstörung sind nicht erfüllt.

D. Liegt eine Geistige Behinderung, ein sprechmotorisches oder sensorisches Defizit oder eine deprivierende Umwelt vor, sind die Sprachschwierigkeiten wesentlich größer als diejenigen, die gewöhnlich bei diesen Problemen auftreten.

Codierhinweis: Liegt ein sprechmotorisches oder sensorisches Defizit oder ein neurologischer Krankheitsfaktor vor, werden diese auf Achse III codiert.

● 315.39 (F80.0) Phonologische Störung (*vormals* Entwicklungsbezogene Artikulationsstörung)

A. Es besteht eine Unfähigkeit, entwicklungsgemäß erwartete Sprechlaute zu artikulieren, die dem Alter und dem Idiom der Person entsprechen. Dazu gehören Fehler bei der Lautproduktion, bei ihrem Gebrauch, bei der Repräsentation oder Organisation von Lauten, wie beispielsweise Substitution eines Lautes durch einen anderen (Gebrauch des /t/-Lautes statt des korrekten /k/-Lautes) oder Auslassungen von Lauten wie z. B. der Endkonsonanten.

B. Die Schwierigkeiten bei der Lautproduktion behindern die schulischen bzw. beruflichen Leistungen oder die soziale Kommunikation.

C. Liegt eine Geistige Behinderung, ein sprechmotorisches oder sensorisches Defizit oder eine deprivierende Umwelt vor, so sind die Sprechschwierigkeiten wesentlich größer als diejenigen, die gewöhnlich mit diesen Problemen verbunden sind.

Codierhinweis: Liegt ein sprechmotorisches oder sensorisches Defizit oder ein neurologischer Krankheitsfaktor vor, werden diese auf Achse III codiert.

● 307.0 (F98.5) Stottern

A. Eine dem Alter der Person unangemessene Störung des normalen Redeflusses und des Zeitmusters beim Sprechen, die durch häufiges Auftreten von mindestens einem der folgenden Kriterien charakterisiert ist:
1. Wiederholungen von Lauten und Silben,

2. Lautdehnungen,
3. Einschieben von Lauten und Silben,
4. Wortunterbrechungen (z. B. Pausen innerhalb eines Wortes),
5. hörbares oder stummes Blockieren (z. B. ausgefüllte oder unausgefüllte Sprechpausen),
6. Umschreibungen (Wortsubstitutionen, um problematische Wörter zu umgehen),
7. unter starker physischer Anspannung geäußerte Wörter,
8. Wiederholungen einsilbiger ganzer Wörter (z. B. „Ich geh, geh, geh weg").

B. Die Redeflußstörung behindert die schulischen bzw. beruflichen Leistungen oder die soziale Kommunikation.

C. Liegt ein sprechmotorisches oder sensorisches Defizit vor, sind die Sprechschwierigkeiten wesentlich größer als diejenigen, die gewöhnlich bei diesen Problemen auftreten.

Codierhinweis: Liegt ein sprechmotorisches oder sensorisches Defizit oder ein neurologischer Krankheitsfaktor vor, werden diese auf Achse III codiert.

● **307.9 (F80.9) Nicht Näher Bezeichnete Kommunikationsstörung**

Zu dieser Kategorie gehören Kommunikationsstörungen, die nicht die Kriterien einer spezifischen Kommunikationsstörung erfüllen, wie beispielsweise eine Stimmstörung (d. h. eine Auffälligkeit in der Höhe, Lautstärke, Qualität, im Klang oder in der Resonanz der Stimme).

Tiefgreifende Entwicklungsstörungen

299.00 (F84.0) Autistische Störung

A. Es müssen mindestens sechs Kriterien aus (1), (2) und (3) zutreffen, wobei mindestens zwei Kriterien aus (1) und je ein Kriterium aus (2) und (3) stammen müssen:

1. qualitative Beeinträchtigung der sozialen Interaktion in mindestens zwei der folgenden Bereiche:
   a) ausgeprägte Beeinträchtigung im Gebrauch vielfältiger nonverbaler Verhaltensweisen wie beispielsweise Blickkontakt, Gesichtsausdruck, Körperhaltung und Gestik zur Steuerung sozialer Interaktionen,
   b) Unfähigkeit, entwicklungsgemäße Beziehungen zu Gleichaltrigen aufzubauen,
   c) Mangel, spontan Freude, Interessen oder Erfolge mit anderen zu teilen (z. B. Mangel, anderen Menschen Dinge, die für die Betroffenen von Bedeutung sind, zu zeigen, zu bringen oder darauf hinzuweisen),
   d) Mangel an sozio-emotionaler Gegenseitigkeit;
2. qualitative Beeinträchtigungen der Kommunikation in mindestens einem der folgenden Bereiche:
   a) verzögertes Einsetzen oder völliges Ausbleiben der Entwicklung von gesprochener Sprache (ohne den Versuch zu machen, die Beeinträchtigung durch alternative Kommunikationsformen wie Gestik oder Mimik zu kompensieren),
   b) bei Personen mit ausreichendem Sprachvermögen deutliche Beeinträchtigung der Fähigkeit, ein Gespräch zu beginnen oder fortzuführen,
   c) stereotyper oder repetitiver Gebrauch der Sprache oder idiosynkratiische Sprache,
   d) Fehlen von verschiedenen entwicklungsgemäßen Rollenspielen oder sozialen Imitationsspielen;
3. beschränkte, repetitive und stereotype Verhaltensweisen, Interessen und Aktivitäten in mindestens einem der folgenden Bereiche:
   a) umfassende Beschäftigung mit einem oder mehreren stereotypen und begrenzten Interessen, wobei Inhalt und Intensität abnorm sind,
   b) auffällig starres Festhalten an bestimmten nichtfunktionalen Gewohnheiten oder Ritualen,
   c) stereotype und repetitive motorische Manierismen (z. B. Biegen oder schnelle Bewegungen von Händen oder Fingern oder komplexe Bewegungen des ganzen Körpers),
   d) ständige Beschäftigung mit Teilen von Objekten.

B. Beginn vor Vollendung des dritten Lebensjahres und Verzögerungen oder abnorme Funktionsfähigkeit in mindestens einem der folgenden Bereiche:
   1. soziale Interaktion,
   2. Sprache als soziales Kommunikationsmittel oder
   3. symbolisches oder Phantasiespiel.
C. Die Störung kann nicht besser durch die Rett-Störung oder die Desintegrative Störung im Kindesalter erklärt werden.

● **299.80 (F84.2) Rett-Störung**

A. Jedes der folgenden Merkmale muß zutreffen:
   1. offensichtlich normale pränatale und perinatale Entwicklung,
   2. offensichtlich normale psychomotorische Entwicklung in den ersten fünf Lebensmonaten,
   3. normaler Kopfumfang bei der Geburt.
B. Beginn aller nachfolgenden Beeinträchtigungen nach einer Zeitspanne normaler Entwicklung:
   1. Verlangsamung des Kopfwachstums im Alter zwischen 5 und 48 Monaten,
   2. Verlust von zuvor erworbenen zielgerichteten Fertigkeiten der Hände im Alter zwischen 5 und 30 Monaten mit einer nachfolgenden Entwicklung stereotyper Handbewegungen (z. B. Händewringen oder Händewaschen),
   3. Verlust der zwischenmenschlichen Kontaktaufnahme in der Anfangsphase der Störung (wobei sich soziale Interaktionen häufig später entwickeln),
   4. Auftreten von schlecht koordinierten Rumpf- oder Gangbewegungen,
   5. stark beeinträchtigte Entwicklung der expressiven und rezeptiven Sprache mit starker Retardierung im psychomotorischen Bereich.

● **299.10 (F84.3) Desintegrative Störung im Kindesalter**

A. Eine offensichtlich normale Entwicklung bis zu einem Alter von mindestens zwei Jahren, die sich durch altersgemäße verbale und nonverbale Kommunikation, soziale Beziehungen, Spiel- und Anpassungsverhalten manifestiert.

B. Ein klinisch bedeutsamer Verlust von zuvor erworbenen Fertigkeiten (vor Vollendung des 10. Lebensjahres) in mindestens zwei der folgenden Bereiche:

1. expressive oder rezeptive Sprache,
2. soziale Fertigkeiten oder Anpassungsverhalten,
3. Darm- oder Blasenkontrolle,
4. Spielverhalten,
5. motorische Fertigkeiten.

C. Auffälligkeiten der Funktionsfähigkeit in mindestens zwei der folgenden Bereiche:

1. qualitative Beeinträchtigung der sozialen Interaktion (z. B. Beeinträchtigung von nonverbalen Verhaltensweisen, Unfähigkeit, Beziehungen zu Gleichaltrigen aufzubauen, Mangel an sozio-emotionaler Gegenseitigkeit),
2. qualitative Beeinträchtigungen der Kommunikation (z. B. verzögertes Erlernen oder Fehlen von gesprochener Sprache, Unfähigkeit, ein Gespräch zu beginnen oder fortzuführen, stereotyper und repetitiver Sprachgebrauch, kein vielfältiges Rollenspiel),
3. restriktive, repetitive und stereotype Verhaltensmuster, Interessen und Aktivitäten, einschließlich motorische Stereotypien und Manierismen.

D. Die Störung kann nicht durch eine andere spezifische Tiefgreifende Entwicklungsstörung oder Schizophrenie besser erklärt werden.

● 299.80 (F84.5) Asperger-Störung

A. Qualitative Beeinträchtigungen der sozialen Interaktion, die sich in mindestens zwei der folgenden Bereiche manifestieren:

1. ausgeprägte Beeinträchtigung im Gebrauch multipler nonverbaler Verhaltensweisen wie beispielsweise Blickkontakt, Gesichtsausdruck, Körperhaltung und Gestik zur Regulation sozialer Interaktionen,
2. Unfähigkeit, entwicklungsgemäße Beziehungen zu Gleichaltrigen aufzubauen,

3. Mangel, spontan Freude, Interessen oder Erfolge mit anderen zu teilen (z. B. Mangel, anderen Menschen Dinge, die für die Betroffenen von Bedeutung sind, zu zeigen, zu bringen oder darauf hinzuweisen),

4. Mangel an sozio-emotionaler Gegenseitigkeit.

B. Beschränkte repetitive und stereotype Verhaltensmuster, Interessen und Aktivitäten in mindestens einem der folgenden Bereiche:

1. umfassende Beschäftigung mit einem oder mehreren stereotypen und begrenzten Interessen, wobei Inhalt und Intensität abnorm sind,

2. auffällig starres Festhalten an bestimmten nicht-funktionalen Gewohnheiten oder Ritualen,

3. stereotype und repetitive motorische Manierismen (z. B. Biegen oder schnelle Bewegungen von Händen oder Fingern oder komplexe Bewegungen des ganzen Körpers),

4. ständige Beschäftigung mit Teilen von Objekten.

C. Die Störung verursacht in klinisch bedeutsamer Weise Beeinträchtigungen in sozialen, beruflichen oder anderen wichtigen Funktionsbereichen.

D. Es tritt kein klinisch bedeutsamer allgemeiner Sprachrückstand auf (es werden z. B. bis zum Alter von zwei Jahren einzelne Wörter, bis zum Alter von drei Jahren kommunikative Sätze benutzt).

E. Es treten keine klinisch bedeutsamen Verzögerungen der kognitiven Entwicklung oder der Entwicklung von altersgemäßen Selbsthilfefertigkeiten, im Anpassungsverhalten (außerhalb der sozialen Interaktionen) und bezüglich des Interesses des Kindes an der Umgebung auf.

F. Die Kriterien für eine andere spezifische Tiefgreifende Entwicklungsstörung oder für Schizophrenie sind nicht erfüllt.

● 299.80 (F84.9) Nicht Näher Bezeichnete Tiefgreifende Entwicklungsstörung (einschließlich Atypischer Autismus)

Diese Kategorie sollte Anwendung finden, wenn eine schwere und tiefgreifende Beeinträchtigung der Entwicklung der reziproken sozialen Interaktion oder verbaler und nonverbaler Kommunikationsfähigkeiten vorliegt oder wenn stereotype Verhaltensweisen, Interessen und Aktivitäten auftreten, wenn die Kriterien einer spezifischen Tiefgreifenden Entwicklungsstörung, Schizophrenie; Schizotypischen Persönlichkeitsstörung oder Vermeidend-Selbstunsicheren Persönlichkeitsstörung jedoch nicht erfüllt sind. So beinhaltet diese Kategorie den „Atypischen Autismus". Hier sind die Kriterien der Autistischen Störung aufgrund des höheren Alters bei Störungsbeginn, der atypischen oder nicht voll ausgeprägten Symptomatik oder aller dieser Punkte nicht erfüllt.

Störungen der Aufmerksamkeit, der Aktivität und des Sozialverhaltens

● Aufmerksamkeitsdefizit-/Hyperaktivitätsstörung

A. Entweder Punkt (1) oder Punkt (2) müssen zutreffen:
   1. sechs (oder mehr) der folgenden Symptome von **Unaufmerksamkeit** sind während der letzten sechs Monate beständig in einem mit dem Entwicklungsstand des Kindes nicht zu vereinbarenden und unangemessenen Ausmaß vorhanden gewesen:

Unaufmerksamkeit
   a) beachtet häufig Einzelheiten nicht oder macht Flüchtigkeitsfehler bei den Schularbeiten, bei der Arbeit oder bei anderen Tätigkeiten,
   b) hat oft Schwierigkeiten, längere Zeit die Aufmerksamkeit bei Aufgaben oder beim Spielen aufrechtzuerhalten,
   c) scheint häufig nicht zuzuhören, wenn andere ihn/sie ansprechen,
   d) führt häufig Anweisungen anderer nicht vollständig durch und kann Schularbeiten, andere Arbeiten oder Pflichten am Arbeitsplatz nicht zu Ende bringen (nicht aufgrund oppositionellen Verhaltens oder Verständnisschwierigkeiten),
   e) hat häufig Schwierigkeiten, Aufgaben und Aktivitäten zu organisieren,

    f) vermeidet häufig, hat eine Abneigung gegen oder beschäftigt sich häufig nur widerwillig mit Aufgaben, die längerandauernde geistige Anstrengungen erfordern (wie Mitarbeit im Unterricht oder Hausaufgaben),

    g) verliert häufig Gegenstände, die für Aufgaben oder Aktivitäten benötigt werden (z. B. Spielsachen, Hausaufgabenhefte, Stifte, Bücher oder Werkzeug),

    h) läßt sich oft durch äußere Reize leicht ablenken,

    i) ist bei Alltagstätigkeiten häufig vergeßlich;

2. sechs (oder mehr) der folgenden Symptome der **Hyperaktivität und Impulsivität** sind während der letzten sechs Monate beständig in einem mit dem Entwicklungsstand des Kindes nicht zu vereinbarenden und unangemessenen Ausmaß vorhanden gewesen:

Hyperaktivität:

    a) zappelt häufig mit Händen oder Füßen oder rutscht auf dem Stuhl herum,

    b) steht in der Klasse oder in anderen Situationen, in denen Sitzenbleiben erwartet wird, häufig auf,

    c) läuft häufig herum oder klettert exzessiv in Situationen, in denen dies unpassend ist (bei Jugendlichen oder Erwachsenen kann dies auf ein subjektives Unruhegefühl beschränkt bleiben),

    d) hat häufig Schwierigkeiten, ruhig zu spielen oder sich mit Freizeitaktivitäten ruhig zu beschäftigen,

    e) ist häufig „auf Achse" oder handelt oftmals, als wäre er/sie „getrieben",

    f) redet häufig übermäßig viel;

Impulsivität:

    g) platzt häufig mit den Antworten heraus, bevor die Frage zu Ende gestellt ist,

    h) kann nur schwer warten, bis er/sie an der Reihe ist,

    i) unterbricht und stört andere häufig (platzt z. B. in Gespräche oder in Spiele anderer hinein).

B. Einige Symptome der Hyperaktivität-Impulsivität oder Unaufmerksamkeit, die Beeinträchtigungen verursachen, treten bereits vor dem Alter von sieben Jahren auf.

C. Beeinträchtigungen durch diese Symptome zeigen sich in zwei oder mehr Bereichen (z. B. in der Schule bzw. am Arbeitsplatz und zu Hause).

D. Es müssen deutliche Hinweise auf klinisch bedeutsame Beeinträchtigungen in sozialen, schulischen oder beruflichen Funktionsbereichen vorhanden sein.

E. Die Symptome treten nicht ausschließlich im Verlauf einer Tiefgreifenden Entwicklungsstörung, Schizophrenie oder einer anderen Psychotischen Störung auf und können auch nicht durch eine andere psychische Störung besser erklärt werden (z. B. Affektive Störung, Angststörung, Dissoziative Störung oder eine Persönlichkeitsstörung).

Codiere je nach Subtypus:
314.01 (F90.0) Aufmerksamkeitsdefizit-/Hyperaktivitätsstörung, Mischtypus: liegt vor, wenn die Kriterien A1 und A2 während der letzten sechs Monate erfüllt waren.
314.00 (F98.8) Aufmerksamkeitsdefizit-/Hyperaktivitätsstörung, Vorwiegend Unaufmerksamer Typus: liegt vor, wenn Kriterium A1, nicht aber Kriterium A2 während der letzten sechs Monate erfüllt war.
314.01 (F90.1) Aufmerksamkeitsdefizit-/Hyperaktivitätsstörung, Vorwiegend Hyperaktiv-Impulsiver Typus: liegt vor, wenn Kriterium A2, nicht aber Kriterium A1 während der letzten sechs Monate erfüllt war.

Codierhinweis: Bei Personen (besonders Jugendlichen und Erwachsenen), die zum gegenwärtigen Zeitpunkt Symptome zeigen, aber nicht mehr alle Kriterien erfüllen, wird Teilremittiert spezifiziert.

● **314.9 (F90.9) Nicht Näher Bezeichnete Aufmerksamkeitsdefizit-/Hyperaktivitätsstörung**

Diese Kategorie ist für Störungen mit deutlichen Symptomen von Unaufmerksamkeit oder Hyperaktivität-Impulsivität vorgesehen, die nicht die Kriterien einer Aufmerksamkeitsdefizit-/Hyperaktivitätsstörung erfüllen.

● 312.8 (F91.8) Störung des Sozialverhaltens

A. Es liegt ein repetitives und anhaltendes Verhaltensmuster vor, durch das die grundlegenden Rechte anderer und wichtige altersentsprechende gesellschaftliche Normen oder Regeln verletzt werden. Dies manifestiert sich durch das Auftreten von mindestens drei der folgenden Kriterien während der letzten zwölf Monate, wobei mindestens ein Kriterium in den letzten sechs Monaten aufgetreten sein muß:

Aggressives Verhalten gegenüber Menschen und Tieren
1. bedroht oder schüchtert andere häufig ein,
2. beginnt häufig Schlägereien,
3. hat Waffen benutzt, die anderen schweren körperlichen Schaden zufügen können (z. B. Schlagstöcke, Ziegelsteine, zerbrochene Flaschen, Messer, Gewehre),
4. war körperlich grausam zu Menschen,
5. quälte Tiere,
6. hat in Konfrontation mit dem Opfer gestohlen (z. B. Überfall, Taschendiebstahl, Erpressung, bewaffneter Raubüberfall),
7. zwang andere zu sexuellen Handlungen;

Zerstörung von Eigentum
8. beging vorsätzlich Brandstiftung mit der Absicht, schweren Schaden zu verursachen,
9. zerstörte vorsätzlich fremdes Eigentum (jedoch nicht durch Brandstiftung);

Betrug oder Diebstahl
10. brach in fremde Wohnungen, Gebäude oder Autos ein,
11. lügt häufig, um sich Güter oder Vorteile zu verschaffen oder um Verpflichtungen zu entgehen (d. h. „legt andere herein"),
12. stahl Gegenstände von erheblichem Wert ohne Konfrontation mit dem Opfer (z. B. Ladendiebstahl, jedoch ohne Einbruch, sowie Fälschungen);

Schwere Regelverstöße
13. bleibt schon vor dem Alter von 13 Jahren trotz elterlicher Verbote häufig über Nacht weg,

14. lief mindestens zweimal über Nacht von zu Hause weg, während er/sie noch bei den Eltern oder bei einer anderen Bezugsperson wohnte (oder nur einmal mit Rückkehr erst nach längerer Zeit),

15. schwänzt schon vor dem Alter von 13 Jahren häufig die Schule.

B. Die Verhaltensstörung verursacht in klinisch bedeutsamer Weise Beeinträchtigungen in sozialen, schulischen oder beruflichen Funktionsbereichen.

C. Bei Personen, die 18 Jahre oder älter sind, sind nicht die Kriterien einer Antisozialen Persönlichkeitsstörung erfüllt.

Bestimme den Typus nach dem Alter der Person bei Störungsbeginn:
— **Typus mit Beginn in der Kindheit:** Der Beginn mindestens eines der für die Störung des Sozialverhaltens charakteristischen Kriterien muß vor dem Alter von 10 Jahren liegen.
— **Typus mit Beginn in der Adoleszenz:** Keines der für die Störung des Sozialverhaltens charakteristischen Kriterien tritt vor dem Alter von 10 Jahren auf.

Bestimme den Schweregrad:
— **Leicht:** Zusätzlich zu den für die Diagnose erforderlichen Symptomen treten wenige oder keine weiteren Probleme des Sozialverhaltens auf **und** die Probleme des Sozialverhaltens fügen anderen nur geringen Schaden zu.
— **Mittelschwer:** Die Anzahl der Probleme des Sozialverhaltens und die Auswirkung auf andere liegen zwischen „leicht" und „schwer".
— **Schwer:** Zusätzlich zu den für die Diagnose erforderlichen Symptome treten viele weitere Probleme des Sozialverhaltens auf oder die Probleme des Sozialverhaltens fügen anderen beträchtlichen Schaden zu.

● 313.81 (F91.3) Störung mit Oppositionellem Trotzverhalten

A. Ein mindestens sechs Monate anhaltendes Muster von negativistischem, feindseligem und trotzigem Verhalten, wobei vier (oder mehr) der folgenden Symptome auftreten:
1. wird schnell ärgerlich,

2. streitet sich häufig mit Erwachsenen,
3. widersetzt sich häufig aktiv den Anweisungen oder Regeln von Erwachsenen oder weigert sich, diese zu befolgen,
4. verärgert andere häufig absichtlich,
5. schiebt häufig die Schuld für eigene Fehler oder eigenes Fehlverhalten auf andere,
6. ist häufig empfindlich oder läßt sich von anderen leicht verärgern,
7. ist häufig wütend und beleidigt,
8. ist häufig boshaft und nachtragend.

B. Die Verhaltensstörung verursacht in klinisch bedeutsamer Weise Beeinträchtigungen in sozialen, schulischen oder beruflichen Funktionsbereichen.

C. Die Verhaltensweisen treten nicht ausschließlich im Verlauf einer Psychotischen oder Affektiven Störung auf.

D. Bei Personen, die 18 Jahre oder älter sind, sind nicht die Kriterien einer Störung des Sozialverhaltens oder einer Antisozialen Persönlichkeitsstörung erfüllt.

● **312.9 (F91.9) Nicht Näher Bezeichnetes Sozial Störendes Verhalten**

Diese Kategorie ist für Störungen vorgesehen, die durch ein Sozialverhalten und oppositionelles Trotzverhalten gekennzeichnet sind, die nicht die Kriterien einer Störung des Sozialverhaltens oder Störung mit Oppositionellem Trotzverhalten erfüllen. Hierzu gehören beispielsweise klinische Erscheinungsformen, die nicht die Kriterien letztgenannter Störungen erfüllen, bei denen jedoch eine klinisch signifikante Beeinträchtigung vorliegt.

Fütter- und Eßstörungen im Säuglings- oder Kleinkindalter

● **307.52 (F98.3) Pica**

A. Ständiges Essen ungenießbarer Stoffe, das mindestens einen Monat lang anhält.

B. Das Essen ungenießbarer Stoffe ist für die Entwicklungsstufe unangemessen.
C. Das Eßverhalten ist nicht Teil einer kulturell anerkannten Praxis.
D. Tritt die Störung des Eßverhaltens ausschließlich im Verlauf einer anderen psychischen Störung (z. B. Geistige Behinderung, Tiefgreifende Entwicklungsstörung, Schizophrenie) auf, muß sie schwer genug sein, um für sich allein genommen klinische Beachtung zu rechtfertigen.

● 307.53 (F98.2) Ruminationstörung

A. Wiederholtes Heraufwürgen und Wiederkauen von Nahrung über einen Zeitraum von mindestens einem Monat nach einer Phase normaler Entwicklung.
B. Das Verhalten geht nicht auf eine begleitende Erkrankung des Magen-Darm-Trakts oder einen anderen medizinischen Krankheitsfaktor (z. B. ösophagealer Reflux) zurück.
C. Das Verhalten tritt nicht ausschließlich im Verlauf einer Anorexia Nervosa oder Bulimia Nervosa auf. Kommen die Symptome ausschließlich im Verlauf einer Geistigen Behinderung oder einer Tiefgreifenden Entwicklungsstörung vor, müssen sie schwer genug sein, um für sich allein genommen klinische Beachtung zu rechtfertigen.

● 307.59 (F98.2) Fütterstörung im Säuglings- oder Kleinkindalter

A. Eine Fütterstörung, die sich durch das ständige Unvermögen manifestiert, über den Zeitraum von mindestens einem Monat adäquat zu essen. In dieser Zeit tritt keine deutliche Gewichtszunahme bzw. ein deutlicher Gewichtsverlust auf.
B. Die Störung geht nicht auf eine begleitende Erkrankung des Magen-Darm-Trakts oder einen anderen medizinischen Krankheitsfaktor (z. B. ösophagealer Reflux) zurück.
C. Die Störung kann nicht durch eine andere psychische Störung (z. B. Ruminationstörung) oder durch Nahrungsmangel besser erklärt werden.
D. Der Beginn der Störung liegt vor dem Alter von 6 Jahren.

Ticstörungen

● 307.23 (F95.2) Tourette-Störung

A. Multiple motorische Tics sowie mindestens ein vokaler Tic treten im Verlauf der Krankheit auf, jedoch nicht unbedingt gleichzeitig (Tics sind plötzliche, schnelle, sich wiederholende, unrhythmische und stereotype motorische Bewegungen oder Lautäußerungen).

B. Die Tics treten mehrmals täglich (gewöhnlich anfallsartig) entweder fast jeden Tag oder intermittierend im Zeitraum von über einem Jahr auf. In dieser Zeit gab es keine ticfreie Phase, die länger als drei aufeinanderfolgende Monate andauerte.

C. Die Störung führt zu deutlichem Leiden oder verursacht in bedeutsamer Weise Beeinträchtigungen in sozialen, beruflichen oder anderen wichtigen Funktionsbereichen.

D. Der Beginn liegt vor Vollendung des 18. Lebensjahres.

E. Die Störung geht nicht auf die direkte körperliche Wirkung einer Substanz (z. B. Stimulantien) oder eines medizinischen Krankheitsfaktors (z. B. Huntingtonsche Erkrankung oder postvirale Enzephalitis) zurück.

● 307.22 (F95.1) Chronische Motorische oder Vokale Ticstörung

A. Einzelne oder multiple, entweder motorische oder vokale Tics (d. h. plötzliche, schnelle, sich wiederholende, unrhythmische, stereotype motorische Bewegungen oder Lautäußerungen), jedoch nicht beide, treten zu irgendeinem Zeitpunkt im Verlauf der Krankheit auf.

B. Die Tics treten mehrmals täglich, entweder fast jeden Tag oder intermittierend über einen Zeitraum von mehr als einem Jahr auf. In dieser Zeit gab es keine ticfreie Phase, die länger als drei aufeinanderfolgende Monate andauerte.

C. Die Störung führt zu deutlichem Leiden oder verursacht in bedeutsamer Weise Beeinträchtigungen in sozialen, beruflichen oder anderen wichtigen Funktionsbereichen.

D. Der Beginn der Störung liegt vor dem Alter von 18 Jahren.

E. Die Störung geht nicht auf die direkte körperliche Wirkung einer Substanz (z. B. Stimulantien) oder eines medizinischen Krankheitsfaktors (z. B. Huntingtonsche Erkrankung oder postvirale Enzephalitis) zurück.

F. Die Kriterien der Tourette-Störung waren zu keinem Zeitpunkt erfüllt.

● 307.21 (F95.0) Vorübergehende Ticstörung

A. Einzelne oder multiple motorische und/oder vokale Tics (d. h. plötzliche, schnelle, sich wiederholende, unrhythmische, stereotype motorische Bewegungen oder Lautäußerungen).

B. Die Tics treten mindestens vier Wochen lang fast jeden Tag mehrmals auf. Der Zeitraum, in dem die Tics auftreten, ist jedoch niemals länger als zwölf aufeinanderfolgende Monate.

C. Die Störung führt zu deutlichem Leiden oder verursacht in bedeutsamer Weise Beeinträchtigungen in sozialen, beruflichen oder anderen wichtigen Funktionsbereichen.

D. Der Beginn der Störung liegt vor dem Alter von 18 Jahren.

E. Die Störung geht nicht auf die direkte körperliche Wirkung einer Substanz (z. B. Stimulantien) oder eines medizinischen Krankheitsfaktors (z. B. Huntingtonsche Erkrankung oder postvirale Enzephalitis) zurück.

F. Die Kriterien einer Tourette-Störung oder einer Chronischen Motorischen oder Vokalen Ticstörung waren zu keinem Zeitpunkt erfüllt.

Bestimme, ob:
— **Einzelepisode** oder **Rezidivierend**

● 307.20 (F95.9) Nicht Näher Bezeichnete Ticstörung

Diese Kategorie ist für Störungen vorgesehen, die durch Tics gekennzeichnet sind, die jedoch nicht die Kriterien einer spezifischen Ticstörung erfüllen. Beispiele hierfür sind Tics, die weniger als vier Monate andauern oder Tics, die nach Vollendung des 18. Lebensjahres beginnen.

Störungen der Ausscheidung

● Enkopresis (R15 oder F98.1)

A. Wiederholtes Entleeren der Fäzes an ungeeigneten Stellen (z. B. Kleidung oder Fußboden). Dies kann unwillkürlich oder absichtlich geschehen.

B. Das Verhalten tritt mindestens einmal im Monat im Verlauf von mindestens drei Monaten auf.

C. Das Alter des Kindes (bzw. das Entwicklungsalter) beträgt mindestens vier Jahre.

D. Das Verhalten geht nicht ausschließlich auf die direkte körperliche Wirkung einer Substanz (z. B. Abführmittel) oder eines medizinischen Krankheitsfaktors zurück, es sei denn, der Krankheitsmechanismus beinhaltet Verstopfung.

Codiere wie folgt:
– 787.6 (R15) Mit Verstopfung und Überlaufinkontinenz
– 307.7 (F98.1) Ohne Verstopfung und Überlaufinkontinenz.

● 307.6 (F98.0) Enuresis (Nicht Aufgrund eines Medizinischen Krankheitsfaktors)

A. Wiederholtes Entleeren von Urin in Bett oder Kleidung (unwillkürlich oder absichtlich).

B. Das Verhalten ist klinisch bedeutsam und manifestiert sich entweder durch eine Auftretenshäufigkeit von zweimal wöchentlich im Verlauf von drei aufeinanderfolgenden Monaten oder durch das Vorhandensein von klinisch bedeutsamem Leiden oder Beeinträchtigungen im sozialen, schulischen (beruflichen) oder anderen wichtigen Funktionsbereichen.

C. Das Kind muß mindestens 5 Jahre alt sein (oder ein entsprechendes Entwicklungsalter haben).

D. Das Verhalten geht nicht ausschließlich auf die direkte körperliche Wirkung einer Substanz (z. B. ein Diuretikum) oder eines medizinischen Krankheitsfaktors (z. B. Diabetes, Spina bifida, ein Anfallsleiden) zurück.

Bestimme den Typus:
— Enuresis Nocturna (F98.00) (nur nachts im Schlaf)
— Enuresis Diurna (F98.01) (nur tagsüber)
— Enuresis Nocturna und Diurna (F98.02) (nachts und tagsüber).

Andere Störungen im Kleinkindalter, in der Kindheit oder Adoleszenz

● **309.21 (F93.0) Störung mit Trennungsangst**

A. Eine entwicklungsmäßig unangemessene und übermäßige Angst vor der Trennung von zu Hause oder von den Bezugspersonen, wobei mindestens drei der folgenden Kriterien erfüllt sein müssen:

1. wiederholter übermäßiger Kummer bei einer möglichen oder tatsächlichen Trennung von zu Hause oder von wichtigen Bezugspersonen,

2. andauernde und übermäßige Besorgnis, daß er/sie wichtige Bezugspersonen verlieren könnte oder daß diesen etwas zustoßen könnte,

3. andauernde und übermäßige Besorgnis, daß ein Unglück ihn/sie von einer wichtigen Bezugsperson trennen könnte (z. B. verlorenzugehen oder entführt zu werden),

4. andauernder Widerwillen oder Weigerung, aus Angst vor der Trennung zur Schule oder an einen anderen Ort zu gehen,

5. ständige und übermäßige Furcht oder Abneigung, allein oder ohne wichtige Bezugspersonen zu Hause oder ohne wichtige Erwachsene in einem anderen Umfeld zu bleiben,

6. andauernder Widerwillen oder Weigerung, ohne die Nähe einer wichtigen Bezugsperson schlafen zu gehen oder auswärts zu übernachten,

7. wiederholt auftretende Alpträume von Trennungen,

8. wiederholte Klagen über körperliche Beschwerden (wie z. B. Kopfschmerzen, Bauchschmerzen, Übelkeit oder Erbrechen), wenn die Trennung von einer wichtigen Bezugsperson bevorsteht oder stattfindet.

B. Die Dauer der Störung beträgt mindestens vier Wochen.

C. Der Störungsbeginn liegt vor dem Alter von 18 Jahren.

D. Die Störung verursacht in klinisch bedeutsamer Weise Leiden oder Beeinträchtigungen in sozialen, schulischen oder anderen wichtigen Funktionsbereichen.

E. Die Störung tritt nicht ausschließlich im Verlauf einer Tiefgreifenden Entwicklungsstörung, Schizophrenie oder einer anderen Psychotischen Störung auf und kann bei Jugendlichen und Erwachsenen nicht durch die Panikstörung mit Agoraphobie besser erklärt werden.

Bestimme, ob:
— **Früher Beginn:** Die Störung beginnt vor dem Alter von 6 Jahren.

● **313.23 (F94.0) Selektiver Mutismus
(*vormals* Elektiver Mutismus)**

A. Andauernde Unfähigkeit, in bestimmten Situationen zu sprechen (in denen das Sprechen erwartet wird, z. B. in der Schule), wobei in anderen Situationen normale Sprechfähigkeit besteht.

B. Die Störung behindert die schulischen oder beruflichen Leistungen oder die soziale Kommunikation.

C. Die Störung dauert mindestens einen Monat (und ist nicht auf den ersten Monat nach Schulbeginn beschränkt).

D. Die Unfähigkeit zu sprechen ist nicht durch fehlende Kenntnisse der gesprochenen Sprache bedingt, die in der sozialen Situation benötigt wird oder dadurch, daß der Betroffene sich in dieser Sprache nicht wohlfühlt.

E. Die Störung kann nicht besser durch eine Kommunikationsstörung (z. B. Stottern) erklärt werden und tritt nicht ausschließlich im Verlauf einer Tiefgreifenden Entwicklungsstörung, Schizophrenie oder einer anderen Psychotischen Störung auf.

● **313.89 (F94.1/F94.2) Reaktive Bindungsstörung im Säuglingsalter oder in der Frühen Kindheit**

A. Eine deutlich gestörte und entwicklungsmäßig inadäquate soziale Bindung, die in den meisten Bereichen auftritt und vor dem Alter von 5 Jahren beginnt. Die Störung drückt sich in Punkt (1) oder (2) aus:

1. andauernde Unfähigkeit, in entwicklungsmäßig angemessener Weise auf die meisten zwischenmenschlichen Beziehungen zu reagieren oder solche anzuknüpfen. Diese manifestiert sich durch übermäßig gehemmte, überaus wachsame oder stark ambivalente und widersprüchliche Reaktionen (z. B. kann das Kind auf Pflegepersonen mit einer Mischung aus Annäherung, Meidung und Abwehr reagieren oder eine mißtrauische Wachsamkeit an den Tag legen),

2. diffuse Bindungen, die sich durch unkritische Zutraulichkeit mit einer deutlichen Unfähigkeit, angemessene selektive Bindungen zu zeigen, manifestieren (z. B. übermäßige Vertrautheit mit relativ fremden Personen oder undifferenzierte Auswahl der Bezugspersonen).

B. Die in Kriterium A beschriebene Störung ist nicht lediglich auf einen Entwicklungsrückstand (wie bei der Geistigen Behinderung) zurückzuführen. Sie erfüllt auch nicht die Kriterien einer Tiefgreifenden Entwicklungsstörung.

C. Pathologische Fürsorgemerkmale, die durch mindestens einen der folgenden Punkte deutlich werden:

1. andauernde Mißachtung der grundlegenden emotionalen Bedürfnisse des Kindes nach Geborgenheit, Anregung und Zuneigung,

2. andauernde Mißachtung der grundlegenden körperlichen Bedürfnisse des Kindes,

3. wiederholter Wechsel der wichtigsten Pflegeperson des Kindes, was die Ausbildung von stabilen Bindungen verhindert (z. B. häufiger Wechsel der Pflegefamilie).

D. Es besteht die Vermutung, daß die in Kriterium C genannten Fürsorgemerkmale für das gestörte Verhalten, das in Kriterium A beschrieben wird, verantwortlich sind (d. h. die Störungen aus Kriterium A begannen im Anschluß an die pathologische Fürsorge aus Kriterium C).

Bestimme den Typus:
— **Gehemmter Typus (F94.1):** Wenn das Kriterium A1 im klinischen Erscheinungsbild vorherrscht.
— **Ungehemmter Typus (F94.2):** Bei Vorherrschen des Kriteriums A2.

- **307.3 (F98.4) Stereotype Bewegungsstörung
(*vormals* Stereotype Bewegungsstörung
mit Autoaggressivem Charakter)**

A. Repetitives, scheinbar getriebenes und nicht funktionales motorisches Verhalten (z. B. Hände schütteln oder winken, wiegende Körperbewegungen, Kopfanschlagen, Gegenstände in den Mund nehmen, sich selbst beißen, an der Haut oder an Körperöffnungen zupfen, sich selbst schlagen).

B. Das Verhalten behindert deutlich die normalen Aktivitäten oder führt zu selbstzugefügten körperlichen Verletzungen, die medizinische Behandlung benötigen (bzw. würden ohne Anwendung von Gegenmaßnahmen zu körperlichen Verletzungen führen).

C. Liegt eine Geistige Behinderung vor, ist das stereotype oder selbstschädigende Verhalten schwer genug, um einen Schwerpunkt der Behandlung zu bilden.

D. Das Verhalten kann nicht durch einen Zwang (wie bei einer Zwangsstörung), einen Tic (wie bei einer Ticstörung), eine Stereotypie, die Teil einer Tiefgreifenden Entwicklungsstörung ist, oder durch Haareausziehen (wie bei Trichotillomanie) besser erklärt werden.

E. Das Verhalten geht nicht auf die direkte körperliche Wirkung einer Substanz oder eines medizinischen Krankheitsfaktors zurück.

F. Das Verhalten dauert mindestens vier Wochen lang an.

Bestimme, ob:

— **Mit Selbstschädigendem Verhalten (F98.41):** Wenn das Verhalten zu körperlichen Verletzungen führt, die spezifische Behandlung benötigen (bzw. ohne Anwendung von Gegenmaßnahmen zu körperlichen Verletzungen führen würde).

- **313.9 (F98.9) Nicht Näher Bezeichnete Störung
im Kleinkindalter, in der Kindheit oder Adoleszenz**

Diese Kategorie ist eine Restkategorie für Störungen mit Beginn im Kleinkindalter, in der Kindheit oder Adoleszenz, die nicht die Kriterien einer spezifischen Störung dieser Klassifikation erfüllen.

Delir, Demenz, Amnestische und Andere Kognitive Störungen

Delir

- **293.0 (F05) Delir Aufgrund von ...**
  [Benenne den Medizinischen Krankheitsfaktor]

A. Eine Bewußtseinsstörung (d. h. eine reduzierte Klarheit der Umgebungswahrnehmung) mit einer eingeschränkten Fähigkeit, die Aufmerksamkeit zu richten, aufrecht zu erhalten oder zu verlagern.

B. Eine Veränderung der kognitiven Funktionen (wie Gedächtnisstörung, Desorientiertheit, Sprachstörung) oder die Entwicklung einer Wahrnehmungsstörung, die nicht besser durch eine schon vorher bestehende, manifeste oder sich entwickelnde Demenz erklärt werden kann.

C. Das Störungsbild entwickelt sich innerhalb einer kurzen Zeitspanne (gewöhnlich innerhalb von Stunden oder Tagen) und fluktuiert üblicherweise im Tagesverlauf.

D. Es gibt Hinweise aus Anamnese, körperlicher Untersuchung oder Laborbefunden, daß das Störungsbild durch die direkten körperlichen Folgeerscheinungen eines medizinischen Krankheitsfaktors verursacht ist.

Codierhinweis: Wenn ein Delir eine bereits bestehende Demenz vom Alzheimer Typ oder eine Vaskuläre Demenz überlagert, bezeichne das Delir durch den entsprechenden Subtypus der Demenz, z. B. 290.3 (F00.1, F05.1) Demenz vom Alzheimer Typ, Mit Spätem Beginn, Mit Delir.

Codierhinweis: Vermerke die Bezeichnung des medizinischen Krankheitsfaktors auf Achse I, z. B. 293.0 (F05.0) Delir Aufgrund einer Hepatischen Enzephalopathie, und codiere den medizinischen Krankheitsfaktor auch auf Achse III (siehe die Codierungsnummern im Anhang G).

Substanzinduziertes Delir

● Substanzintoxikationsdelir

A. Eine Bewußtseinsstörung (d. h. eine reduzierte Klarheit der Umgebungswahrnehmung) mit einer eingeschränkten Fähigkeit die Aufmerksamkeit zu richten, aufrecht zu erhalten oder zu verlagern.

B. Eine Veränderung der kognitiven Funktionen (wie Gedächtnisstörung, Desorientiertheit, Sprachstörung) oder die Entwicklung einer Wahrnehmungsstörung, die nicht durch eine schon vorher bestehende, manifeste oder sich entwickelnde Demenz besser erklärt werden kann.

C. Das Störungsbild entwickelt sich innerhalb einer kurzen Zeitspanne (gewöhnlich innerhalb von Stunden oder Tagen) und fluktuiert üblicherweise im Tagesverlauf.

D. Es gibt Hinweise aus Anamnese, körperlicher Untersuchung oder Laborbefunden, für entweder (1) oder (2):

1. Die Symptome in Kriterium A und B entwickeln sich während einer Intoxikation.

2. Der Gebrauch eines Medikaments steht in einem ätiologischen Zusammenhang zu dem Störungsbild*.

Beachte: Diese Diagnose sollte nur dann anstelle der Diagnose Substanzintoxikation gestellt werden, wenn die kognitiven Symptome über die Erscheinungen hinausgehen, die normalerweise mit dem Intoxikationssyndrom verbunden sind und schwer genug sind, um für sich allein genommen klinische Beachtung zu rechtfertigen.

***Beachte:** Wenn ein Zusammenhang mit der Einnahme eines Medikaments besteht, sollte die Diagnose als Substanzinduziertes Delir codiert werden. Die E-Codierungen der spezifischen Medikamente sind dem Anhang G zu entnehmen.

Codiere: [Spezifische Substanz]-Intoxikationsdelir: (291.0 (F10.03) Alkohol; 292.81 (F15.03) Amphetamin [oder Amphetaminähnliche Substanz]; 292.81 (F12.03) Cannabis; 292.81 (F14.03) Kokain; 292.81 (F16.03) Halluzinogen; 292.81 (F18.03) Inhalans; 292.81 (F11.03) Opiat; 292.81 (F19.03)

Phencyclidin [oder Phencyclidinähnliche Substanz]; 292.81
(F13.03) Sedativum, Hypnotikum oder Anxiolytikum; 292.81
(F19.03) Andere [oder Unbekannte] Substanz [z. B.: Cimetidin,
Digitalis, Benztropin]).

Codierhinweis: Siehe S. 105 für Codierungsregeln.

● **Substanzentzugsdelir**

A. Eine Bewußtseinsstörung (d. h. eine reduzierte Klarheit der
   Umgebungswahrnehmung) mit einer eingeschränkten Fähigkeit, die Aufmerksamkeit zu richten, aufrecht zu erhalten oder
   zu verlagern.
B. Eine Veränderung der kognitiven Funktionen (wie Gedächtnisstörung, Desorientiertheit, Sprachstörung) oder die Entwicklung einer Wahrnehmungsstörung, die nicht durch eine
   schon vorher bestehende, manifeste oder sich entwickelnde
   Demenz besser erklärt werden kann.
C. Das Störungsbild entwickelt sich innerhalb einer kurzen Zeitspanne (gewöhnlich innerhalb von Stunden oder Tagen) und
   fluktuiert üblicherweise im Laufe des Tages.
D. Es gibt Hinweise aus Anamnese, körperlicher Untersuchung
   oder Laborbefunden, daß sich die in Kriterium A und B beschriebenen Symptome während oder kurz nach einem Entzugssyndrom entwickelt haben.

Beachte: Diese Diagnose sollte nur dann anstelle der Diagnose
eines Substanzentzuges gestellt werden, wenn die kognitiven Symptome über die Erscheinungen hinausgehen, die gewöhnlich mit
einem Intoxikationssyndrom verbunden sind und wenn die Symptome schwer genug sind, um für sich allein genommen klinische
Beachtung zu rechtfertigen.

Codiere [Spezifische Substanz]-Entzugsdelir: (291.0 (F10.4) Alkohol; 292.81 (F13.4) Sedativum, Hypnotikum oder Anxiolytikum;
292.81 (F19.04) Andere [oder Unbekannte] Substanz).

Codierhinweis: Siehe S. 105 für Codierungsregeln.

● **Delir Aufgrund Multipler Ätiologien**

A. Eine Bewußtseinsstörung (d. h. eine reduzierte Klarheit der Umgebungswahrnehmung) mit einer eingeschränkten Fähigkeit, die Aufmerksamkeit zu richten, aufrecht zu erhalten oder zu verlagern.

B. Eine Veränderung der kognitiven Funktionen (wie Gedächtnisstörung, Desorientiertheit, Sprachstörung) oder die Entwicklung einer Wahrnehmungsstörung, die nicht durch eine schon vorher bestehende, manifeste oder sich entwickelnde Demenz besser erklärt werden kann.

C. Das Störungsbild entwickelt sich innerhalb einer kurzen Zeitspanne (gewöhnlich innerhalb von Stunden oder Tagen) und fluktuiert üblicherweise im Laufe des Tages.

D. Es gibt Hinweise aus Anamnese, körperlicher Untersuchung oder Laborbefunden, daß sich die in Kriterium A und B beschriebenen Symptome während oder kurz nach einem Entzugssyndrom entwickelt haben.

Codierhinweis: Das Delir Aufgrund Multipler Ätiologien hat keine eigene Codeziffer und sollte nicht als Diagnose aufgenommen werden. Stattdessen sollten die verschiedenen Codierungsnummern verwendet werden, um die spezifischen Delire und die spezifischen Ätiologien anzugeben, z. B.: 293.0 (F05.0) Delir Aufgrund einer Viralen Enzephalitis; 291.0 (F10.4) Alkoholentzugsdelir.

● **780.09 (F05.9) Nicht Näher Bezeichnetes Delir**

Diese Kategorie sollte für die Diagnose eines Delirs verwendet werden, das nicht die Kriterien für eine der in diesem Kapitel beschriebenen spezifischen Formen des Delirs erfüllt. Beispiele sind:

1. Das klinische Erscheinungsbild eines Delirs, von dem angenommen wird, daß es auf einen medizinischen Krankheitsfaktor oder eine Substanzeinnahme zurückgeht, ohne daß genügend Hinweise für eine spezifische Ätiologie vorliegen.

2. Delir, das nicht auf in diesem Kapitel genannte Ursachen zurückgeht (z. B. Sensorische Deprivation).

Demenz

● Demenz vom Alzheimer Typ

A. Entwicklung multipler kognitiver Defizite, die sich zeigen in sowohl

1. einer Gedächtnisbeeinträchtigung (beeinträchtigte Fähigkeit, neue Information zu erlernen oder früher Gelerntes abzurufen), als auch

2. mindestens einer der folgenden kognitiven Störungen:
   a) Aphasie (Störung der Sprache),
   b) Apraxie (beeinträchtigte Fähigkeit, motorische Aktivitäten auszuführen, trotz intakter Motorik),
   c) Agnosie (Unfähigkeit, Gegenstände wiederzuerkennen oder zu identifizieren, trotz intakter sensorischer Funktionen),
   d) Störung der Exekutivfunktionen (d. h. Planen, Organisieren, Einhalten einer Reihenfolge, Abstrahieren).

B. Die kognitiven Defizite aus den Kriterien A1 und A2 verursachen jeweils in bedeutsamer Weise Beeinträchtigungen in sozialen oder beruflichen Funktionsbereichen und stellen eine deutliche Verschlechterung gegenüber einem früheren Leistungsniveau dar.

C. Der Verlauf ist durch einen schleichenden Beginn und fortgesetzten kognitiven Abbau charakterisiert.

D. Die kognitiven Einbußen in Kriterium A1 und A2 sind nicht zurückzuführen auf:

1. Andere Erkrankungen des Zentralnervensystems, die fortschreitende Defizite in Gedächtnis und Kognition verursachen (z. B. zerebrovaskuläre Erkrankung, Parkinsonsche Erkrankung, Huntingtonsche Erkrankung, subdurale Hämatome, Normaldruckhydrozephalus, Hirntumor);

2. Systemische Erkrankungen, die bekanntlich eine Demenz verursachen können (z. B. Hypothyreose, Vitamin B12-Mangel oder Folsäuremangel, Niacinmangel, Hyperkalzämie, Neurolues, HIV-Infektion);

3. Substanzinduzierte Erkrankungen.

E. Die Defizite treten nicht ausschließlich im Verlauf eines Delirs auf.

F. Die Störung kann nicht durch eine andere Störung auf Achse I (z. B. Major Depression, Schizophrenie) besser erklärt werden.

Codiere entsprechend der Art des Beginns und der Hauptsymptome:

Mit Frühem Beginn: Wenn der Erkrankungsbeginn vor Vollendung des 65. Lebensjahres liegt.

- **290.11 (F00.0, F05.1) Mit Delir:** Wenn die Demenz von einem Delir überlagert wird.
- **290.12 (F00.01) Mit Wahn:** Wenn Wahnphänomene das Hauptmerkmal sind.
- **290.13 (F00.03) Mit Depressiver Verstimmung:** Wenn eine depressive Verstimmung vorherrschendes Merkmal ist (einschließlich der vollen Ausprägung einer Major Depression). Die zusätzliche Diagnose einer Affektiven Störung Aufgrund eines Medizinischen Krankheitsfaktors wird nicht gestellt.
- **290.10 (F00.00) Unkompliziert:** Wenn keines der zuvor genannten Merkmale im Symptomenbild dominiert.

Mit Spätem Beginn: Wenn der Erkrankungsbeginn nach Vollendung des 65. Lebensjahres liegt.

- **290.3 (F00.1, F05.1) Mit Delir:** Wenn die Demenz von einem Delir überlagert wird.
- **290.20 (F00.11) Mit Wahn:** Wenn Wahnphänomene das Hauptmerkmal sind.
- **290.21 (F00.13) Mit Depressiver Verstimmung:** Wenn eine depressive Verstimmung vorherrschendes Merkmal ist (einschließlich der vollen Ausprägung einer Major Depression). Die zusätzliche Diagnose einer Affektiven Störung Aufgrund eines Medizinischen Krankheitsfaktors wird nicht gestellt.
- **290.0 (F00.10) Unkompliziert:** Wenn keines der zuvor genannten Merkmale im Symptomenbild dominiert.

Bestimme, ob (kann jedem der o.a. Subtypen hinzugefügt werden):
- **Mit Verhaltensstörung:** Wenn klinisch bedeutsame Verhaltensstörungen (z. B. Umherwandern) vorhanden sind.

Codierhinweis: Codiere auch 331.0 (G30.1) Alzheimersche Erkrankung auf Achse III.

● **290.4x (F01.xx) Vaskuläre Demenz**
 (*vormals* Multiinfarktdemenz)

A. Entwicklung multipler kognitiver Defizite, die sich zeigen in
 sowohl

 1. einer Gedächtnisbeeinträchtigung (beeinträchtigte Fähigkeit, neue Information zu erlernen oder früher Gelerntes
  abzurufen) als auch

 2. mindestens einer der folgenden kognitiven Störungen:
  a) Aphasie (Störung der Sprache),
  b) Apraxie (beeinträchtigte Fähigkeit, motorische Aktivitäten auszuführen, trotz intakter Motorik),
  c) Agnosie (Unfähigkeit, Gegenstände wiederzuerkennen
   oder zu identifizieren, trotz intakter sensorischer Funktionen),
  d) Störung der Exekutivfunktionen (d. h. Planen, Organisieren, Einhalten einer Reihenfolge, Abstrahieren).

B. Die kognitiven Defizite aus Kriterium A1 und A2 verursachen
 jeweils in bedeutsamer Weise Beeinträchtigungen in sozialen
 oder beruflichen Funktionsbereichen und stellen eine deutliche
 Verschlechterung gegenüber einem früheren Leistungsniveau
 dar.

C. Neurologische Fokalzeichen und -symptome (z. B. Steigerung
 der Muskeleigenreflexe, Fußsohlenextensorreflex, Pseudobul-
 bärparalyse, Gangstörung, Schwäche einer Extremität) oder Laborbefunde, die auf eine zerebrovaskuläre Erkrankung hinweisen (z. B. multiple Infarkte, die den Cortex und die darunter-
 liegende Weiße Substanz betreffen) und die als ursächlich für
 das Störungsbild eingeschätzt werden.

D. Die Einbußen treten nicht ausschließlich im Verlauf eines Delirs auf.

Codiere entsprechend der vorherrschenden Symptome:
— **290.41 (F01.0, F05.1) Mit Delir:** Wenn die Demenz durch
 ein Delir überlagert wird.
— **290.42 (F01.x1) Mit Wahn:** Wenn Wahnphänomene das
 Hauptmerkmal sind.
— **290.43 (F01.x3) Mit Depressiver Verstimmung:** Wenn die depressive Verstimmung vorherrschendes Merkmal ist (ein-

schließlich der vollen Ausprägung einer Major Depression).
Eine zusätzliche Diagnose einer Affektiven Störung Aufgrund
eines Medizinischen Krankheitsfaktors wird nicht gestellt.
— **290.4 (F01.x0) Unkompliziert:** Wenn keines der zuvor genannten Merkmale im Symptombild dominiert.

Bestimme, ob (kann jedem der o. a. Subtypen hinzugefügt werden):
— **Mit Verhaltensstörung.** Wenn klinisch bedeutsame Verhaltensstörungen (z. B. Umherwandern) vorhanden sind.

Codierhinweis: Codiere auch die zerebrovaskuläre Erkrankung auf
Achse III.

● **Demenz Aufgrund Anderer**
Medizinischer Krankheitsfaktoren

A. Entwicklung multipler kognitiver Defizite, die sich zeigen in
sowohl
1. einer Gedächtnisbeeinträchtigung (beeinträchtigte Fähigkeit, neue Information zu erlernen oder früher Gelerntes
abzurufen) als auch
2. mindestens einer der folgenden kognitiven Störungen:
a) Aphasie (Störung der Sprache),
b) Apraxie (beeinträchtigte Fähigkeit, motorische Aktivitäten auszuführen, trotz intakter Motorik),
c) Agnosie (Unfähigkeit, Gegenstände wiederzuerkennen
oder zu identifizieren, trotz intakter sensorischer Funktionen),
d) Störung der Exekutivfunktionen (d. h. Planen, Organisieren, Einhalten einer Reihenfolge, Abstrahieren).
B. Die kognitiven Defizite aus Kriterium A1 und A2 verursachen
jeweils in bedeutsamer Weise Beeinträchtigungen in sozialen
oder beruflichen Funktionsbereichen und stellen eine deutliche
Verschlechterung gegenüber einem früheren Leistungsniveau
dar.
C. Es gibt Hinweise aus Anamnese, körperlicher Untersuchung
oder Laborbefunden, daß das Störungsbild die direkte körperliche Folge eines der unten aufgeführten medizinischen Krankheitsfaktoren ist.

D. Die Defizite treten nicht ausschließlich im Verlauf eines Delirs auf.

Codiere je nach dem ätiologischen medizinischen Krankheitsfaktor:

- **294.9 (F02.4) Demenz Aufgrund einer HIV-Erkrankung.** *Codierhinweis:* Codiere auch 043.1 (B22.0) HIV-Infektion mit Auswirkungen auf das ZNS auf Achse III.
- **294.1 (F02.8) Demenz Aufgrund eines Schädel-Hirn-Traumas.** *Codierhinweis:* Codiere auch 854.00 (S06.9) Schädel-Hirn-Verletzung auf Achse III.
- **294.1 (F02.3) Demenz Aufgrund einer Parkinsonschen Erkrankung.** *Codierhinweis:* Codiere auch 332.0 (G20) Parkinsonsche Erkrankung auf Achse III.
- **294.1 (F02.2) Demenz Aufgrund einer Huntingtonschen Erkrankung.** *Codierhinweis:* Codiere auch 333.4 (G10) Huntingtonsche Erkrankung auf Achse III.
- **290.10 (F02.0) Demenz Aufgrund einer Pickschen Erkrankung.** *Codierhinweis:* Codiere auch 331.1 (G31.0) Picksche Erkrankung auf Achse III.
- **290.10 (F02.1) Demenz Aufgrund einer Creutzfeldt-Jakobschen Erkrankung.** *Codierhinweis:* Codiere auch 046.1 (A81.0) Creutzfeldt-Jakobsche Erkrankung auf Achse III.
- **294.1 (F02.8) Demenz Aufgrund von...** *[benenne den nicht oben aufgeführten Krankheitsfaktor].* Beispielsweise Normaldruckhydrozephalus, Schilddrüsenunterfunktion, Hirntumor, Vitamin B12-Mangel, intrakranielle Verstrahlung. *Codierhinweis:* Codiere den medizinischen Krankheitsfaktor auch auf Achse III (siehe Anhang G für die Code-Ziffern.)

● **Persistierende Substanzinduzierte Demenz**

A. Entwicklung multipler kognitiver Defizite, die sich zeigen in sowohl

   1. einer Gedächtnisbeeinträchtigung (beeinträchtigte Fähigkeit, neue Information zu erlernen oder früher Gelerntes abzurufen) als auch

   2. mindestens einer der folgenden kognitiven Störungen:

      a) Aphasie (Störung der Sprache),

b) Apraxie (beeinträchtigte Fähigkeit, motorische Aktivitäten auszuführen, trotz intakter Motorik),

c) Agnosie (Unfähigkeit, Gegenstände wiederzuerkennen oder zu identifizieren, trotz intakter sensorischer Funktionen),

d) Störung der Exekutivfunktionen (d. h. Planen, Organisieren, Einhalten einer Reihenfolge, Abstrahieren).

B. Die kognitiven Defizite aus Kriterium A1 und A2 verursachen jeweils in bedeutsamer Weise Beeinträchtigungen in sozialen oder beruflichen Funktionsbereichen und stellen eine deutliche Verschlechterung gegenüber einem früheren Leistungsniveau dar.

C. Die Defizite treten nicht ausschließlich im Verlauf eines Delirs auf und bleiben über die übliche Dauer einer Intoxikation oder eines Entzugs hinaus bestehen.

D. Es gibt Hinweise aus Anamnese, körperlicher Untersuchung oder Laborbefunden, daß die Defizite ätiologisch mit den anhaltenden Wirkungen einer Substanzeinnahme zusammenhängen (z. B. Droge, Medikament).

Codiere Persistierende [Spezifische Substanz-]induzierte Demenz: (291.2 (F10.73) Alkohol; 292.82 (F18.73) Inhalans; 292.82 (F13.73) Sedativum, Hypnotikum oder Anxiolytikum; 292.82 (F19.73) Andere (oder Unbekannte) Substanz).

Codierhinweis: Siehe Seite 105 für Codierungsregeln.

● **Demenz Aufgrund Multipler Ätiologien**

A. Entwicklung multipler kognitiver Defizite, die sich zeigen in sowohl

1. einer Gedächtnisbeeinträchtigung (beeinträchtigte Fähigkeit, neue Information zu erlernen oder früher Gelerntes abzurufen) als auch

2. mindestens einer der folgenden kognitiven Störungen:

a) Aphasie (Störung der Sprache),

b) Apraxie (beeinträchtigte Fähigkeit, motorische Aktivitäten auszuführen, trotz intakter Motorik),

    c) Agnosie (Unfähigkeit, Gegenstände wiederzuerkennen oder zu identifizieren, trotz intakter sensorischer Funktionen),

    d) Störung der Exekutivfunktionen (d. h. Planen, Organisieren, Einhalten einer Reihenfolge, Abstrahieren).

B. Die kognitiven Defizite aus Kriterium A1 und A2 verursachen jeweils in bedeutsamer Weise Beeinträchtigungen in sozialen oder beruflichen Funktionsbereichen und stellen eine deutliche Verschlechterung gegenüber einem früheren Leistungsniveau dar.

C. Es gibt Hinweise aus Anamnese, körperlicher Untersuchung oder Laborbefunden, daß das Störungsbild mehr als eine Ätiologie aufweist (z. B. Schädel-Hirn-Trauma plus chronischer Alkoholkonsum, Demenz vom Alzheimer Typ mit nachfolgender Entwicklung einer Vaskulären Demenz).

D. Die Defizite treten nicht ausschließlich im Verlauf eines Delirs auf.

Codierhinweis: Die Demenz Aufgrund Multipler Ätiologien hat keine eigene Codeziffer und sollte nicht als Diagnose aufgenommen werden. Stattdessen sollten die verschiedenen Codierungsnummern verwendet werden, um die spezifischen Demenzen und die spezifischen Ätiologien anzugeben. Bei einem Patienten mit einer Demenz vom Alzheimer Typ, mit spätem Beginn, unkompliziert, der im Verlauf mehrerer Schlaganfälle eine weitere Verschlechterung der kognitiven Funktionen entwickelt, sollte z. B. sowohl die Demenz vom Alzheimer Typ als auch die Vaskuläre Demenz diagnostiziert werden. Der Untersucher würde demnach auf Achse I codieren: 290.0 Demenz vom Alzheimer Typ, Mit Spätem Beginn, Unkompliziert, 290.40 Vaskuläre Demenz, Unkompliziert. Auf Achse III würden außerdem 331.0 Alzheimersche Erkrankung und 436 Schlaganfall erfaßt.

● 294.8 (F03) Nicht Näher Bezeichnete Demenz

Diese Kategorie sollte zur Diagnose einer Demenz benutzt werden, die nicht die Kriterien für einen der spezifischen Typen erfüllt, die in diesem Kapitel beschrieben wurden.

Ein Beispiel ist das klinisch erfaßbare Bild einer Demenz für die es unzureichende Hinweise gibt, um eine spezifische Ätiologie nachweisen zu können.

Amnestische Störungen

● **294.0 (F04) Amnestische Störung Aufgrund von...**
[Benenne den Medizinischen Krankheitsfaktor]

A. Entwicklung einer Gedächtnisbeeinträchtigung im Sinne einer Einschränkung der Fähigkeit, neue Informationen zu lernen oder der Unfähigkeit, früher gelernte Informationen abzurufen.

B. Die Gedächtnisstörung verursacht in bedeutsamer Weise Beeinträchtigungen in sozialen und beruflichen Funktionsbereichen und stellt eine bedeutsame Verschlechterung gegenüber einem früheren Leistungsniveau dar.

C. Die Gedächtnisstörung tritt nicht ausschließlich im Verlauf eines Delirs oder einer Demenz auf.

D. Es gibt Hinweise aus Anamnese, körperlicher Untersuchung oder Laborbefunden, daß das Störungsbild die direkte körperliche Folge eines medizinischen Krankheitsfaktors (einschließlich physisches Trauma) ist.

Bestimme, ob:

— **Vorübergehend:** Wenn die Gedächtnisstörung 1 Monat oder weniger andauert. Falls die Diagnose innerhalb des 1. Monats gestellt wird, ohne daß die Remission abgewartet wird, kann die Bezeichnung „vorläufig" hinzugefügt werden.

— **Chronisch:** Wenn die Gedächtnisstörung länger als 1 Monat anhält.

Codierhinweis: Schließe den Namen des medizinischen Krankheitsfaktors auf Achse I ein, z. B. 294.0 (F04) Amnestische Störung Aufgrund eines Schädel-Hirn-Traumas; codiere den medizinischen Krankheitsfaktor zusätzlich auf Achse III (siehe Anhang G für die Codierungsnummern).

● Persistierende Substanzinduzierte Amnestische Störung

A. Die Entwicklung einer Gedächtnisbeeinträchtigung im Sinne einer Einschränkung der Fähigkeit, neue Informationen zu lernen oder der Unfähigkeit, früher gelernte Informationen abzurufen.

B. Die Gedächtnisstörung verursacht in bedeutsamer Weise Beeinträchtigungen in sozialen und beruflichen Funktionsbereichen und stellt eine bedeutsame Verschlechterung gegenüber einem früheren Leistungsniveau dar.

C. Die Gedächtnisstörung tritt nicht ausschließlich im Verlauf eines Delirs oder einer Demenz auf und hält über die übliche Dauer einer Intoxikation oder eines Entzugs hinaus an.

D. Es gibt Hinweise aus Anamnese, körperlicher Untersuchung oder Laborbefunden, daß die Gedächtnisstörung in ätiologischem Zusammenhang mit den andauernden Folgen einer Substanzeinnahme steht (z. B. Droge, Medikament).

Codiere Persistierende [Spezifische Substanz-]induzierte Amnestische Störung:

– (291.1 (F10.6) Alkohol; 292.83 (F13.6) Sedativum, Hypnotikum oder Anxiolytikum; 292.83 (F19.6) Andere [oder Unbekannte] Substanz).

Codierhinweis: Siehe Seite 105 für Codierungsregeln.

● 294.8 (R41.3) Nicht Näher Bezeichnete Amnestische Störung

Diese Kategorie sollte verwendet werden, um eine amnestische Störung zu diagnostizieren, die nicht die Kriterien für eine der in diesem Kapitel beschriebenen spezifischen Formen erfüllt.

Ein Beispiel ist das klinisch erfaßbare Bild einer Amnesie, für die es nicht genügend Hinweise gibt, um eine spezifische Ätiologie nachweisen zu können (d. h. dissoziativ, substanzinduziert oder aufgrund eines medizinischen Krankheitsfaktors).

Andere Kognitive Störungen

- **294.9 (F06.7) Nicht Näher Bezeichnete Kognitive Störung (erwäge auch F06.9, F07.2, F07.8)**

Diese Kategorie ist den Störungen vorbehalten, die durch kognitive Funktionsbeeinträchtigungen charakterisiert sind, von denen angenommen wird, daß sie auf die direkte körperliche Wirkung eines medizinischen Krankheitsfaktors zurückgehen, die jedoch nicht die spezifischen Kriterien für die in diesem Kapitel aufgeführten spezifischen Delire, Demenzen oder Amnestischen Störungen erfüllen und die nicht besser als Nicht Näher Bezeichnetes Delir, Nicht Näher Bezeichnete Demenz oder Nicht Näher Bezeichnete Amnestische Störung klassifiziert werden. Für kognitive Fehlfunktionen, die aufgrund einer spezifischen oder unbekannten Substanz entstehen, sollte die Kategorie der Nicht Näher Bezeichneten Störung im Zusammenhang mit Psychotropen Substanzen verwendet werden.

Beispiele sind:

1. Leichte neurokognitive Störung (F06.7, F07.8): Eine Beeinträchtigung des kognitiven Leistungsniveaus, nachgewiesen durch neuropsychologische Tests oder quantifizierbare klinische Untersuchungsmethoden, in Verbindung mit dem nachvollziehbaren Nachweis eines systemischen medizinischen Krankheitsfaktors oder einer Funktionsstörung im ZNS (siehe Anhang B in DSM-IV für vorgeschlagene Forschungskriterien).

2. Postkontusionelle Störung (F07.2): Eine Beeinträchtigung des Gedächtnisses oder der Aufmerksamkeit mit zugehörigen Symptomen infolge eines Schädel-Hirn-Traumas (siehe Anhang B in DSM-IV für vorgeschlagene Forschungskriterien).

Psychische Störungen Aufgrund eines Medizinischen Krankheitsfaktors, Nicht Andernorts Klassifiziert

Eine Psychische Störung Aufgrund eines Medizinischen Krankheitsfaktors ist charakterisiert durch das Vorhandensein von psychischen Symptomen, bei denen man zu dem Urteil kommt, daß sie die direkte körperliche Folge eines medizinischen Krankheitsfaktors sind. Der Ausdruck *medizinischer Krankheitsfaktor* bezieht sich auf Krankheitsfaktoren, die auf Achse III codiert sind und die außerhalb des Kapitels „Psychische Störungen" der ICD aufgeführt sind (siehe Anhang G für eine zusammengefaßte Liste dieser Krankheitsfaktoren). Die Aufrechterhaltung der Unterscheidung zwischen psychischen Störungen und medizinischen Krankheitsfaktoren impliziert nicht, daß es grundsätzliche Unterschiede in ihrer Konzeptualisierung gibt, daß psychische Störungen nicht mit körperlichen oder biologischen Faktoren oder Prozessen zusammenhängen oder daß medizinische Krankheitsfaktoren keine Beziehung zu Verhaltens- oder psychosozialen Faktoren und Prozessen hätten. Der Zweck der Unterscheidung zwischen medizinischen Krankheitsfaktoren und psychischen Störungen liegt darin, zur Genauigkeit bei der Beurteilung anzuregen und darin, ein Kürzel zur Verfügung zu stellen, das die Kommunikation zwischen Behandlern erleichtern soll. Allerdings wird für die klinische Praxis erwartet, daß eine spezifischere Terminologie verwendet wird, um den spezifischen jeweils beteiligten Krankheitsfaktor zu identifizieren.

Die Kriterien von drei dieser Störungen (nämlich Katatone Störung Aufgrund eines Medizinischen Krankheitsfaktors, Persönlichkeitsveränderung Aufgrund eines Medizinischen Krankheitsfaktors und Nicht Näher Bezeichnete Psychische Störung Aufgrund eines Medizinischen Krankheitsfaktors) werden in diesem Kapitel dargestellt. Die Kriterien für die unten aufgeführten Krankheitsfaktoren finden sich zusammen mit Störungen ähnlicher Symptomatik in anderen Kapiteln des Manuals. Das Manual wurde in dieser Art organisiert, um Untersucher darauf aufmerksam zu machen, daß diese Störungen bei der Differentialdiagnose zu berücksichtigen sind.

- **293.0 (F05.0) Delir Aufgrund eines Medizinischen Krankheitsfaktors** (Diagnostische Kriterien siehe S. 77)
- **294.1 (F02) Demenz Aufgrund eines Medizinischen Krankheitsfaktors** (Diagnostische Kriterien siehe S. 84/85)
- **294.0 (F04) Amnestische Störung Aufgrund eines Medizinischen Krankheitsfaktors** (Diagnostische Kriterien siehe S. 88)
- **293.xx (F06.x) Psychotische Störung Aufgrund eines Medizinischen Krankheitsfaktors** (Diagnostische Kriterien siehe S. 144)
- **293.83 (F06.3x) Affektive Störung Aufgrund eines Medizinischen Krankheitsfaktors** (Diagnostische Kriterien siehe S. 167)
- **293.89 (F06.4) Angststörung Aufgrund eines Medizinischen Krankheitsfaktors** (Diagnostische Kriterien siehe S. 194)
- **——.— Sexuelle Funktionsstörung Aufgrund eines Medizinischen Krankheitsfaktors** (Diagnostische Kriterien siehe S. 218)
- **780.xx (G47.x) Schlafstörung Aufgrund eines Medizinischen Krankheitsfaktors** (Diagnostische Kriterien siehe S. 241)

● **293.89 (F06.1) Katatone Störung Aufgrund von...**
[Benenne den Medizinischen Krankheitsfaktor]

A. Das Vorhandensein einer Katatonie, die sich in einer motorischen Unbeweglichkeit (Katalepsie, Stupor), einer exzessiven motorischen Aktivität (die offensichtlich ziellos und nicht durch äußere Reize beeinflußt ist), extremem Negativismus oder Mutismus, Eigentümlichkeiten der Willkürbewegungen (maniriert-bizarr) oder Echolalie oder Echopraxie zeigt.

B. Es gibt Hinweise aus Anamnese, körperlicher Untersuchung oder Laborbefunden, daß das Störungsbild die direkte körperliche Folge eines medizinischen Krankheitsfaktors ist.

C. Das Störungsbild kann nicht besser durch eine andere psychische Störung (z. B. eine Manische Episode) erklärt werden.

D. Das Störungsbild tritt nicht ausschließlich im Verlauf eines Delirs auf.

Codierhinweis: Die Bezeichnung des medizinischen Krankheitsfaktors wird auf Achse I mit aufgeführt, z. B. 293.89 Katatone Störung Aufgrund einer Hepatischen Enzephalopathie; der medizinische Krankheitsfaktor wird zusätzlich auf Achse III codiert (siehe Anhang G für die Codierungen).

- **310.1 (F07.0) Persönlichkeitsveränderung Aufgrund von ... *[Benenne den Medizinischen Krankheitsfaktor]***

A. Eine anhaltende Persönlichkeitsstörung, die eine Veränderung der individuellen vorherigen charakteristischen Persönlichkeitsmuster darstellt. (Bei Kindern beinhaltet die Störung ein deutliches Abweichen von der normalen Entwicklung oder eine bedeutsame Veränderung im üblichen Verhaltensmuster des Kindes, die mindestens ein Jahr anhält.)

B. Es gibt Hinweise aus Anamnese, körperlicher Untersuchung oder Laborbefunden, daß das Störungsbild die direkte körperliche Folge eines medizinischen Krankheitsfaktors ist.

C. Das Störungsbild kann nicht besser durch eine andere psychische Störung erklärt werden (einschließlich einer anderen Psychischen Störung Aufgrund eines Medizinischen Krankheitsfaktors).

D. Das Störungsbild tritt nicht ausschließlich im Verlauf eines Delirs auf und erfüllt nicht die Kriterien für eine Demenz.

E. Das Störungsbild verursacht in klinisch bedeutsamer Weise Leiden oder Beeinträchtigungen in sozialen, beruflichen oder anderen wichtigen Funktionsbereichen.

Bestimme den Typus:
- **Labiler Typus:** Wenn das vorherrschende Merkmal affektive Labilität ist.
- **Enthemmter Typus:** Wenn das vorherrschende Merkmal eine mangelnde Impulskontrolle ist, die sich z. B. durch sexuelle Aufdringlichkeit usw. ausdrückt.
- **Aggressiver Typus:** Wenn das vorherrschende Merkmal aggressives Verhalten ist.
- **Apathischer Typus:** Wenn das vorherrschende Merkmal eine deutliche Apathie und emotionale Indifferenz ist.

— **Paranoider Typus:** Wenn das vorherrschende Merkmal argwöhnisches Mißtrauen oder paranoide Vorstellungen sind.
— **Anderer Typus:** Wenn das vorherrschende Merkmal nicht eines der oben genannten ist, z. B. Persönlichkeitsveränderung im Zusammenhang mit einem Anfallsleiden.
— **Kombinierter Typus:** Wenn mehr als ein Merkmal im klinischen Bild vorherrscht.
— **Unspezifischer Typus**

Codierhinweis: Die Kennzeichnung des medizinischen Krankheitsfaktors wird bei der Diagnose auf Achse I miteinbezogen, z. B. 310.1 Persönlichkeitsveränderung Aufgrund einer Temporallappen-Epilepsie; der medizinische Krankheitsfaktor wird zusätzlich auf Achse III codiert (siehe Anhang G für die Codierungen).

● **293.9 (F09) Nicht Näher Bezeichnete Psychische Störung Aufgrund eines Medizinischen Krankheitsfaktors**

Diese Restkategorie sollte in Situationen benutzt werden, in denen man nachgewiesen hat, daß das Störungsbild durch die direkte körperliche Wirkung eines medizinischen Krankheitsfaktors verursacht wird, in denen aber die Kriterien für eine spezifische Psychische Störung Aufgrund eines Medizinischen Krankheitsfaktors nicht erfüllt sind (z. B. dissoziative Symptome aufgrund komplexpartieller Anfälle).

Codierhinweis: Die Kennzeichnung des medizinischen Krankheitsfaktors wird auf Achse I miteinbezogen, z. B. 293.9 Nicht Näher Bezeichnete Psychische Störung Aufgrund einer HIV-Infektion; der medizinische Krankheitsfaktor wird zusätzlich auf Achse III codiert (siehe Anhang G für die Codierungen).

Störungen im Zusammenhang mit Psychotropen Substanzen

Die Störungen im Zusammenhang mit Psychotropen Substanzen werden in zwei Gruppen aufgeteilt: Störungen durch Substanzkonsum (Substanzabhängigkeit und Substanzmißbrauch) und Substanzinduzierte Störungen (Substanzintoxikation, Substanzentzug, Substanzinduziertes Delir, Persistierende Substanzinduzierte Demenz, Persistierende Substanzinduzierte Amnestische Störung, Substanzinduzierte Psychotische Störung, Substanzinduzierte Affektive Störung, Substanzinduzierte Angststörung, Substanzinduzierte Sexuelle Funktionsstörung und Substanzinduzierte Schlafstörung). Dieses Kapitel beginnt mit den Kriterien für Substanzabhängigkeit, -Mißbrauch, -Intoxikation und -Entzug, die für alle Substanzklassen gelten. Tabelle 1 zeigt, welche spezifischen Substanzklassen ein definiertes Abhängigkeits-, Mißbrauchs-, Intoxikations- oder Entzugssyndrom haben. Der Rest des Kapitels ist nach den einzelnen Substanzklassen organisiert und enthält die Kriterien für Intoxikations- und Entzugssyndrome für jede der elf Substanzklassen. Zur Vereinfachung der Differentialdiagnose werden die Kriterien für die verbleibenden Substanzinduzierten Störungen in denjenigen Manualkapiteln beschrieben, die sich mit Störungen derselben Symptomatik befassen:

- **Substanzinduziertes Delir** (siehe S. 78/79) wird im Kapitel „Delir, Demenz, Amnestische und Andere Kognitive Störungen" aufgeführt.

- **Persistierende Substanzinduzierte Demenz** (siehe S. 85) wird im Kapitel „Delir, Demenz, Amnestische und Andere Kognitive Störungen" aufgeführt.

- **Persistierende Substanzinduzierte Amnestische Störung** (siehe S. 89) wird im Kapitel „Delir, Demenz, Amnestische und Andere Kognitive Störungen" aufgeführt.

- **Substanzinduzierte Psychotische Störung** (siehe S. 145) wird im Kapitel „Schizophrenie und Andere Psychotische Störungen" aufgeführt (wurde in DSM-III-R als „organisch bedingte Halluzinose" und „organisch bedingtes Wahnsyndrom" bezeichnet).

- Substanzinduzierte Affektive Störung (siehe S. 168) wird im Kapitel „Affektive Störungen" aufgeführt.
- Substanzinduzierte Angststörung (siehe S. 195) wird im Kapitel „Angststörungen" aufgeführt.
- Substanzinduzierte Sexuelle Funktionsstörung (siehe S. 220) wird im Kapitel „Sexuelle und Geschlechtsidentitätsstörungen" aufgeführt.
- Substanzinduzierte Schlafstörung (siehe S. 242) wird im Kapitel „Schlafstörungen" aufgeführt.
- Zusätzlich wurde im Abschnitt „Störungen im Zusammenhang mit Halluzinogenen" die Persistierende Halluzinogeninduzierte Wahrnehmungsstörung (Flashbacks) (siehe S. 116) in dieses Kapitel aufgenommen.

Die mit jeder spezifischen Substanzklasse verbundenen substanzinduzierten Störungen, die sich in anderen Kapiteln der Klassifikation befinden, sind ebenfalls in Tabelle 1 dargestellt.

Tabelle 1: Die Diagnosen der verschiedenen Substanzklassen

	Abhängigkeit	Mißbrauch	Intoxikation	Entzug	Intoxikationsdelir	Entzugsdelir	Demenz	Amnestische Störung	Psychotische Störungen	Affektive Störungen	Angststörungen	Sexuelle Funktionsstörungen	Schlafstörungen
Alkohol	X	X	X	X	I	E	P	P	I/E	I/E	I/E	I	I/E
Amphetamine	X	X	X	X	I				I	I/E	I	I	I/E
Cannabis	X	X	X		I				I		I		
Halluzinogene	X	X	X		I				I*	I	I		
Inhalantien	X	X	X		I		P		I	I	I		
Koffein			X								I		I
Kokain	X	X	X	X	I				I	I/E	I/E	I	I/E
Nikotin	X			X									
Opiate	X	X	X	X	I					I	I	I	I/E
Phencyclidine	X	X	X		I				I	I	I		
Sedativa, Hypnotika oder Anxiolytika	X	X	X	X	I	E	P	P	I/E	I/E	E	I	I/E
Multiple Substanzen	X												
Andere	X	X	X	X	I	E	P	P	I/E	I/E	I/E	I	I/E

* Auch Persistierende Wahrnehmungsstörung im Zusammenhang mit Halluzinogenen (Flashbacks).

Beachte: X, I, E, I/E oder P zeigen an, daß diese Kategorie im DSM-IV berücksichtigt wird. Zusätzlich zeigt I an, daß die Zusatzcodierung Mit Beginn Während der Intoxikation bei dieser Kategorie (Ausnahme ist das Intoxikationsdelir) ergänzt werden kann. E zeigt an, daß die Zusatzcodierung Mit Beginn Während des Entzugs für diese Kategorie (mit Ausnahme des Entzugsdelirs) verwendet werden kann. I/E zeigt an, daß bei dieser Kategorie die Zusatzcodierung Mit Beginn Während der Intoxikation oder Mit Beginn Während des Entzugs gewählt werden kann. P zeigt an, daß es sich um eine persistierende Störung handelt.

Störungen durch Substanzkonsum

- **(F1x.2) Substanzabhängigkeit**

Ein unangepaßtes Muster von Substanzkonsum führt in klinisch bedeutsamer Weise zu Beeinträchtigungen oder Leiden, wobei mindestens drei der folgenden Kriterien zu irgendeiner Zeit in demselben 12-Monats-Zeitraum auftreten:

1. Toleranzentwicklung, definiert durch eines der folgenden Kriterien:

   a) Verlangen nach ausgeprägter Dosissteigerung, um einen Intoxikationszustand oder erwünschten Effekt herbeizuführen,

   b) deutlich verminderte Wirkung bei fortgesetzter Einnahme derselben Dosis.

2. Entzugssymptome, die sich durch eines der folgenden Kriterien äußern:

   a) charakteristisches Entzugssyndrom der jeweiligen Substanz (siehe Kriterien A und B der Kriterien für Entzug von den spezifischen Substanzen),

   b) dieselbe (oder eine sehr ähnliche) Substanz wird eingenommen, um Entzugssymptome zu lindern oder zu vermeiden.

3. Die Substanz wird häufig in größeren Mengen oder länger als beabsichtigt eingenommen.

4. Anhaltender Wunsch oder erfolglose Versuche, den Substanzkonsum zu verringern oder zu kontrollieren.

5. Viel Zeit für Aktivitäten, um die Substanz zu beschaffen (z. B. Besuch verschiedener Ärzte oder Fahrt langer Strecken), sie zu sich zu nehmen (z. B. Kettenrauchen) oder sich von ihren Wirkungen zu erholen.

6. Wichtige soziale, berufliche oder Freizeitaktivitäten werden aufgrund des Substanzkonsums aufgegeben oder eingeschränkt.

7. Fortgesetzter Substanzkonsum trotz Kenntnis eines anhaltenden oder wiederkehrenden körperlichen oder psychischen Problems, das wahrscheinlich durch die Substanz verursacht oder verstärkt wurde (z. B. fortgesetzter Kokainkonsum trotz des Erkennens kokaininduzierter Depressionen oder fortgesetztes

Trinken trotz des Erkennens, daß sich ein Ulcus durch Alkoholkonsum verschlechtert).

Bestimme, ob:
— **Mit Körperlicher Abhängigkeit:** Vorliegen von Toleranzentwicklung oder Entzugserscheinungen (Kriterium 1 oder 2 ist erfüllt).
— **Ohne Körperliche Abhängigkeit:** kein Vorliegen von Toleranzentwicklung oder Entzugserscheinungen (d. h. weder Kriterium 1 noch Kriterium 2 ist erfüllt).

Verlaufszusatzcodierungen

Für die Substanzabhängigkeit stehen sechs Verlaufszusatzcodierungen zur Verfügung. Die vier die Remission betreffenden Zusatzcodierungen sollten nur angewendet werden, wenn keines der Kriterien für Substanzabhängigkeit für die Dauer von mindestens einem Monat erfüllt war. Die Definition dieser vier Remissionstypen hängt von der Zeitspanne ab, die seit Beendigung der Abhängigkeit vergangen ist (Früh vs. Anhaltend Remittiert). Ferner hängt sie davon ab, *ob* kontinuierlich eines oder mehrere der Items aus der Kriterienliste für Abhängigkeit oder Mißbrauch vorliegen (Teil- vs. Vollremittiert). Da innerhalb der ersten zwölf Monate nach der Abhängigkeit ein besonders hohes Rückfallrisiko besteht, wird diese Periode als frühe Remission bezeichnet. Nachdem ein Zeitraum von zwölf Monaten mit früher Remission ohne einen Rückfall in die Abhängigkeit vergangen ist, beginnt die Periode der anhaltenden Remission. Sowohl für die frühe als auch für die anhaltende Remission wird die Zusatzbezeichnung Vollständig vergeben, wenn weder die Kriterien für Abhängigkeit noch für Mißbrauch während der Remissionsperiode erfüllt waren, die Zusatzbezeichnung Teilweise wird vergeben, wenn mindestens eines der Kriterien für Abhängigkeit oder Mißbrauch intermittierend oder kontinuierlich während der Remissionsperiode erfüllt war. Die Unterscheidung zwischen Anhaltend Vollremittiert und Genesung (keine gegenwärtige Störung im Zusammenhang mit Psychotropen Substanzen) erfordert eine Beurteilung der Zeitspanne seit der letzten Störungsperiode, der gesamten Dauer der Störung sowie die Berücksichtigung, ob eine weitere fortgesetzte Beobachtung und diagnostische Beurteilung notwendig sind. Falls die Person im Anschluß an eine Periode der Remission oder der Genesung erneut abhängig wird, erfordert die Anwendung der Zusatzcodierung Frühremittiert, daß erneut für die Dauer von mindestens einem Monat keines der Kriterien für Abhängigkeit oder Mißbrauch erfüllt ist. Zwei weitere Zusatzcodierungen sind vorgesehen: Bei Agonistischer Therapie und In Geschützter Umgebung. Um bei einer Person nach Absetzen einer agonistischen Therapie oder Entlassung aus einer geschützten Umgebung die Zusatzcodierung Frühremittiert vergeben zu können, muß eine Periode von einem Monat vergangen sein, in der keines der Kriterien für Abhängigkeit oder Mißbrauch erfüllt war.

Die folgenden Zusatzcodierungen für Remission können nur angewendet werden, wenn für die Dauer von mindestens einem Monat keines der Kriterien für Abhängigkeit oder Mißbrauch erfüllt war. Beachte, daß diese Zusatzcodierungen nicht anzuwenden sind, wenn sich die Person in einer agonistischen Therapie oder einer geschützten Umgebung befindet (vgl. unten).

— **Früh Vollremittiert.** Diese Zusatzcodierung wird verwendet, wenn seit mindestens einem Monat, aber weniger als insgesamt 12 Monate, keines der Kriterien für Abhängigkeit oder Mißbrauch erfüllt war.

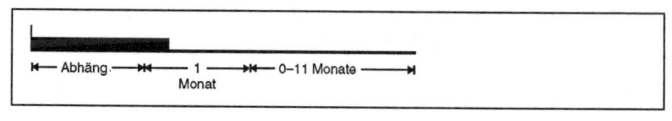

— **Früh Teilremittiert.** Diese Zusatzcodierung wird verwendet, wenn seit mindestens einem Monat, aber weniger als insgesamt 12 Monate, eines oder mehrere Kriterien für Abhängigkeit oder Mißbrauch (nicht aber die vollständigen Kriterien einer Abhängigkeit) erfüllt waren.

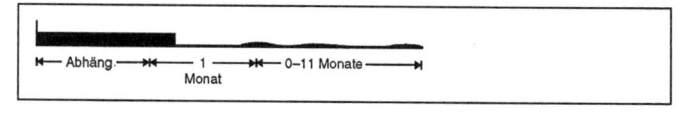

— **Anhaltend Vollremittiert.** Diese Zusatzcodierung wird verwendet, wenn zu keinem Zeitpunkt innerhalb eines 12-Monats-

Zeitraums ein Kriterium für Abhängigkeit oder Mißbrauch erfüllt war.

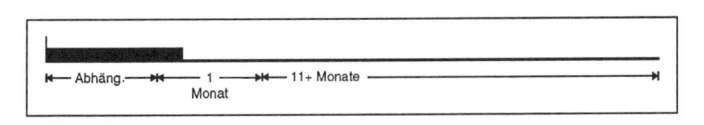

— **Anhaltend Teilremittiert.** Diese Zusatzcodierung wird verwendet, wenn innerhalb eines 12-Monats-Zeitraums oder länger nicht die vollständigen Kriterien für Abhängigkeit erfüllt, jedoch eines oder mehrere Kriterien für Abhängigkeit oder Mißbrauch erfüllt waren.

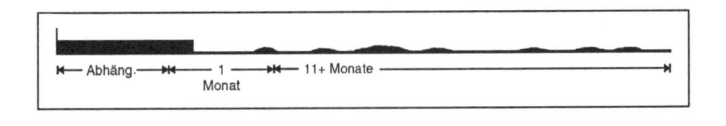

Die folgenden Zusatzcodierungen werden angewendet, wenn der Betroffene eine agonistische Therapie erhält oder sich in einer geschützten Umgebung befindet:

— **Bei Agonistischer Therapie:** Diese Zusatzcodierung wird eingesetzt, wenn die Person eine verschriebene agonistische Medikation erhält und kein Kriterium für Abhängigkeit oder Mißbrauch für diese Medikamentenklasse mit einer Dauer von mindestens dem letzten Monat erfüllt war (Ausnahme sind Toleranz- und Entzugssymptome auf diesen Agonisten). Diese Kategorie findet auch bei den Personen Anwendung, deren Abhängigkeit mit Hilfe eines partiellen Agonisten/Antagonisten behandelt wird.

— **In Geschützter Umgebung:** Diese Zusatzcodierung wird eingesetzt, wenn sich die Person in einer Umgebung befindet, in der nur ein restriktiver Zugang zu Alkohol oder kontrollierten Substanzen möglich ist und kein Kriterium für Abhängigkeit oder Mißbrauch mit einer Dauer von mindestens dem letzten Monat erfüllt ist. Beispiele für derartige Einrichtungen sind streng überwachte und substanzfreie Gefängnisse, therapeutische Gemeinschaften oder geschlossene Klinikbereiche.

● **(F1x.1) Substanzmißbrauch**

A. Ein unangepaßtes Muster von Substanzkonsum führt in klinisch bedeutsamer Weise zu Beeinträchtigungen oder Leiden, wobei sich mindestens eines der folgenden Kriterien innerhalb desselben 12-Monats-Zeitraums manifestiert:

   1. Wiederholter Substanzkonsum, der zu einem Versagen bei der Erfüllung wichtiger Verpflichtungen bei der Arbeit, in der Schule oder zu Hause führt (z. B. wiederholtes Fernbleiben von der Arbeit und schlechte Arbeitsleistungen in Zusammenhang mit dem Substanzkonsum, Schulschwänzen, Einstellen des Schulbesuchs oder Ausschluß von der Schule in Zusammenhang mit Substanzkonsum, Vernachlässigung von Kindern und Haushalt).

   2. Wiederholter Substanzkonsum in Situationen, in denen es aufgrund des Konsums zu einer körperlichen Gefährdung kommen kann (z. B. Alkohol am Steuer oder das Bedienen von Maschinen unter Substanzeinfluß).

   3. Wiederholte Probleme mit dem Gesetz in Zusammenhang mit dem Substanzkonsum (Verhaftungen aufgrund ungebührlichen Betragens in Zusammenhang mit dem Substanzkonsum).

   4. Fortgesetzter Substanzkonsum trotz ständiger oder wiederholter sozialer oder zwischenmenschlicher Probleme, die durch die Auswirkungen der psychotropen Substanz verursacht oder verstärkt werden (z. B. Streit mit dem Ehegatten über die Folgen der Intoxikation, körperliche Auseinandersetzungen).

B. Die Symptome haben niemals die Kriterien für Substanzabhängigkeit der jeweiligen Substanzklasse erfüllt.

Substanzinduzierte Störungen

● **(F1x.0) Substanzintoxikation**

A. Entwicklung eines reversiblen substanzspezifischen Syndroms, das auf die kurz zurückliegende Einnahme bzw. den Einfluß der Substanz zurückgeht. **Beachte:** Verschiedene Substanzen können ähnliche oder identische Syndrome erzeugen.

B. Klinisch bedeutsame unangepaßte Verhaltens- oder psychische Veränderungen, die auf die Wirkung der Substanz auf das Zentralnervensystem zurückzuführen sind (z. B. Streitsucht, Affektlabilität, kognitive Beeinträchtigung, beeinträchtigtes Urteilsvermögen, Beeinträchtigungen im sozialen oder beruflichen Bereich) und die sich während oder kurz nach dem Substanzkonsum entwickeln.

C. Die Symptome gehen nicht auf einen medizinischen Krankheitsfaktor oder eine Verletzung zurück und können nicht durch eine andere psychische Störung besser erklärt werden.

● **(F1x.3 oder F1x.4) Substanzentzug**

A. Entwicklung eines substanzspezifischen Syndroms, das auf die Beendigung (oder Reduktion) von übermäßigem und langandauerndem Substanzkonsum zurückzuführen ist.

B. Das substanzspezifische Syndrom verursacht in klinisch bedeutsamer Weise Leiden oder Beeinträchtigungen in sozialen, beruflichen oder anderen wichtigen Funktionsbereichen.

C. Die Symptome gehen nicht auf einen medizinischen Krankheitsfaktor zurück und können nicht durch eine andere psychische Störung besser erklärt werden.

Codierungsregeln für Abhängigkeit, Mißbrauch, Intoxikation und Entzug

Für Drogen. Der Untersucher sollte diejenige Codierung wählen, die sich auf die Substanzklasse bezieht, wobei er jedoch eher die Bezeichnung für die spezifische Substanz als die Bezeichnung der Substanzklasse vermerken sollte. Beispielsweise sollte der Untersucher 292.0 Secobarbitalentzug (statt Sedativa-, Hypnotika- oder Anxiolytikaentzug) vermerken oder 305.70 Methamphetaminmißbrauch (statt Amphetaminmißbrauch). Bei Substanzen, die nicht in eine der Klassen einzuordnen sind (z. B. Amylnitrat), sollte der angemessene Code „Abhängigkeit von Anderer Substanz", „Mißbrauch von Anderer Substanz", „Intoxikation mit Anderer

Substanz" oder „Entzug von Anderer Substanz" gewählt und dabei die spezifische Substanz (z. B. 305.90 Amylnitratmißbrauch) angegeben werden. Wenn die von der Person eingenommene Substanz unbekannt ist, sollte die Codierung für die Klasse „Andere (oder Unbekannte)" gewählt werden (z. B. 292.89 Intoxikation mit Unbekannter Substanz). Bei einer bestimmten Substanz sollten, sofern die Kriterien für mehr als eine Störung im Zusammenhang mit dieser Substanz erfüllt sind, sämtliche Störungen diagnostiziert werden (z. B. 292.0 Heroinentzug, 304.10 Heroinabhängigkeit). Falls Symptome oder Probleme im Zusammenhang mit einer bestimmten Substanz auftreten, jedoch die Kriterien für keine der substanzspezifischen Störungen erfüllt sind, kann die Kategorie „Nicht Näher Bezeichnet" verwendet werden (z. B. 292.9 Nicht Näher Bezeichnete Störung im Zusammenhang mit Cannabis). Falls ein multipler Substanzkonsum vorliegt, sollten alle relevanten Störungen im Zusammenhang mit Psychotropen Substanzen diagnostiziert werden (z. B. 292.89 Mescalinintoxikation, 304.20 Kokainabhängigkeit). Die Fälle, in denen die Diagnose einer 304.80 Polytoxikomanie vergeben werden sollte, sind auf Seite 133 beschrieben.

Für Medikamente und Toxine. Für Medikamente, die nicht bereits oben beschrieben sind (wie auch für Toxine) sollte die Codierung „Andere Substanz" verwendet werden. Die spezifische Medikation kann auch durch Angabe der angemessenen E-Codierung auf Achse I (vgl. Anhang G) (z. B. 292.89 Benztropinintoxikation, E941.1 Benztropin) beschrieben werden. Die E-Codierungen sollten auch für die oben aufgeführten Substanzklassen verwendet werden, wenn diese als verschiebene Medikation eingenommen werden (z. B. Opiate).

Codierungsregeln bei Substanzinduzierten Psychischen Störungen, die andernorts in diesem Manual aufgeführt sind

Die Bezeichnung der Diagnose beginnt mit einer spezifischen Substanz (z. B. Kokain, Diazepam, Dexamethason), die als ursächlich für die Symptome angesehen wird. Die diagnostische Codierung wird aus der Liste der Substanzklassen ausgewählt, die in den Kriterienlisten für die jeweilige Substanzinduzierte Störung aufgeführt sind. Bei Substanzen, die nicht zu irgendeiner dieser Klassen passen (wie z. B. Dexamethason), sollte die Codierung „Andere Substanz" verwendet werden. Zusätzlich sollte bei Medikamenten, die in therapeutischen Dosen verschrieben werden, das spezifische Medikament mittels der zugehörigen E-Codierung auf Achse I (vgl. Anhang G) angegeben werden. Dem Namen der Störung (z. B. Kokaininduzierte Psychotische Störung, Diazepaminduzierte Angststörung) folgt die Zusatzcodierung der vorherrschenden Symptome und der Kontext, in dem sich die Symptome entwickelt haben (z. B. 292.11 Kokaininduzierte Psychotische Störung, Mit Wahn, Mit Beginn Während der Intoxikation, 292.89 Diazepaminduzierte Angststörung, Mit Beginn Während des Entzugs). Wenn für die Entwicklung der Symptome mehr als eine Substanz als bedeutsam erachtet wird, sollte jede Substanz getrennt aufgeführt werden. Wenn eine Substanz als ätiologischer Faktor erachtet wird, die spezifische Substanz oder Substanzklasse jedoch unbekannt ist, sollte die Klasse „Unbekannte Substanz" verwendet werden.

Störungen im Zusammenhang mit Alkohol

Störungen durch Alkoholkonsum
— **303.90 (F10.2x) Alkoholabhängigkeit** (Kriterien siehe S. 99)
— **305.00 (F10.1) Alkoholmißbrauch** (Kriterien siehe S. 103)

Alkoholinduzierte Störungen
— **303.00 (F10.0x) Alkoholintoxikation** (Kriterien siehe S. 107)
— **291.8 (F10.3) Alkoholentzug** (Kriterien siehe S. 108) *Bestimme, ob:* Mit Wahrnehmungsstörungen
— **291.0 (F10.03) Alkoholintoxikationsdelir** (Kriterien siehe S. 78)
— **291.0 (F10.4) Alkoholentzugsdelir** (Kriterien siehe S. 79)
— **291.2 (F10.73) Persistierende Alkoholinduzierte Demenz** (Kriterien siehe S. 85)
— **291.1 (F10.6) Persistierende Alkoholinduzierte Amnestische Störung** (Kriterien siehe S. 89)

- **291.5 (F10.51) Alkoholinduzierte Psychotische Störung, Mit Wahn** (Kriterien siehe S. 145) *Bestimme, ob:* Mit Beginn Während der Intoxikation/Mit Beginn Während des Entzugs
- **291.3 (F10.52) Alkoholinduzierte Psychotische Störung, Mit Halluzinationen** (Kriterien siehe S. 145) *Bestimme, ob:* Mit Beginn Während der Intoxikation/Mit Beginn Während des Entzugs
- **291.8 (F10.8) Alkoholinduzierte Affektive Störung** (Kriterien siehe S. 168) *Bestimme, ob:* Mit Beginn Während der Intoxikation/Mit Beginn Während des Entzugs
- **291.8 (F10.8) Alkoholinduzierte Angststörung** (Kriterien siehe S. 195) *Bestimme, ob:* Mit Beginn Während der Intoxikation/Mit Beginn Während des Entzugs
- **291.8 (F10.8) Alkoholinduzierte Sexuelle Funktionsstörung** (Kriterien siehe S. 220) *Bestimme, ob:* Mit Beginn Während der Intoxikation
- **291.8 (F10.8) Alkoholinduzierte Schlafstörung** (Kriterien siehe S. 242) *Bestimme, ob:* Mit Beginn Während der Intoxikation/Mit Beginn Während des Entzugs
- **291.9 (F10.9) Nicht Näher Bezeichnete Störung im Zusammenhang mit Alkohol**

Die Kategorie Nicht Näher Bezeichnete Störung im Zusammenhang mit Alkohol ist für Störungen in Verbindung mit Alkoholkonsum vorbehalten, die nicht als eine der oben aufgeführten Störungen klassifizierbar sind.

- **303.00 (F10.0x) Alkoholintoxikation**

A. Kurz zurückliegender Alkoholkonsum.
B. Klinisch bedeutsame unangepaßte Verhaltens- oder psychische Veränderungen (z. B. unangemessenes aggressives oder Sexualverhalten, Affektlabilität, beeinträchtigtes Urteilsvermögen, Beeinträchtigungen im sozialen oder beruflichen Bereich), die sich während oder kurz nach dem Alkoholkonsum entwickeln.
C. Mindestens eines der folgenden Symptome, die sich während oder kurz nach dem Alkoholkonsum entwickeln:
   1. verwaschene Sprache,
   2. Koordinationsstörungen,

3. unsicherer Gang,
4. Nystagmus,
5. Aufmerksamkeits- oder Gedächtnisstörungen,
6. Stupor oder Koma.
D. Die Symptome gehen nicht auf einen medizinischen Krankheitsfaktor zurück und können nicht durch eine andere psychische Störung besser erklärt werden.

● **291.8 (F10.3) Alkoholentzug**

A. Beendigung (oder Reduktion) von übermäßigem und langandauerndem Alkoholkonsum.
B. Mindestens zwei der folgenden Symptome, die sich innerhalb einiger Stunden oder weniger Tage gemäß Kriterium A entwickeln:
    1. vegetative Hyperaktivität (z. B. Schwitzen oder Puls über 100),
    2. erhöhter Handtremor,
    3. Schlaflosigkeit,
    4. Übelkeit oder Erbrechen,
    5. vorübergehende visuelle, taktile oder akustische Halluzinationen oder Illusionen,
    6. psychomotorische Agitiertheit,
    7. Angst,
    8. Grand-mal-Anfälle.
C. Die Symptome von Kriterium B verursachen in klinisch bedeutsamer Weise Leiden oder Beeinträchtigungen in sozialen, beruflichen oder anderen wichtigen Funktionsbereichen.
D. Die Symptome gehen nicht auf einen medizinischen Krankheitsfaktor zurück und können nicht durch eine andere psychische Störung besser erklärt werden.

Bestimme, ob:
— **Mit Wahrnehmungsstörungen:** Diese Zusatzcodierung kann notiert werden, wenn Halluzinationen bei intakter Realitätsprüfung oder wenn akustische, visuelle oder taktile Illusionen bei Fehlen eines Delirs auftreten. *Intakte Realitätsprüfung* bedeutet, daß die Person weiß, daß die Halluzinationen durch die Substanz induziert sind und nicht die äußere Wirklichkeit

darstellen. Wenn Halluzinationen mit Realitätsverlust auftreten, sollte die Diagnose Substanzinduzierte Psychotische Störung mit Halluzinationen erwogen werden.

● **291.9 (F10.9) Nicht Näher Bezeichnete Störung im Zusammenhang mit Alkohol**

Die Kategorie Nicht Näher Bezeichnete Störung im Zusammenhang mit Alkohol ist für Störungen in Verbindung mit Alkoholkonsum vorbehalten, die nicht als Alkoholabhängigkeit, Alkoholmißbrauch, Alkoholintoxikation, Alkoholentzug, Alkoholintoxikationsdelir, Alkoholentzugsdelir, Persistierende Alkoholinduzierte Demenz, Persistierende Alkoholinduzierte Amnestische Störung, Alkoholinduzierte Psychotische Störung, Alkoholinduzierte Affektive Störung, Alkoholinduzierte Angststörung, Alkoholinduzierte Sexuelle Funktionsstörung oder Alkoholinduzierte Schlafstörung klassifizierbar sind.

Störungen im Zusammenhang mit Amphetamin (oder Amphetaminähnlichen Substanzen)

Störungen durch Amphetaminkonsum
– **304.40 (F15.2x) Amphetaminabhängigkeit** (Kriterien siehe S. 99)
– **305.70 (F15.1) Amphetaminmißbrauch** (Kriterien siehe S. 103)

Amphetamininduzierte Störungen
– **292.89 (F15.0x) Amphetaminintoxikation** (Kriterien siehe S. 110) *Bestimme, ob:* Mit Wahrnehmungsstörungen (F15.04)
– **292.0 (F15.3) Amphetaminentzug** (Kriterien siehe S. 111)
– **292.81 (F15.03) Amphetaminintoxikationsdelir** (Kriterien siehe S. 78)
– **292.11 (F15.51) Amphetamininduzierte Psychotische Störung, Mit Wahn** (Kriterien siehe S. 145) *Bestimme, ob:* Mit Beginn Während der Intoxikation

- 292.12 (F15.52) **Amphetamininduzierte Psychotische Störung, Mit Halluzinationen** (Kriterien siehe S. 145) *Bestimme, ob:* Mit Beginn Während der Intoxikation
- 292.84 (F15.8) **Amphetamininduzierte Affektive Störung** (Kriterien siehe S. 168) *Bestimme, ob:* Mit Beginn Während der Intoxikation/Mit Beginn während des Entzugs
- 292.89 (F15.8) **Amphetamininduzierte Angststörung** (Kriterien siehe S. 195) *Bestimme, ob:* Mit Beginn Während der Intoxikation
- 292.89 (F15.8) **Amphetamininduzierte Sexuelle Funktionsstörung** (Kriterien siehe S. 220) *Bestimme, ob:* Mit Beginn Während der Intoxikation
- 292.89 (F15.8) **Amphetamininduzierte Schlafstörung** (Kriterien siehe S. 242) *Bestimme, ob:* Mit Beginn Während der Intoxikation/Mit Beginn Während des Entzugs
- 292.9 (F15.9) **Nicht Näher Bezeichnete Störung im Zusammenhang mit Amphetamin**

Die Kategorie Nicht Näher Bezeichnete Störung im Zusammenhang mit Amphetamin ist für Störungen in Verbindung mit dem Konsum von Amphetaminen oder amphetaminähnlichen Substanzen vorbehalten, die nicht als eine der oben aufgeführten Störungen klassifizierbar sind.

● 292.89 (F15.0x) Amphetaminintoxikation

A. Kurz zurückliegender Konsum von Amphetamin oder einer verwandten Substanz (z. B. Methylphenidat).

B. Klinisch bedeutsame unangepaßte Verhaltens- oder psychische Veränderungen (z. B. Euphorie oder affektive Verflachung; Veränderungen in der Geselligkeit; Hypervigilanz; zwischenmenschliche Empfindlichkeit; Angst, Anspannung oder Aggressivität; stereotypes Verhalten; vermindertes Urteilsvermögen; verminderte soziale und berufliche Funktionstüchtigkeit), die sich während oder kurz nach dem Konsum von Amphetamin oder verwandten Substanzen entwickeln.

C. Mindestens 2 der folgenden Symptome, die sich während oder kurz nach dem Konsum von Amphetamin oder verwandten Substanzen entwickeln:

1. Tachykardie oder Bradykardie,
2. Mydriasis,
3. erhöhter oder erniedrigter Blutdruck,
4. Schwitzen oder Frösteln,
5. Übelkeit oder Erbrechen,
6. Anzeichen für Gewichtsverlust,
7. psychomotorische Agitiertheit oder Verlangsamung,
8. Muskelschwäche, Atemdepression, thorakale Schmerzen oder kardiale Arrhythmien,
9. Verwirrtheit, Krampfanfälle, Dyskinesien, Dystonien oder Koma.

D. Die Symptome gehen nicht auf einen medizinischen Krankheitsfaktor zurück und können nicht durch eine andere psychische Störung besser erklärt werden.

Bestimme, ob:
— **Mit Wahrnehmungsstörungen** (F15.04): Diese Zusatzcodierung kann notiert werden, wenn Halluzinationen bei intakter Realitätsprüfung oder wenn akustische, visuelle oder taktile Illusionen bei Fehlen eines Delirs auftreten. *Intakte Realitätsprüfung* bedeutet, daß die Person weiß, daß die Halluzinationen durch die Substanz induziert sind und nicht die äußere Wirklichkeit darstellen. Wenn Halluzinationen mit Realitätsverlust auftreten, sollte die Diagnose Substanzinduzierte Psychotische Störung mit Halluzinationen erwogen werden.

● **292.0 (F15.3) Amphetaminentzug**

A. Die Beendigung (oder Reduktion) des Konsums von Amphetaminen (oder verwandten Substanzen) war schwierig und prolongiert.
B. Dysphorische Stimmung und mindestens zwei der folgenden physiologischen Veränderungen, die sich innerhalb von wenigen Stunden bis einigen Tagen nach Kriterium A entwickeln:
   1. Müdigkeit,
   2. lebhafte, unangenehme Träume,
   3. Insomnie oder Hypersomnie,
   4. gesteigerter Appetit,
   5. psychomotorische Verlangsamung oder Agitiertheit.

C. Die Symptome von Kriterium B verursachen in klinisch bedeutsamer Weise Leiden oder Beeinträchtigungen in sozialen, beruflichen oder anderen wichtigen Funktionsbereichen.

D. Die Symptome gehen nicht auf einen medizinischen Krankheitsfaktor zurück und können nicht durch eine andere psychische Störung besser erklärt werden.

● **292.9 (F15.9) Nicht Näher Bezeichnete Störung im Zusammenhang mit Amphetamin**

Die Kategorie Nicht Näher Bezeichnete Störung im Zusammenhang mit Amphetamin ist für Störungen in Verbindung mit dem Konsum von Amphetamin (oder verwandter Substanzen) vorbehalten, die nicht als Amphetaminabhängigkeit, Amphetaminmißbrauch, Amphetaminintoxikation, Amphetaminentzug, Amphetaminintoxikationsdelir, Amphetamininduzierte Psychotische Störung, Amphetamininduzierte Affektive Störung, Amphetamininduzierte Angststörung, Amphetamininduzierte Sexuelle Funktionsstörung oder Amphetamininduzierte Schlafstörung klassifizierbar sind.

Störungen im Zusammenhang mit Cannabis

Störungen durch Cannabiskonsum
— **304.30 (F12.2x) Cannabisabhängigkeit** (Kriterien siehe S. 99)
— **305.20 (F12.1) Cannabismißbrauch** (Kriterien siehe S. 109)

Cannabisinduzierte Störungen
— **292.89 (F12.0x) Cannabisintoxikation** (Kriterien siehe S. 113) *Bestimme, ob:* Mit Wahrnehmungsstörungen (F12.04)
— **292.81 (F12.03) Cannabisintoxikationsdelir** (Kriterien siehe S. 78)
— **292.11 (F12.51) Cannabisinduzierte Psychotische Störung, Mit Wahn** (Kriterien siehe S. 145) *Bestimme, ob:* Mit Beginn Während der Intoxikation

- 292.12 (F12.52) **Cannabisinduzierte Psychotische Störung, Mit Halluzinationen** (Kriterien siehe S. 145) *Bestimme, ob:* Mit Beginn Während der Intoxikation
- 292.89 (F12.8) **Cannabisinduzierte Angststörung** (Kriterien siehe S. 195) *Bestimme, ob:* Mit Beginn Während der Intoxikation
- 292.9 (F12.9) **Nicht Näher Bezeichnete Störung im Zusammenhang mit Cannabis**

Die Kategorie Nicht Näher Bezeichnete Störung im Zusammenhang mit Cannabis ist für Störungen in Verbindung mit Cannabiskonsum vorbehalten, die nicht als eine der oben aufgeführten Störungen klassifizierbar sind.

• 292.89 (F12.0x) Cannabisintoxikation

A. Kurz zurückliegender Cannabiskonsum.
B. Klinisch bedeutsame unangepaßte Verhaltens- oder psychische Veränderungen (z. B. Beeinträchtigungen der motorischen Koordination, Euphorie, Angst, Gefühl der Zeitverlangsamung, beeinträchtigtes Urteilsvermögen, sozialer Rückzug), die sich während oder kurz nach dem Cannabiskonsum entwickeln.
C. Mindestens zwei der folgenden Symptome, die sich innerhalb von zwei Stunden nach dem Cannabiskonsum entwickeln:
   1. konjunktivale Injektion (Sichtbarwerden von Gefäßen am Bulbus des Auges),
   2. gesteigerter Appetit,
   3. Mundtrockenheit,
   4. Tachykardie.
D. Die Symptome gehen nicht auf einen medizinischen Krankheitsfaktor zurück und können nicht durch eine andere psychische Störung besser erklärt werden.

Bestimme, ob:
- **Mit Wahrnehmungsstörungen** (F12.04): Diese Zusatzcodierung kann notiert werden, wenn Halluzinationen bei intakter Realitätsprüfung oder wenn akustische, visuelle oder taktile Illusionen bei Fehlen eines Delirs auftreten. *Intakte Realitätsprüfung* bedeutet, daß die Person weiß, daß die Halluzinationen

durch die Substanz induziert sind und nicht die äußere Wirklichkeit darstellen. Wenn Halluzinationen mit Realitätsverlust auftreten, sollte die Diagnose Substanzinduzierte Psychotische Störung mit Halluzinationen erwogen werden.

- ● **292.9 (F12.9) Nicht Näher Bezeichnete Störung im Zusammenhang mit Cannabis**

Die Kategorie Nicht Näher Bezeichnete Störung im Zusammenhang mit Cannabis ist für Störungen in Verbindung mit Cannabiskonsum vorbehalten, die nicht als Cannabisabhängigkeit, Cannabismißbrauch, Cannabisintoxikation, Cannabisintoxikationsdelir, Cannabisinduzierte Psychotische Störung oder Cannabisinduzierte Angststörung klassifizierbar sind.

Störungen im Zusammenhang mit Halluzinogenen

Störungen durch Halluzinogenkonsum
- — **304.50 (F16.2x) Halluzinogenabhängigkeit** (Kriterien siehe S. 99)
- — **305.30 (F16.1) Halluzinogenmißbrauch** (Kriterien siehe S. 103)

Halluzinogeninduzierte Störungen
- — **292.89 (F16.0x) Halluzinogenintoxikation** (Kriterien siehe S. 115)
- — **292.89 (F16.70) Persistierende Wahrnehmungsstörung im Zusammenhang mit Halluzinogenen (Flashbacks)** (Kriterien siehe S. 116)
- — **292.81 (F16.03) Halluzinogenintoxikationsdelir** (Kriterien siehe S. 78)
- — **292.11 (F16.51) Halluzinogeninduzierte Psychotische Störung, Mit Wahn** (Kriterien siehe S. 145)
- — **292.12 (F16.52) Halluzinogeninduzierte Psychotische Störung, Mit Halluzinationen** (Kriterien siehe S. 145) *Bestimme, ob:* Mit Beginn Während der Intoxikation

— **292.84 (F16.8) Halluzinogeninduzierte Affektive Störung** (Kriterien siehe S. 168) *Bestimme, ob:* Mit Beginn Während der Intoxikation

— **292.89 (F16.8) Halluzinogeninduzierte Angststörung** (Kriterien siehe S. 195) *Bestimme, ob:* Mit Beginn Während der Intoxikation

— **292.9 (F16.9) Nicht Näher Bezeichnete Störung im Zusammenhang mit Halluzinogenen**

Die Kategorie Nicht Näher Bezeichnete Störung im Zusammenhang mit Halluzinogenen ist für Störungen in Verbindung mit dem Konsum von Halluzinogenen vorbehalten, die nicht als eine der oben aufgeführten Störungen klassifizierbar sind.

● **292.89 (F16.0x) Halluzinogenintoxikation**

A. Kurz zurückliegender Konsum eines Halluzinogens.

B. Klinisch bedeutsame unangepaßte Verhaltens- und psychische Veränderungen (z. B. deutliche Angst oder Depression, Beziehungsideen, Furcht, den Verstand zu verlieren, paranoide Vorstellungen, beeinträchtigte Urteilsfähigkeit oder beeinträchtigte soziale bzw. berufliche Funktionsfähigkeit), die sich während oder kurz nach dem Halluzinogenkonsum entwickeln.

C. In einem Zustand völliger Wachheit und Vigilanz auftretende Wahrnehmungsveränderungen (z. B. subjektive Intensivierung der Wahrnehmung, Depersonalisation, Derealisation, Illusionen, Halluzinationen, Synästhesien), die sich während oder kurz nach einem Halluzinogenkonsum entwickeln.

D. Zwei oder mehr der folgenden Symptome, die sich während oder kurz nach einem Halluzinogenkonsum entwickeln:
   1. Mydriasis (rascher Wechsel der Pupillenweite),
   2. Tachykardie,
   3. Schwitzen,
   4. Palpitationen,
   5. Verschwommensehen,
   6. Tremor,
   7. Koordinationsstörungen.

E. Die Symptome gehen nicht auf einem medizinischen Krankheitsfaktor zurück und können nicht durch eine andere psychische Störung besser erklärt werden.

● **292.89 (F16.70) Persistierende Wahrnehmungsstörung im Zusammenhang mit Halluzinogenen (Flashbacks)**

A. Das der Beendigung des Halluzinogenkonsums folgende Wiedererleben von einem oder mehr Wahrnehmungssymptomen, die während der Intoxikation mit dem Halluzinogen aufgetreten waren (z. B. geometrische Halluzinationen, falsche Wahrnehmungen von Bewegungen im peripheren Gesichtsfeld, Farbblitze, intensivere Farben, Bilder eines Schweifs hinter sich bewegenden Objekten, positive Nachbilder, Heiligenscheine um Objekte, Makropsie und Mikropsie).

B. Die Symptome aus Kriterium A verursachen in klinisch bedeutsamer Weise Leiden oder Beeinträchtigungen in sozialen, beruflichen oder anderen wichtigen Funktionsbereichen.

C. Die Symptome gehen nicht auf einen medizinischen Krankheitsfaktor zurück (z. B. anatomische Läsionen und Infektionen des Gehirns, visuelle Epilepsien) und können nicht durch eine andere psychische Störung (z. B. Delir, Demenz, Schizophrenie) oder hypnopompe Halluzinationen besser erklärt werden.

● **292.9 (F16.9) Nicht Näher Bezeichnete Störung im Zusammenhang mit Halluzinogenen**

Die Kategorie Nicht Näher Bezeichnete Störung im Zusammenhang mit Halluzinogenen ist für Störungen in Verbindung mit Halluzinogenkonsum vorbehalten, die nicht als Halluzinogenabhängigkeit, Halluzinogenmißbrauch, Halluzinogenintoxikation, Persistierende Wahrnehmungsstörung im Zusammenhang mit Halluzinogenen, Halluzinogenintoxikationsdelir, Halluzinogeninduzierte Psychotische Störung, Halluzinogeninduzierte Affektive Störung oder Halluzinogeninduzierte Angststörung klassifizierbar sind.

Störungen im Zusammenhang mit Inhalantien

Störungen durch Inhalantienkonsum

- 304.60 (F18.2x) Inhalantienabhängigkeit (Kriterien siehe S. 99)
- 305.90 (F18.1) Inhalantienmißbrauch (Kriterien siehe S. 103)

Inhalantieninduzierte Störungen

- 292.89 (F18.0x) Inhalantienintoxikation (Kriterien siehe S. 117)
- 292.81 (F18.03) Inhalantienintoxikationsdelir (Kriterien siehe S. 78)
- 292.82 (F18.73) Persistierende Inhalantieninduzierte Demenz (Kriterien siehe S. 79)
- 292.11 (F18.51) Inhalantieninduzierte Psychotische Störung, Mit Wahn (Kriterien siehe S. 145) *Bestimme, ob:* Mit Beginn Während der Intoxikation
- 292.12 (F18.52) Inhalantieninduzierte Psychotische Störung, Mit Halluzinationen (Kriterien siehe S. 145) *Bestimme, ob:* Mit Beginn Während der Intoxikation
- 292.84 (F18.8) Inhalantieninduzierte Affektive Störung (Kriterien siehe S. 168) *Bestimme, ob:* Mit Beginn Während der Intoxikation
- 292.89 (F18.8) Inhalantieninduzierte Angststörung (Kriterien siehe S. 195) *Bestimme, ob:* Mit Beginn Während der Intoxikation
- 292.9 (F18.9) Nicht Näher Bezeichnete Störung im Zusammenhang mit Inhalantien

Die Kategorie Nicht Näher Bezeichnete Störung im Zusammenhang mit Inhalantien ist für Störungen in Verbindung mit dem Konsum von Inhalantien vorbehalten, die nicht als eine der oben aufgeführten Störungen klassifizierbar sind.

- ● **292.89 (F18.0x) Inhalantienintoxikation**

A. Gegenwärtiger willentlicher Konsum oder kurzzeitige Exposition in hohen Dosen gegenüber flüchtigen Inhalantien (ausgenommen Narkosegase und kurzwirksame Vasodilatatoren).

B. Klinisch bedeutsame unangepaßte Verhaltens- oder psychische Veränderungen (z. B. Streitlust, Tendenz zu Körperverletzungen, Apathie, beeinträchtigte Urteilsfähigkeit, beeinträchtigte soziale oder berufliche Funktionsfähigkeit), die sich während oder kurz nach dem Konsum von oder der Exposition gegenüber flüchtigen Inhalantien entwickeln.

C. Zwei (oder mehr) der folgenden Symptome, die sich während oder kurz nach dem Konsum von oder der Exposition gegenüber Inhalantien entwickeln:
   1. Schwindel,
   2. Nystagmus,
   3. Koordinationsstörungen,
   4. undeutliche Sprache,
   5. unsicherer Gang,
   6. Lethargie,
   7. schwache Reflexe,
   8. psychomotorische Hemmung,
   9. Tremor,
   10. allgemeine Muskelschwäche,
   11. verschwommenes Sehen oder Doppelbilder,
   12. Euphorie.

D. Die Symptome gehen nicht auf einen medizinischen Krankheitsfaktor zurück und können nicht durch eine andere psychische Störung besser erklärt werden.

● **292.9 (F18.9) Nicht Näher Bezeichnete Störung im Zusammenhang mit Inhalantien**

Die Kategorie Nicht Näher Bezeichnete Störung im Zusammenhang mit Inhalantien ist für Störungen in Verbindung mit Inhalantienkonsum vorbehalten, die nicht als Inhalantienabhängigkeit, Inhalantienmißbrauch, Inhalantienintoxikationsdelir, Persistierende Inhalantieninduzierte Demenz, Inhalantieninduzierte Psychotische Störung, Inhalantieninduzierte Affektive Störung oder Inhalantieninduzierte Angststörung klassifizierbar sind.

Störungen im Zusammenhang mit Koffein

Koffeininduzierte Störungen

- 305.90 (F15.0x) Koffeinintoxikation (Kriterien siehe S. 119)
- 292.89 (F15.8) Koffeininduzierte Angststörung (Kriterien siehe S. 195) *Bestimme, ob:* Mit Beginn Während der Intoxikation
- 292.89 (F15.8) Koffeininduzierte Schlafstörung (Kriterien siehe S. 242) *Bestimme, ob:* Mit Beginn Während der Intoxikation
- 292.9 (F15.9) Nicht Näher Bezeichnete Störung im Zusammenhang mit Koffein

Die Kategorie Nicht Näher Bezeichnete Störung im Zusammenhang mit Koffein ist für Störungen in Verbindung mit Koffeinkonsum vorbehalten, die nicht als eine der oben aufgeführten Störungen klassifizierbar sind.

• 305.90 (F15.0x) Koffeinintoxikation

A. Kurz zurückliegender Konsum von Koffein, gewöhnlich mehr als 250 mg (z. B. mehr als 2–3 Tassen gebrühter Kaffee).
B. Mindestens fünf der folgenden Zeichen, die sich während oder kurz nach dem Koffeinkonsum entwickeln:
   1. Rastlosigkeit,
   2. Nervosität,
   3. Erregung,
   4. Schlaflosigkeit,
   5. gerötetes Gesicht,
   6. Diurese,
   7. gastrointestinale Störungen,
   8. Muskelzucken,
   9. weitschweifiger Gedanken- und Redefluß,
   10. Tachykardie oder kardiale Arrhythmie,
   11. Perioden von Unerschöpfbarkeit,
   12. psychomotorische Agitiertheit.
C. Die Symptome in Kriterium B verursachen in klinisch bedeutsamer Weise Leiden oder Beeinträchtigungen in sozialen, beruflichen oder anderen Funktionsbereichen.

D. Die Symptome gehen nicht auf einen medizinischen Krankheitsfaktor zurück und können nicht durch eine andere psychische Störung besser erklärt werden (z. B. eine Angststörung).

● 292.9 (F15.9) Nicht Näher Bezeichnete Störung im Zusammenhang mit Koffein

Die Kategorie Nicht Näher Bezeichnete Störung im Zusammenhang mit Koffein ist für Störungen in Verbindung mit Koffeinkonsum vorbehalten, die nicht als Koffeinintoxikation, Koffeininduzierte Angststörung oder Koffeininduzierte Schlafstörung klassifizierbar sind. Ein Beispiel ist der Koffeinentzug (siehe Anhang B in DSM-IV für vorgeschlagene Forschungskriterien).

Störungen im Zusammenhang mit Kokain

Störungen durch Kokainkonsum
— 304.20 (F14.2x) Kokainabhängigkeit (Kriterien siehe S. 99)
— 305.60 (F14.1) Kokainmißbrauch (Kriterien siehe S. 103)

Kokaininduzierte Störungen
— 292.89 (F14.0x) Kokainintoxikation (Kriterien siehe S. 121) *Bestimme, ob:* Mit Wahrnehmungsstörungen (F14.04)
— 292.0 (F14.3) Kokainentzug (Kriterien siehe S. 122)
— 292.81 (F14.03) Kokainintoxikationsdelir (Kriterien siehe S. 78)
— 292.11 (F14.51) Kokaininduzierte Psychotische Störung, Mit Wahn (Kriterien siehe S. 145) *Bestimme, ob:* Mit Beginn Während der Intoxikation
— 292.12 (F14.52) Kokaininduzierte Psychotische Störung, Mit Halluzinationen (Kriterien siehe S. 145) *Bestimme, ob:* Mit Beginn Während der Intoxikation
— 292.84 (F14.8) Kokaininduzierte Affektive Störung (Kriterien siehe S. 168) *Bestimme, ob:* Mit Beginn Während der Intoxikation/Mit Beginn Während des Entzugs

— **292.89 (F14.8) Kokaininduzierte Angststörung** (Kriterien siehe S. 195) *Bestimme, ob:* Mit Beginn Während der Intoxikation/Mit Beginn Während des Entzugs

— **292.89 (F14.8) Kokaininduzierte Sexuelle Funktionsstörung** (Kriterien siehe S. 220) *Bestimme, ob:* Mit Beginn Während der Intoxikation

— **292.89 (F14.8) Kokaininduzierte Schlafstörung** (Kriterien siehe S. 242) *Bestimme, ob:* Mit Beginn Während der Intoxikation/Mit Beginn Während des Entzugs

— **292.9 (F14.9) Nicht Näher Bezeichnete Störung im Zusammenhang mit Kokain**

Die Kategorie Nicht Näher Bezeichnete Störung im Zusammenhang mit Kokain ist für Störungen in Verbindung mit Kokainkonsum vorbehalten, die nicht als eine der oben aufgeführten Störungen klassifizierbar sind.

● **292.89 (F14.0x) Kokainintoxikation**

A. Kurz zurückliegender Konsum von Kokain.

B. Klinisch bedeutsame unangepaßte Verhaltens- oder psychische Veränderungen (z. B. Euphorie oder affektive Verflachung; Veränderungen im Sozialverhalten; Hypervigilanz; zwischenmenschliche Empfindlichkeit; Angst, Anspannung oder Ärger; stereotype Verhaltensweisen; beeinträchtigtes Urteilsvermögen oder Beeinträchtigungen im sozialen oder beruflichen Bereich), die sich während oder kurz nach dem Konsum von Kokain entwickeln.

C. Mindestens zwei der folgenden Symptome, die sich während oder kurz nach dem Kokainkonsum entwickeln:

1. Tachykardie oder Bradykardie,
2. Pupillenerweiterung,
3. erhöhter oder erniedrigter Blutdruck,
4. Schwitzen oder Schüttelfrost,
5. Übelkeit oder Erbrechen,
6. Gewichtsverlust,
7. psychomotorische Agitiertheit oder Verlangsamung,
8. Muskelschwäche,

9. flache Atmung,
10. Brustschmerzen oder kardiale Arrhythmie,
11. Verwirrung, Anfälle, Dyskinesien, Dystonie oder Koma.
D. Die Symptome gehen nicht auf einen medizinischen Krankheitsfaktor zurück und können nicht besser durch eine andere psychische Störung erklärt werden.

Bestimme, ob:
— **Mit Wahrnehmungsstörungen** (F14.04): Diese Zusatzcodierung kann notiert werden, wenn Halluzinationen bei intakter Realitätsprüfung oder wenn akustische, visuelle oder taktile Illusionen bei Fehlen eines Delirs auftreten. *Intakte Realitätsprüfung* bedeutet, daß die Person weiß, daß die Halluzinationen durch die Substanz induziert sind und nicht die äußere Wirklichkeit darstellen. Wenn Halluzinationen mit Realitätsverlust auftreten, sollte die Diagnose Substanzinduzierte Psychotische Störung mit Halluzinationen erwogen werden.

● 292.0 (F14.3) Kokainentzug

A. Beendigung (oder Reduktion) von übermäßigem und langandauerndem Kokainkonsum.
B. Dysphorische Stimmung und mindestens zwei der folgenden physiologischen Veränderungen, die sich innerhalb weniger Stunden oder Tage gemäß Kriterium A entwickeln:
1. Müdigkeit,
2. lebhafte, unangenehme Träume,
3. Schlaflosigkeit oder Hypersomnie,
4. gesteigerter Appetit,
5. psychomotorische Unruhe oder Verlangsamung.
C. Die Symptome von Kriterium B verursachen in klinisch bedeutsamer Weise Leiden oder Beeinträchtigungen in sozialen, beruflichen oder anderen wichtigen Funktionsbereichen.
D. Die Symptome gehen nicht auf einen medizinischen Krankheitsfaktor zurück und können nicht besser durch eine andere psychische Störung erklärt werden.

- **292.9 (F14.9) Nicht Näher Bezeichnete Störung im Zusammenhang mit Kokain**

Die Kategorie Nicht Näher Bezeichnete Störung im Zusammenhang mit Kokain ist für Störungen in Verbindung mit Kokainkonsum vorbehalten, die nicht als Kokainabhängigkeit, Kokainmißbrauch, Kokainintoxikation, Kokainentzug, Kokainintoxikationsdelir, Kokaininduzierte Psychotische Störung, Kokaininduzierte Affektive Störung, Kokaininduzierte Angststörung, Kokaininduzierte Sexuelle Funktionsstörung oder Kokaininduzierte Schlafstörung klassifizierbar sind.

Störungen im Zusammenhang mit Nikotin

Störung durch Nikotinkonsum
- 305.10 (F17.2x) **Nikotinabhängigkeit** (Kriterien siehe S. 99)

Nikotininduzierte Störung
- 292.0 (F17.3) **Nikotinentzug** (Kriterien siehe S. 123)
- 292.9 (F17.9) **Nicht Näher Bezeichnete Störung im Zusammenhang mit Nikotin**

Die Kategorie Nicht Näher Bezeichnete Störung im Zusammenhang mit Nikotin ist für Störungen in Verbindung mit Nikotinkonsum vorbehalten, die nicht als eine der oben aufgeführten Störungen klassifizierbar sind.

- **292.0 (F17.3) Nikotinentzug**

A. Täglicher Konsum von Nikotin, mindestens mehrere Wochen lang.

B. Die plötzliche Beendigung des Nikotinkonsums oder eine Reduktion der Nikotinmenge führt innerhalb von 24 Stunden zu mindestens vier der folgenden Symptome:
1. dysphorische oder depressive Stimmung,
2. Schlaflosigkeit,

3. Ablenkbarkeit, Enttäuschung oder Ärger,
4. Angst,
5. Konzentrationsschwierigkeiten,
6. Unruhe,
7. verminderte Herzfrequenz,
8. gesteigerter Appetit oder Gewichtszunahme.

C. Die Symptome von Kriterium B verursachen in klinisch bedeutsamer Weise Leiden oder Beeinträchtigungen in sozialen, beruflichen oder anderen wichtigen Funktionsbereichen.

D. Die Symptome gehen nicht auf einen medizinischen Krankheitsfaktor zurück und können nicht besser durch eine andere psychische Störung erklärt werden.

- **292.9 (F17.9) Nicht Näher Bezeichnete Störung im Zusammenhang mit Nikotin**

Die Kategorie Nicht Näher Bezeichnete Störung in Zusammenhang mit Nikotin ist für Störungen in Verbindung mit Nikotinkonsum vorbehalten, die nicht als Nikotinabhängigkeit oder Nikotinentzug klassifizierbar sind.

Störungen im Zusammenhang mit Opiaten

Störungen durch Opiatkonsum
— **304.00 (F11.2x) Opiatabhängigkeit** (Kriterien siehe S. 99)
— **305.50 (F11.1) Opiatmißbrauch** (Kriterien siehe S. 103)

Opiatinduzierte Störungen
— **292.89 (F11.0x) Opiatintoxikation** (Kriterien siehe S. 125) *Bestimme, ob:* Mit Wahrnehmungsstörungen (F11.04)
— **292.0 (F11.3) Opiatentzug** (Kriterien siehe S. 126)
— **292.81 (F11.03) Opiatintoxikationsdelir** (Kriterien siehe S. 79)
— **292.11 (F11.51) Opiatinduzierte Psychotische Störung, Mit Wahn** (Kriterien siehe S. 145) *Bestimme, ob:* Mit Beginn Während der Intoxikation

- 292.12 (F11.52) **Opiatinduzierte Psychotische Störung, Mit Halluzinationen** Kriterien siehe S.145) *Bestimme, ob:* Mit Beginn Während der Intoxikation
- 292.84 (F11.8) **Opiatinduzierte Affektive Störung** Kriterien siehe S.168) *Bestimme, ob:* Mit Beginn Während der Intoxikation
- 292.89 (F11.8) **Opiatinduzierte Sexuelle Funktionsstörung** (Kriterien siehe S.220) *Bestimme, ob:* Mit Beginn Während der Intoxikation
- 292.89 (F11.8) **Opiatinduzierte Schlafstörung** (Kriterien siehe S.242) *Bestimme, ob:* Mit Beginn Während der Intoxikation/Mit Beginn Während des Entzugs
- 292.9 (F11.9) **Nicht Näher Bezeichnete Störung im Zusammenhang mit Opiaten**

Die Kategorie Nicht Näher Bezeichnete Störung im Zusammenhang mit Opiaten ist für Störungen in Verbindung mit Opiaten vorbehalten, die nicht als eine der oben aufgeführten Störungen klassifizierbar sind.

- **292.89 (F11.0x) Opiatintoxikation**

A. Kurz zurückliegender Konsum eines Opiats.
B. Klinisch bedeutsame unangepaßte Verhaltens- oder psychische Veränderungen (z. B. anfängliche Euphorie gefolgt von Apathie, dysphorischer Verstimmung, psychomotorischer Agitiertheit oder Verlangsamung, beeinträchtigtem Urteilsvermögen oder Beeinträchtigungen im sozialen oder beruflichen Bereich), die sich während oder kurz nach dem Opiatkonsum entwickkeln.
C. Pupillenkonstriktion (oder Pupillendilatation infolge Anoxie bei schwerer Überdosierung) und mindestens eines der folgenden Symptome, die sich während oder kurz nach dem Opiatkonsum entwickeln:
   1. Benommenheit oder Koma,
   2. verwaschene Sprache,
   3. Aufmerksamkeits- oder Gedächtnisstörung.

D. Die Symptome gehen nicht auf einen medizinischen Krankheitsfaktor zurück und können nicht durch eine andere psychische Störung besser erklärt werden.

Bestimme, ob:
— **Mit Wahrnehmungsstörungen** (F11.04): Diese Zusatzcodierung kann notiert werden, wenn Halluzinationen bei intakter Realitätsprüfung oder wenn akustische, visuelle oder taktile Illusionen bei Fehlen eines Delirs auftreten. *Intakte Realitätsprüfung* bedeutet, daß die Person weiß, daß die Halluzinationen durch die Substanz induziert sind und nicht die äußere Wirklichkeit darstellen. Wenn Halluzinationen mit Realitätsverlust auftreten, sollte die Diagnose Substanzinduzierte Psychotische Störung mit Halluzinationen erwogen werden.

● **292.0 (F11.3) Opiatentzug**

A. Eines der folgenden Kriterien:
1. Beendigung (oder Reduktion) von schwerem und langandauerndem Opiatkonsum (einige Wochen oder länger),
2. Gabe eines Opiatantagonisten nach einem Zeitraum des Opiatkonsums.
B. Mindestens drei der folgenden Symptome, die sich innerhalb von Minuten bis einigen Tagen gemäß Kriterium A entwickkeln:
1. dysphorische Stimmung,
2. Übelkeit und Erbrechen,
3. Muskelschmerzen,
4. Tränenfluß oder Rhinorrhoe,
5. Pupillendilatation, Gänsehaut oder Schwitzen,
6. Diarrhoe,
7. Gähnen,
8. Fieber,
9. Schlaflosigkeit.
C. Die Symptome von Kriterium B verursachen in klinisch bedeutsamer Weise Leiden oder Beeinträchtigungen in sozialen, beruflichen oder anderen wichtigen Funktionsbereichen.

D. Die Symptome gehen nicht auf einen medizinischen Krankheitsfaktor zurück und können nicht durch eine andere psychische Störung besser erklärt werden.

- **292.9 (F11.9) Nicht Näher Bezeichnete Störung im Zusammenhang mit Opiaten**

Die Kategorie Nicht Näher Bezeichnete Störung im Zusammenhang mit Opiaten ist für Störungen in Verbindung mit Opiatkonsum vorbehalten, die nicht als Opiatabhängigkeit, Opiatmißbrauch, Opiatintoxikation, Opiatentzug, Opiatintoxikationsdelir, Opiatinduzierte Psychotische Störung, Opiatinduzierte Affektive Störung, Opiatinduzierte Sexuelle Funktionsstörung oder Opiatinduzierte Schlafstörung klassifizierbar sind.

Störungen im Zusammenhang mit Phencyclidin (oder Phencyclidinähnlichen Substanzen)

Störungen durch Phencyclidinkonsum
- **304.90 (F19.2x) Phencyclidinabhängigkeit** (Kriterien siehe S. 99)
- **305.90 (F19.1) Phencyclidinmißbrauch** (Kriterien siehe S. 103)

Phencyclidininduzierte Störungen
- **292.89 (F19.0x) Phencyclidinintoxikation** (Kriterien siehe S. 128) *Bestimme, ob:* Mit Wahrnehmungsstörungen (F19.04)
- **292.81 (F19.03) Phencyclidinintoxikationsdelir** (Kriterien siehe S. 78)
- **292.11 (F19.51) Phencyclidininduzierte Psychotische Störung, Mit Wahn** (Kriterien siehe S. 145) *Bestimme, ob:* Mit Beginn Während der Intoxikation
- **292.12 (F19.52) Phencyclidininduzierte Psychotische Störung, Mit Halluzinationen** (Kriterien siehe S. 145) *Bestimme, ob:* Mit Beginn Während der Intoxikation

– 292.84 (F19.8) **Phencyclidininduzierte Affektive Störung** (Kriterien siehe S. 168) *Bestimme, ob:* Mit Beginn Während der Intoxikation
– 292.89 (F19.8) **Phencyclidininduzierte Angststörung** (Kriterien siehe S. 195) *Bestimme, ob:* Mit Beginn Während der Intoxikation
– 292.9 (F19.9) **Nicht Näher Bezeichnete Störung im Zusammenhang mit Phencyclidin**

Die Kategorie Nicht Näher Bezeichnete Störung im Zusammenhang mit Phencyclidin ist für Störungen in Verbindung mit dem Konsum von Phencyclidin vorbehalten, die nicht als eine der oben aufgeführten Störungen klassifizierbar sind.

● **292.89 (F19.0x) Phencyclidinintoxikation**

A. Kurz zurückliegender Konsum eines Phencyclidins (oder einer verwandten Substanz).
B. Klinisch bedeutsame unangepaßte Verhaltensänderungen (z. B. Streitbarkeit, Angriffslust, Impulsivität, Unberechenbarkeit, psychomotorische Agitiertheit, beeinträchtigtes Urteilsvermögen oder Beeinträchtigung im Beruf oder in anderen sozialen Rollen), die sich während oder kurz nach dem Phencyclidinkonsum entwickeln.
C. Innerhalb einer Stunde (oder kürzer, wenn die Substanz geraucht, geschnupft oder intravenös angewandt wird) zwei (oder mehrere) der folgenden Symptome:
1. vertikaler oder horizontaler Nystagmus,
2. Hypertonie oder Tachykardie,
3. Taubheitsgefühl oder verminderte Schmerzreaktion,
4. Ataxie,
5. Dysarthrie,
6. Muskelsteifheit,
7. Krampfanfälle oder Koma,
8. Hyperakusis.
D. Die Symptome gehen nicht auf einen medizinischen Krankheitsfaktor zurück und können nicht durch eine andere psychische Störung besser erklärt werden.

Bestimme, ob:
- **Mit Wahrnehmungsstörungen** (F19.04): Diese Zusatzcodierung kann notiert werden, wenn Halluzinationen bei intakter Realitätsprüfung oder wenn akustische, visuelle oder taktile Illusionen bei Fehlen eines Delirs auftreten. *Intakte Realitätsprüfung* bedeutet, daß die Person weiß, daß die Halluzinationen durch die Substanz induziert sind und nicht die äußere Wirklichkeit darstellen. Wenn Halluzinationen mit Realitätsverlust auftreten, sollte die Diagnose Substanzinduzierte Psychotische Störung mit Halluzinationen erwogen werden.

- **292.9 (F19.9) Nicht Näher Bezeichnete Störung im Zusammenhang mit Phencyclidinen**

Die Kategorie Nicht Näher Bezeichnete Störung im Zusammenhang mit Phencyclidinen ist für Störungen in Verbindung mit Phencyclidinkonsum vorbehalten, die nicht als Phencyclidinabhängigkeit, Phencyclidinmißbrauch, Phencyclidinintoxikationsdelir, Phencyclidininduzierte Psychotische Störung, Phencyclidininduzierte Affektive Störung oder Phencyclidininduzierte Angststörung klassifizierbar sind.

Störungen im Zusammenhang mit Sedativa, Hypnotika oder Anxiolytika

Störungen durch Sedativa-, Hypnotika-
oder Anxiolytikakonsum
- **304.10 (F13.2x) Sedativa-, Hypnotika- oder Anxiolytikaabhängigkeit** (Kriterien siehe S. 99)
  305.40 (F13.1) Sedativa-, Hypnotika- oder Anxiolytikamißbrauch (Kriterien siehe S. 103)

Sedativa-, Hypnotika-
oder Anxiolytikainduzierte Störungen
- **292.89 (F13.0x) Sedativa-, Hypnotika- oder Anxiolytikaintoxikation** (Kriterien siehe S. 131)

- 292.0 (F13.3) Sedativa-, Hypnotika- oder Anxiolytikaentzug (Kriterien siehe S. 131) *Bestimme, ob:* Mit Wahrnehmungsstörungen
- 292.81 (F13.03) Sedativa-, Hypnotika- oder Anxiolytikaintoxikationsdelir (Kriterien siehe S. 78)
- 292.81 (F13.4) Sedativa-, Hypnotika- oder Anxiolytikaentzugsdelir (Kriterien siehe S. 79)
- 292.82 (F13.73) Persistierende Sedativa-, Hypnotika- oder Anxiolytikainduzierte Demenz (Kriterien siehe S. 85)
- 292.83 (F13.6) Persistierende Sedativa-, Hypnotika- oder Anxiolytikainduzierte Amnestische Störung (Kriterien siehe S. 89)
- 292.11 (F13.51) Sedativa-, Hypnotika- oder Anxiolytikainduzierte Psychotische Störung, Mit Wahn (Kriterien siehe S. 145) *Bestimme, ob:* Mit Beginn Während der Intoxikation/Mit Beginn Während des Entzugs
- 292.12 (F13.52) Sedativa-, Hypnotika- oder Anxiolytikainduzierte Psychotische Störung, Mit Halluzinationen (Kriterien siehe S. 145) *Bestimme, ob:* Mit Beginn Während der Intoxikation/Mit Beginn Während des Entzugs
- 292.84 (F13.8) Sedativa-, Hypnotika- oder Anxiolytikainduzierte Affektive Störung (Kriterien siehe S. 168) *Bestimme, ob:* Mit Beginn Während der Intoxikation/Mit Beginn Während des Entzugs
- 292.89 (F13.8) Sedativa-, Hypnotika- oder Anxiolytikainduzierte Angststörung (Kriterien siehe S. 195) *Bestimme, ob:* Mit Beginn Während des Entzugs
- 292.89 (F13.8) Sedativa-, Hypnotika- oder Anxiolytikainduzierte Sexuelle Funktionsstörung (Kriterien siehe S. 220) *Bestimme, ob:* Mit Beginn Während der Intoxikation
- 292.89 (F13.8) Sedativa-, Hypnotika- oder Anxiolytikainduzierte Schlafstörung (Kriterien siehe S. 242) *Bestimme, ob:* Mit Beginn Während der Intoxikation/Mit Beginn Während des Entzugs
- 292.9 (F13.9) Nicht Näher Bezeichnete Störung im Zusammenhang mit Sedativa, Hypnotika oder Anxiolytika

Die Kategorie Nicht Näher Bezeichnete Störung im Zusammenhang mit Sedativa, Hypnotika oder Anxiolytika ist für Störungen in Verbindung mit dem Konsum von Sedativa, Hypnotika oder Anxiolytika vorbehalten, die nicht als eine der oben aufgeführten Störungen klassifizierbar sind.

- **292.89 (F13.0x) Sedativa-, Hypnotika- oder Anxiolytikaintoxikation**

A. Kurz zurückliegender Konsum eines Sedativums, Hypnotikums oder Anxiolytikums.
B. Klinisch bedeutsame unangepaßte Verhaltens- oder psychische Veränderungen (z. B. unangemessenes sexuelles oder aggressives Verhalten, Stimmungslabilität, beeinträchtigte Urteilsfähigkeit, beeinträchtigte soziale oder berufliche Funktionsfähigkeit), die sich während oder kurz nach dem Konsum von Sedativa, Hypnotika oder Anxiolytika entwickeln.
C. Eins (oder mehrere) der folgenden Symptome, die sich während oder kurz nach dem Konsum von Sedativa, Hypnotika oder Anxiolytika entwickeln:
  1. undeutliche Sprache,
  2. Koordinationsstörungen,
  3. Gangunsicherheit,
  4. Nystagmus,
  5. Beeinträchtigung von Aufmerksamkeit oder Gedächtnis,
  6. Stupor oder Koma.
D. Die Symptome gehen nicht auf einen medizinischen Krankheitsfaktor zurück und können nicht durch eine andere psychische Störung besser erklärt werden.

- **292.0 (F13.3) Sedativa-, Hypnotika- oder Anxiolytikaentzug**

A. Beendigung (oder Reduktion) eines schweren oder langanhaltenden Konsums von Sedativa, Hypnotika oder Anxiolytika.
B. Zwei (oder mehr) der folgenden Symptome, die sich innerhalb weniger Stunden bis zu wenigen Tagen nach Vorliegen des Kriteriums A entwickeln:
  1. Hyperaktivität des vegetativen Nervensystems (z. B. Schwitzen oder Herzfrequenz über 100 pro Minute),

2. starker Tremor der Hände,
3. Schlaflosigkeit,
4. Übelkeit oder Erbrechen,
5. flüchtige optische, taktile oder akustische Halluzinationen oder Illusionen,
6. psychomotorische Erregung,
7. Ängste,
8. Grand-mal-Krampfanfälle.

C. Die Symptome aus Kriterium B verursachen in klinisch bedeutsamer Weise Leiden oder Beeinträchtigungen in sozialen, beruflichen oder anderen wichtigen Funktionsbereichen.

D. Die Symptome gehen nicht auf einen medizinischen Krankheitsfaktor zurück und können nicht durch eine andere psychische Störung besser erklärt werden.

Bestimme, ob:
— **Mit Wahrnehmungsstörungen:** Diese Zusatzcodierung kann notiert werden, wenn Halluzinationen bei intakter Realitätsprüfung oder wenn akustische, visuelle oder taktile Illusionen bei Fehlen eines Delirs auftreten. *Intakte Realitätsprüfung* bedeutet, daß die Person weiß, daß die Halluzinationen durch die Substanz induziert sind und nicht die äußere Wirklichkeit darstellen. Wenn Halluzinationen mit Realitätsverlust auftreten, sollte die Diagnose Substanzinduzierte Psychotische Störung mit Halluzinationen erwogen werden.

● **292.9 (F13.9) Nicht Näher Bezeichnete Störung im Zusammenhang mit Sedativa, Hypnotika oder Anxiolytika**

Die Kategorie Nicht Näher Bezeichnete Störung im Zusammenhang mit Sedativa, Hypnotika oder Anxiolytika ist für Störungen in Verbindung mit dem Konsum von Sedativa, Hypnotika oder Anxiolytika vorbehalten, die nicht als Sedativa-, Hypnotika- oder Anxiolytikaabhängigkeit, Sedativa-, Hypnotika- oder Anxiolytikamißbrauch, Sedativa-, Hypnotika- oder Anxiolytikaintoxikation, Sedativa-, Hypnotika- oder Anxiolytikaentzug, Sedativa-, Hypnotika- oder Anxiolytikaintoxikationsdelir, Sedativa-, Hypnotika- oder Anxiolytikaentzugsdelir, Persistierende Sedativa-, Hypnotika-

oder Anxiolytikainduzierte Demenz, Persistierende Sedativa-, Hypnotika- oder Anxiolytikainduzierte Amnestische Störung, Sedativa-, Hypnotika- oder Anxiolytikainduzierte Psychotische Störung, Sedativa-, Hypnotika- oder Anxiolytikainduzierte Affektive Störung, Sedativa-, Hypnotika- oder Anxiolytikainduzierte Angststörung, Sedativa-, Hypnotika- oder Anxiolytikainduzierte Sexuelle Funktionsstörung oder Sedativa-, Hypnotika- oder Anxiolytikainduzierte Schlafstörung klassifizierbar sind.

Störung im Zusammenhang mit Multiplen Substanzen

- **304.80 (F19.2x) Polytoxikomanie**

Diese Kategorie sollte benutzt werden, wenn über einen Zeitraum von 12 Monaten wiederholt psychotrope Substanzen aus wenigstens drei Substanzgruppen konsumiert wurden (nicht eingeschlossen sind Nikotin und Koffein), aber keine Substanz für sich alleine dominierte. Während dieses Zeitabschnitts wurden die Kriterien für eine Abhängigkeit von psychotropen Substanzen als Gruppe erfüllt, nicht jedoch für eine spezifische Substanz.

Störungen im Zusammenhang mit Anderen (oder Unbekannten) Substanzen

Die Kategorie Störungen im Zusammenhang mit Anderen (oder Unbekannten) Substanzen ist zur Einordnung von Störungen in Verbindung mit Psychotropen Substanzen vorbehalten, die nicht oben aufgeführt sind. Beispiele für diese Substanzen, die unten detaillierter beschrieben sind, beinhalten anabolische Steroide, Nitritinhalantien („poppers"), salpetrige Oxide, rezeptfreie Medikamente und rezeptpflichtige Medikamente, die nicht durch die elf Substanzklassen abgedeckt sind (z. B. Kortisol, Antihistaminika, Benztropine) und andere Substanzen mit psychotropen Effekten. Zusätzlich kann diese Kategorie verwendet werden, wenn die spezifische Substanz unbekannt ist (z. B. bei einer Intoxikation nach

Einnahme aus einer unbeschrifteten Flasche mit Pillen). Eine Erörterung der Codierweise von Störungen im Zusammenhang mit Medikamenten findet sich auf Seite 105.

Störungen durch den Konsum von Anderen (oder Unbekannten) Substanzen

— 304.90 (F19.2x) Abhängigkeit von Anderer (oder Unbekannter) Substanz (Kriterien siehe S. 99)
— 305.90 (F19.1) Mißbrauch von Anderer (oder Unbekannter) Substanz (Kriterien siehe S. 103)

Durch Andere (oder Unbekannte) Substanzen Induzierte Störungen

— 292.89 (F19.0x) Intoxikation mit Anderer (oder Unbekannter) Substanz (Kriterien siehe S. 103) *Bestimme, ob:* Mit Wahrnehmungsstörungen (F19.04)
— 292.0 (F19.3) Entzug von Anderer (oder Unbekannter) Substanz (Kriterien siehe S. 104) *Bestimme, ob:* Mit Wahrnehmungsstörungen
— 292.81 (F19.03) Durch Andere (oder Unbekannte) Substanz Induziertes Delir (Kriterien siehe S. 78)
— 292.82 (F19.73) Durch Andere (oder Unbekannte) Substanz Induzierte Persistierende Demenz (Kriterien siehe S. 85)
— 292.83 (F19.6) Durch Andere (oder Unbekannte) Substanz Induzierte Persistierende Amnestische Störung (Kriterien siehe S. 89)
— 292.11 (F19.51) Durch Andere (oder Unbekannte) Substanz Induzierte Psychotische Störung, Mit Wahn (Kriterien siehe S. 145) *Bestimme, ob:* Mit Beginn Während der Intoxikation/Mit Beginn Während des Entzugs
— 292.12 (F19.52) Durch Andere (oder Unbekannte) Substanz Induzierte Psychotische Störung, Mit Halluzinationen (Kriterien siehe S. 145) *Bestimme, ob:* Mit Beginn Während der Intoxikation/Mit Beginn Während des Entzugs
— 292.84 (F19.8) Durch Andere (oder Unbekannte) Substanz Induzierte Affektive Störung (Kriterien siehe S. 168) *Bestimme, ob:* Mit Beginn Während der Intoxikation/Mit Beginn Während des Entzugs

- **292.89 (F19.8) Durch Andere (oder Unbekannte) Substanz Induzierte Angststörung** (Kriterien siehe S. 195) *Bestimme, ob:* Mit Beginn Während der Intoxikation/Mit Beginn Während des Entzugs
- **292.89 (F19.8) Durch Andere (oder Unbekannte) Substanz Induzierte Sexuelle Funktionsstörung** (Kriterien siehe S. 220) *Bestimme, ob:* Mit Beginn Während der Intoxikation
- **292.89 (F19.8) Durch Andere (oder Unbekannte) Substanz Induzierte Schlafstörung** (Kriterien siehe S. 242) *Bestimme, ob:* Mit Beginn Während der Intoxikation/Mit Beginn Während des Entzugs
- **292.9 (F19.9) Nicht Näher Bezeichnete Störung im Zusammenhang mit Anderer (oder Unbekannter) Substanz**

Schizophrenie und Andere Psychotische Störungen

- **Schizophrenie**

A. *Charakteristische Symptome*: mindestens zwei der folgenden, jedes bestehend für einen erheblichen Teil einer Zeitspanne von 1 Monat (oder weniger, falls erfolgreich behandelt):
  1. Wahn,
  2. Halluzinationen,
  3. desorganisierte Sprechweise (z. B. häufiges Entgleisen oder Zerfahrenheit),
  4. grob desorganisiertes oder katatones Verhalten,
  5. negative Symptome, d. h. flacher Affekt, Alogie oder Willensschwäche.

  Beachte: Nur ein Kriterium A-Symptom ist erforderlich, wenn der Wahn bizarr ist oder wenn die Halluzinationen aus einer Stimme bestehen, die einen fortlaufenden Kommentar über das Verhalten oder die Gedanken des Betroffenen abgibt oder wenn zwei oder mehrere Stimmen sich miteinander unterhalten.

B. *Soziale/berufliche Leistungseinbußen*: Für eine bedeutende Zeitspanne seit dem Beginn der Störung sind einer oder mehrere Funktionsbereiche wie Arbeit, zwischenmenschliche Beziehungen oder Selbstfürsorge deutlich unter dem Niveau, das vor dem Beginn erreicht wurde (oder falls der Beginn in der Kindheit oder Adoleszenz liegt, wird das zu erwartende Niveau der zwischenmenschlichen, geistigen oder beruflichen Leistungen nicht erreicht).

C. *Dauer*: Zeichen des Störungsbildes halten für mindestens 6 Monate an. Diese 6monatige Periode muß mindestens 1 Monat mit Symptomen (oder weniger, falls erfolgreich behandelt) umfassen, die das Kriterium A (d. h. floride Symptome) erfüllen, und kann Perioden mit prodromalen oder residualen Symptomen einschließen. Während dieser prodromalen oder residualen Perioden können sich die Zeichen des Störungsbildes auch durch ausschließlich negative Symptome oder zwei oder

mehrere Symptome manifestieren, die im Kriterium A aufgelistet und in einer abgeschwächten Form vorhanden sind (z. B.
seltsame Überzeugungen, ungewöhnliche Wahrnehmungserlebnisse).

D. *Ausschluß von Schizoaffektiver und Affektiver Störung*: Eine Schizoaffektive Störung und eine Affektive Störung mit Psychotischen Merkmalen wurden ausgeschlossen, da entweder (1) keine Episode einer Major Depression, keine Manische oder Gemischte Episode gemeinsam mit den floriden Symptomen vor-
gekommen ist; oder (2) falls affektive Episoden während der
floriden Symptome aufgetreten sind, war ihre Gesamtdauer im
Vergleich zur Dauer der floriden und residualen Perioden kurz.

E. *Ausschluß von Substanzeinfluß/medizinischem Krankheitsfaktor*:
Das Störungsbild geht nicht auf die direkte körperliche Wirkung einer Substanz (z. B. Droge, Medikament) oder eines medizinischen Krankheitsfaktors zurück.

F. *Beziehung zu einer Tiefgreifenden Entwicklungsstörung*: Bei einer
Vorgeschichte mit Autistischer Störung wird die zusätzliche
Diagnose einer Schizophrenie nur dann gestellt, wenn mindestens einen Monat lang (oder weniger, falls erfolgreich behandelt) gleichzeitig ausgeprägte Wahnphänomene oder Halluzinationen vorhanden sind.

Schizophrenie-Subtypen

Die Subtypen der Schizophrenie definieren sich aus den im Un-
tersuchungszeitraum vorherrschenden Symptomen.

● 295.30 (F20.0x) Paranoider Typus

Ein Schizophrenietypus, bei dem die folgenden Kriterien erfüllt
sind:

A. Starke Beschäftigung mit einem oder mehreren Wahnphänomenen oder häufige akustische Halluzinationen.

B. Keines der folgenden Merkmale steht im Vordergrund: desorganisierte Sprechweise, desorganisiertes oder katatones Verhalten oder verflachter oder inadäquater Affekt.

- **295.10 (F20.1x) Desorganisierter Typus**

Ein Schizophrenietypus, der folgende Kriterien erfüllt:
A. Alle folgenden sind vorherrschend:
  1. desorganisierte Sprechweise,
  2. desorganisiertes Verhalten,
  3. verflachter oder inadäquater Affekt,
B. Die Kriterien für den Katatonen Typus sind nicht erfüllt.

- **295.20 (F20.2x) Katatoner Typus**

Ein Schizophrenietypus, bei dem das klinische Bild von mindestens zwei der folgenden Kriterien bestimmt wird:
  1. motorische Unbeweglichkeit, die sich in Katalepsie (einschließlich wächserner Biegsamkeit) oder Stupor zeigt,
  2. übermäßige motorische Aktivität (die offenkundig nicht zweckgerichtet ist und nicht durch äußere Reize beeinflußt wird),
  3. extremer Negativismus (ein offensichtlich grundloser Widerstand gegenüber allen Aufforderungen oder ein Beibehalten einer starren Haltung gegenüber Versuchen, bewegt zu werden) oder Mutismus,
  4. merkwürdige Willkürbewegungen, die sich als Haltungsstereotypien (willentliches Einnehmen unangemessener oder bizarrer Körperhaltungen), stereotype Bewegungsabläufe, ausgeprägte Manierismen oder ausgeprägtes Grimassieren äußern,
  5. Echolalie oder Echopraxie.

- **295.90 (F20.3x) Undifferenzierter Typus**

Ein Schizophrenietypus, bei dem Symptome vorliegen, die das Kriterium A für Schizophrenie erfüllen, ohne daß die Kriterien für den Paranoiden, Desorganisierten oder Katatonen Typus erfüllt sind.

- **295.60 (F20.5x) Residualer Typus**

Ein Schizophrenietypus, bei dem folgende Kriterien erfüllt sind:

A. Fehlen von ausgeprägten Wahnphänomenen, Halluzinationen, desorganisierter Sprechweise und von grob desorganisiertem oder katatonem Verhalten.

B. Fortbestehende Hinweise auf das Störungsbild, die sich im Vorhandensein von Negativsymptomen zeigen oder von zwei oder mehr Symptomen in abgemilderter Form, wie sie in Kriterium A für Schizophrenie aufgelistet sind (z. B. ungewöhnliche Überzeugungen, ungewöhnliche Wahrnehmungserlebnisse).

Klassifikation des Längsschnittverlaufes der Schizophrenie

Die folgenden Zusatzcodierungen können nur angewandt werden, nachdem mindestens 1 Jahr seit dem ersten Einsetzen florider Symptome vergangen ist:

— **Episodisch mit Residualsymptomen zwischen den Episoden:** wenn der Verlauf charakterisiert ist durch Episoden, in denen Kriterium A der Schizophrenie erfüllt ist und klinisch bedeutsame Residualsymptome zwischen den Episoden bestehen. **Mit Ausgeprägten Negativen Symptomen** kann hinzugefügt werden, wenn ausgeprägte negative Symptome zwischen den Episoden vorhanden sind.

— **Episodisch ohne Residualsymptome zwischen den Episoden:** wenn der Verlauf charakterisiert ist durch Episoden, in denen Kriterium A der Schizophrenie erfüllt ist und keine klinisch bedeutsamen Residualsymptome zwischen den Episoden bestehen.

— **Kontinuierlich:** wenn charakteristische Symptome des Kriterium A während des gesamten (oder nahezu gesamten) Verlaufs vorhanden sind. **Mit Ausgeprägten Negativen Symptomen:** kann hinzugefügt werden, wenn auch ausgeprägte negative Symptome vorhanden sind.

— **Einzelne Episode Teilremittiert:** wenn nur eine Episode vorkam, bei der Kriterium A der Schizophrenie erfüllt war und einige klinisch bedeutsame Residualsymptome verblieben. **Mit Ausgeprägten Negativen Symptomen** kann hinzugefügt werden, wenn diese Residualsymptome ausgeprägte negative Symptome umfassen.

— **Einzelne Episode Vollremittiert:** wenn nur eine Episode vorkam, bei der Kriterium A der Schizophrenie erfüllt war und keine klinisch bedeutsamen Residualsymptome verbleiben.

— **Anderes oder Unspezifisches Muster:** wenn ein anderes oder unspezifisches Verlaufsmuster vorlag.

● **295.40 (F20.8) Schizophreniforme Störung**

A. Kriterien A, D und E für Schizophrenie sind erfüllt.

B. Eine Episode der Störung (einschließlich prodromaler, florider und residualer Phasen) dauert länger als 1 Monat, jedoch weniger als 6 Monate. (Wenn die Diagnose gestellt werden muß, ohne auf die Remission zu warten, sollte sie als „vorläufig" gekennzeichnet werden.)

Bestimme, ob:

— **Ohne Günstige Prognostische Merkmale**

— **Mit Günstigen Prognostischen Merkmalen:** belegt durch mindestens zwei der folgenden:

1. Auftreten ausgeprägter psychotischer Symptome innerhalb von 4 Wochen nach den ersten bemerkbaren Veränderungen des üblichen Verhaltens oder der Leistungsfähigkeit.
2. Verwirrtheit oder Ratlosigkeit auf dem Höhepunkt der psychotischen Episode.
3. Gute prämorbide soziale und berufliche Leistungsfähigkeit.
4. Kein abgestumpfter oder verflachter Affekt.

● **295.70 (F25.x) Schizoaffektive Störung**

A. Ununterbrochene Krankheitsperiode, während derer zu irgendeinem Zeitpunkt entweder eine Episode einer Major Depression, eine Manische Episode oder eine Gemischte Episode gleichzeitig mit Symptomen besteht, die das Kriterium A für Schizophrenie erfüllen.
Beachte: Die Episode einer Major Depression muß Kriterium A1 (Depressive Verstimmung) enthalten.

B. Während derselben Krankheitsperiode haben Wahnphänomene oder Halluzinationen für mindestens zwei Wochen bei

gleichzeitigem Fehlen ausgeprägter affektiver Symptome vor-
gelegen.

C. Symptome, die die Kriterien einer Affektiven Episode erfüllen,
bestehen während eines erheblichen Anteils an der gesamten
Dauer der floriden und residualen Perioden der Krankheit.

D. Das Störungsbild geht nicht zurück auf die direkte körperliche
Wirkung einer Substanz (z. B. Drogen, Medikament) oder eines medizinischen Krankheitsfaktors.

Bestimme den Typus:
— **Bipolarer Typus** (F25.0 oder F25.2): falls das Störungsbild
eine Manische oder Gemischte Episode einschließt (oder eine
Manische oder eine Gemischte Episode und Episoden einer
Major Depression).
— **Depressiver Typus** (F25.1): falls das Störungsbild nur Episo-
den einer Major Depression einschließt.

● 297.1 (F22.0) Wahnhafte Störung

A. Nicht-bizarre Wahnphänomene (d. h. bezogen auf Situationen,
die in der Realität vorkommen können, wie etwa verfolgt, ver-
giftet, infiziert, aus der Ferne geliebt, vom (Ehe-)Partner be-
trogen zu werden oder eine Krankheit zu haben) für die Dauer
von mindestens einem Monat.

B. Kriterium A für Schizophrenie war niemals erfüllt. **Beachte:**
Taktile und olfaktorische Halluzinationen können bei der
Wahnhaften Störung vorliegen, wenn sie mit dem Wahnthema
im Zusammenhang stehen.

C. Abgesehen von den primären und sekundären Auswirkungen
des Wahns ist die Leistungsfähigkeit nicht wesentlich beeinträchtigt und das Verhalten ist nicht auffallend seltsam oder
bizarr.

D. Wenn affektive Episoden gleichzeitig mit Wahnphänomenen
aufgetreten sind, war deren Gesamtdauer kurz im Verhältnis
zur Dauer der wahnhaften Perioden.

E. Das Störungsbild geht nicht auf die direkte körperliche Wirkung einer Substanz (z. B. Droge, Medikament) oder eines medizinischen Krankheitsfaktors zurück.

Bestimme den Typus (abhängig vom vorherrschenden Wahnthema werden die folgenden Typen zugeordnet):

— **Typus mit Liebeswahn:** Der Wahn, daß eine gewöhnlich höhergestellte Person in den Betroffenen verliebt ist.

— **Typus mit Größenwahn:** Der Wahn, in übersteigerter Weise Wert, Macht oder Wissen zu besitzen, eine besondere Persönlichkeit zu sein oder eine besondere Beziehung zu einer Gottheit oder berühmten Person zu haben.

— **Typus mit Eifersuchtswahn:** Der Wahn, daß der Sexualpartner des Betroffenen untreu ist.

— **Typus mit Verfolgungswahn:** Der Wahn, daß die Person (oder jemand, dem die Person nahesteht) auf irgendeine Art schlecht behandelt wird.

— **Typus mit Körperbezogenem Wahn:** Der Wahn, daß die Person einen körperlichen Defekt oder eine körperliche Erkrankung hat.

— **Typus mit Gemischtem Wahn:** Wahnthemen, die für mehr als einen der o. g. Typen charakteristisch sind, ohne daß ein einzelnes Wahnthema vorherrscht.

— **Unspezifischer Typus**

● **298.8 (F23.xx) Kurze Psychotische Störung**

A. Vorhandensein von mindestens einem der folgenden Symptome:

1. Wahn,

2. Halluzinationen,

3. desorganisierte Sprechweise (z. B. häufiges Entgleisen oder Inkohärenz),

4. grob desorganisiertes oder katatones Verhalten.

   Beachte: Ein Symptom, das als kulturell sanktioniertes Reaktionsmuster gilt, wird nicht berücksichtigt.

B. Eine Episode dieses Störungsbildes dauert mindestens einen Tag, aber weniger als einen Monat an, mit schließlich vollständiger Wiederherstellung des prämorbiden Leistungsniveaus.

C. Das Störungsbild kann nicht besser durch eine Affektive Störung mit Psychotischen Merkmalen, eine Schizoaffektive Störung oder eine Schizophrenie erklärt werden, und es geht nicht auf die direkte körperliche Wirkung einer Substanz (z. B. Droge, Medikament) oder eines medizinischen Krankheitsfaktors zurück.

Bestimme, ob:
— **Mit Deutlichen Belastungsfaktoren** (kurze reaktive Psychose): Wenn die Symptome kurz nach und offensichtlich als Reaktion auf Ereignisse auftreten, die einzeln oder zusammengenommen für fast jede Person desselben Kulturkreises unter ähnlichen Umständen erheblich belastend wären.
— **Ohne Deutliche Belastungsfaktoren:** Wenn die psychotischen Symptome nicht kurz nach oder offensichtlich in Reaktion auf Ereignisse auftreten, die einzeln oder zusammengenommen für fast jede Person desselben Kulturkreises unter ähnlichen Umständen erheblich belastend wären.
— **Mit Postpartalem Beginn:** bei Beginn innerhalb von vier Wochen nach einer Entbindung.

• 297.3 (F24) Gemeinsame Psychotische Störung (Folie à Deux)

A. Ein Wahn entwickelt sich bei einer Person im Rahmen einer engen Beziehung zu (einer) anderen Person/Personen, die einen bereits ausgebildeten Wahn hat/haben.
B. Der Wahn gleicht inhaltlich dem der Person, die einen bereits ausgebildeten Wahn hat.
C. Das Störungsbild kann nicht besser durch eine andere Psychotische Störung (z. B. Schizophrenie) oder eine Affektive Störung mit Psychotischen Merkmalen erklärt werden, und es geht nicht auf die direkte körperliche Wirkung einer Substanz (z. B. Droge, Medikament) oder eines medizinischen Krankheitsfaktors zurück.

• 293.xx (F06.x) Psychotische Störung Aufgrund von ...*[Benenne den Medizinischen Krankheitsfaktor]*

A. Ausgeprägte Halluzinationen oder Wahnphänomene.

B. Es gibt Hinweise aus Anamnese, körperlicher Untersuchung oder Laborbefunden, daß das Störungsbild die direkte körperliche Folge eines medizinischen Krankheitsfaktors ist.

C. Das Störungsbild kann nicht besser durch eine andere psychische Erkrankung erklärt werden.

D. Das Störungsbild tritt nicht ausschließlich im Verlauf eines Delirs auf.

Codiere auf der Basis des vorherrschenden Symptoms:

— **293.81 (F06.2) Mit Wahn**: Wenn Wahnphänomene das vorherrschende Symptom sind.

— **293.82 (F06.0) Mit Halluzinationen**: Wenn Halluzinationen das vorherrschende Symptom sind.

Codierhinweis: Füge die Bezeichnung des medizinischen Krankheitsfaktors auf der Achse I hinzu, z. B. 293.81 Psychotische Störung Aufgrund eines Malignen Lungenneoplasma, Mit Wahn; codiere den medizinischen Krankheitsfaktor zusätzlich auf Achse III (siehe Anhang G für die Codenummern).

Codierhinweis: Wenn Wahnphänomene Teil einer vorbestehenden Demenz sind, bezeichne die Wahnphänomene durch Codierung des geeigneten Demenzsubtypus, falls dieser verfügbar ist, z. B. 290.20 Demenz vom Alzheimer Typ, Mit Spätem Beginn, Mit Wahn.

● Substanzinduzierte Psychotische Störung

A. Ausgeprägte Halluzinationen oder Wahnphänomene. **Beachte**: Halluzinationen werden nicht berücksichtigt, wenn der Betroffene selbst einsieht, daß sie substanzinduziert sind.

B. Es gibt Hinweise aus Anamnese, körperlicher Untersuchung oder Laborbefunden auf entweder (1) oder (2):

1. Die Symptome des Kriteriums A entwickelten sich während oder innerhalb eines Monats nach einer Substanzintoxikation oder einem -Entzug.

2. Eine Medikamenteneinnahme steht in ursächlichem Zusammenhang mit dem Störungsbild.

C. Das Störungsbild kann nicht durch eine Psychotische Störung, die nicht substanzinduziert ist, besser erklärt werden. Folgende Hinweise würden dafür sprechen, daß die Symptome durch eine Psychotische Störung, die nicht substanzinduziert ist, besser erklärt werden können: Die Symptome traten vor Beginn der Substanzeinnahme (oder Medikamenteneinnahme) auf; die Symptome halten über eine beträchtliche Zeitspanne (z. B. etwa einen Monat) nach Beendigung des akuten Entzugs oder der schweren Intoxikation an oder gehen deutlich über das hinaus, was aufgrund der Art oder der Menge der eingenommenen Substanz oder aufgrund der Dauer der Einnahme zu erwarten wäre; oder es gibt andere Hinweise, die die Existenz einer unabhängigen, nicht substanzinduzierten Psychotischen Störung nahelegen (z. B. wiederholte nicht substanzinduzierte Episoden in der Vorgeschichte).

D. Das Störungsbild tritt nicht ausschließlich im Verlauf eines Delirs auf.

Beachte: Diese Diagnose sollte nur dann anstelle der Diagnose einer Substanzintoxikation oder eines Substanzentzuges gestellt werden, wenn die Symptome über diejenigen hinausgehen, die gewöhnlich mit dem Intoxikations- oder Entzugssymptom einhergehen, und wenn sie schwer genug sind, um für sich allein genommen klinische Beachtung zu rechtfertigen.

Codiere [Spezifische Substanz-]induzierte Psychotische Störung (F1x.5x):

— 291.5 Alkohol, Mit Wahn; 291.3 Alkohol, Mit Halluzinationen; 292.11 Amphetamin [oder amphetaminähnliche Substanz], Mit Wahn; 292.12 Amphetamin [oder amphetaminähnliche Substanz], Mit Halluzinationen; 292.11 Cannabis, Mit Wahn; 292.12 Cannabis, Mit Halluzinationen; 292.11 Kokain, Mit Wahn; 292.12 Kokain, Mit Halluzinationen; 292.11 Halluzinogen, Mit Wahn; 292.12 Halluzinogen, Mit Halluzinationen; 292.11 Inhalans, Mit Wahn; 292.12 Inhalans, Mit Halluzinationen; 292.11 Opiat, Mit Wahn; 292.12 Opiat, Mit Halluzinationen; 292.11 Phencyclidin [oder phencyclidinähnliche Substanz], Mit Wahn; 292.12 Phencyclidin [oder phencyclidinähnliche Substanz], Mit Halluzinationen; 292.11 Sedativum, Hypnotikum oder Anxiolytikum, Mit

Wahn; 292.12 Sedativum, Hypnotikum oder Anxiolytikum, Mit Halluzinationen; 292.11 Andere [oder Unbekannte] Substanz, Mit Wahn; 292.12 Andere [oder Unbekannte] Substanz, Mit Halluzinationen.

Codierhinweis: Die Codierungsziffer hängt davon ab, ob Wahnphänomene oder Halluzinationen im Symptomenbild vorherrschen. Für die Codierungsregeln siehe S. 105.

Bestimme, ob (zur Anwendbarkeit bei der jeweiligen Substanz siehe Tabelle auf S. 97):

— **Mit Beginn Während der Intoxikation:** Wenn die Kriterien für eine Intoxikation mit der Substanz erfüllt sind und die Symptome sich während des Intoxikationssyndroms entwikkeln.

— **Mit Beginn Während des Entzugs:** Wenn die Kriterien für einen Entzug von der Substanz erfüllt sind und die Symptome sich während oder kurz nach einem Entzugssyndrom entwikkeln.

● Nicht Näher Bezeichnete Psychotische Störung

Diese Kategorie erfaßt psychotische Symptomenbilder (d. h. Wahnphänomene, Halluzinationen, desorganisierte Sprechweise, grob desorganisiertes oder katatones Verhalten), zu denen die Information nicht ausreicht, um eine spezifische Diagnose zu stellen oder über die widersprüchliche Informationen vorliegen, außerdem Störungen mit psychotischen Symptomen, die nicht die Kriterien einer spezifischen Psychotischen Störung erfüllen.

Beispiele sind:
1. Postpartum Psychose, die nicht die Kriterien einer Affektiven Störung mit Psychotischen Merkmalen, einer Kurzen Psychotischen Störung, einer Psychotischen Störung Aufgrund eines Medizinischen Krankheitsfaktors oder einer Substanzinduzierten Psychotischen Störung erfüllt.
2. Psychotische Symptome, die weniger als einen Monat angedauert haben, aber noch nicht vollständig remittiert sind, so daß die Kriterien einer Kurzen Psychotischen Störung nicht erfüllt sind.

3. Anhaltende akustische Halluzinationen bei Fehlen anderer Merkmale.

4. Anhaltende nicht-bizarre Wahnphänomene mit Perioden überlappender affektiver Episoden, die zu einem beträchtlichen Teil zeitlich parallel zu dem wahnhaften Störungsbild bestanden haben.

5. Situationen, in denen der Untersucher zu dem Schluß gekommen ist, daß eine Psychotische Störung vorliegt, aber nicht entscheiden kann, ob die Störung primär ist, auf einen medizinischen Krankheitsfaktor zurückgeht oder substanzinduziert ist.

Affektive Störungen

Dieses Kapitel ist in drei Abschnitte aufgeteilt. Im ersten werden **Episoden affektiver Störungen** beschrieben (Episode einer Major Depression, Manische Episode, Gemischte Episode und Hypomane Episode), die separat an den Anfang dieses Kapitels gesetzt wurden, um die Diagnosestellung der verschiedenen Affektiven Störungen zu vereinfachen. Diese Episoden haben keine eigenen Codierungsziffern und können nicht separat diagnostiziert werden, dienen jedoch als Bausteine für die Störungsdiagnosen. Der zweite Abschnitt enthält die Kriterienlisten für die **Affektiven Störungen** (d. h. Depressive Störungen, Bipolare Störungen, Affektive Störungen Aufgrund eines Medizinischen Krankheitsfaktors, Substanzinduzierte Affektive Störung). Die Kriterienlisten für die meisten Affektiven Störungen erfordern das Vorhandensein oder Fehlen der im ersten Abschnitt dieses Kapitels beschriebenen Episoden affektiver Störungen. Der dritte Abschnitt enthält **Zusatzcodierungen**, die sich entweder auf die letzte Episode oder den Verlauf rezidivierender Episoden beziehen.

Episoden Affektiver Störungen

● Episode einer Major Depression

A. Mindestens fünf der folgenden Symptome bestehen während derselben Zwei-Wochen-Periode und stellen eine Änderung gegenüber der vorher bestehenden Leistungsfähigkeit dar; mindestens eines der Symptome ist entweder (1) depressive Verstimmung oder (2) Verlust an Interesse oder Freude.
Beachte: Symptome, die eindeutig auf einen medizinischen Krankheitsfaktor zurückgehen, oder stimmungsinkongruente Wahnphänomene oder Halluzinationen werden nicht berücksichtigt.
1. Depressive Verstimmung an fast allen Tagen, für die meiste Zeit des Tages, vom Betroffenen selbst berichtet (z. B. fühlt sich traurig oder leer) oder von anderen beobachtet (z. B.

erscheint den Tränen nahe). **Beachte:** kann bei Kindern und Jugendlichen auch reizbare Verstimmung sein.

2. Deutlich vermindertes Interesse oder Freude an allen oder fast allen Aktivitäten, an fast allen Tagen, für die meiste Zeit des Tages (entweder nach subjektivem Ermessen oder von anderen beobachtet).

3. Deutlicher Gewichtsverlust ohne Diät; oder Gewichtszunahme (mehr als 5 % des Körpergewichtes in einem Monat); oder verminderter oder gesteigerter Appetit an fast allen Tagen. **Beachte:** Bei Kindern ist das Ausbleiben der zu erwartenden Gewichtszunahme zu berücksichtigen.

4. Schlaflosigkeit oder vermehrter Schlaf an fast allen Tagen.

5. Psychomotorische Unruhe oder Verlangsamung an fast allen Tagen (durch andere beobachtbar, nicht nur das subjektive Gefühl von Rastlosigkeit oder Verlangsamung).

6. Müdigkeit oder Energieverlust an fast allen Tagen.

7. Gefühle von Wertlosigkeit oder übermäßige oder unangemessene Schuldgefühle (die auch wahnhaftes Ausmaß annehmen können) an fast allen Tagen (nicht nur Selbstvorwürfe oder Schuldgefühle wegen des Krankseins).

8. Verminderte Fähigkeit zu denken oder sich zu konzentrieren oder verringerte Entscheidungsfähigkeit an fast allen Tagen (entweder nach subjektivem Ermessen oder von anderen beobachtet).

9. Wiederkehrende Gedanken an den Tod (nicht nur Angst vor dem Sterben), wiederkehrende Suizidvorstellungen ohne genauen Plan, tatsächlicher Suizidversuch oder genaue Planung eines Suizids.

B. Die Symptome erfüllen nicht die Kriterien einer Gemischten Episode (siehe S. 152).

C. Die Symptome verursachen in klinisch bedeutsamer Weise Leiden oder Beeinträchtigungen in sozialen, beruflichen oder anderen wichtigen Funktionsbereichen.

D. Die Symptome gehen nicht auf die direkte körperliche Wirkung einer Substanz (z. B. Droge, Medikament) oder eines medizinischen Krankheitsfaktors (z. B. Hypothyreose) zurück.

E. Die Symptome können nicht besser durch Einfache Trauer erklärt werden, d. h. nach dem Verlust einer geliebten Person dauern die Symptome länger als zwei Monate an, oder sie sind durch deutliche Funktionsbeeinträchtigungen, krankhafte Wertlosigkeitsvorstellungen, Suizidgedanken, psychotische Symptome oder psychomotorische Verlangsamung charakterisiert.

• Manische Episode

A. Eine mindestens einwöchige (bei Hospitalisierung auch kürzere), abgegrenzte Periode mit abnorm und anhaltend gehobener, expansiver oder reizbarer Stimmung.

B. Während der Periode der Stimmungsveränderung bestehen mindestens drei (bei nur reizbarer Verstimmung mindestens vier) der folgenden Symptome in einem deutlichen Ausmaß:
1. übersteigertes Selbstwertgefühl oder Größenideen,
2. vermindertes Schlafbedürfnis (z.B. fühlt sich nach nur 3 Stunden Schlaf ausgeruht),
3. vermehrte Gesprächigkeit oder Rededrang,
4. Ideenflucht oder subjektives Gefühl des Gedankenrasens,
5. erhöhte Ablenkbarkeit (Aufmerksamkeit wird zu leicht auf irrelevante äußere Reize gelenkt),
6. gesteigerte Betriebsamkeit (im sozialen, beruflichen, schulischen oder sexuellen Bereich) oder psychomotorische Unruhe,
7. übermäßige Beschäftigung mit angenehmen Aktivitäten, die mit hoher Wahrscheinlichkeit unangenehme Konsequenzen nach sich ziehen (z.B. ungezügeltes Einkaufen, sexuelle Eskapaden, törichte geschäftliche Investitionen).

C. Die Symptome erfüllen nicht die Kriterien einer Gemischten Episode (siehe S.152).

D. Die Affektive Störung ist schwer genug, um eine deutliche Beeinträchtigung der beruflichen Leistungsfähigkeit oder der üblichen sozialen Aktivitäten oder Beziehungen zu verursachen oder eine Hospitalisierung zur Abwendung von Selbst- oder Fremdgefährdung erforderlich zu machen, oder es sind psychotische Symptome vorhanden.

E. Die Symptome gehen nicht auf die direkte körperliche Wirkung einer Substanz (z.B. Droge, Medikament, sonstige Behandlungen) oder eines medizinischen Krankheitsfaktors (z.B. Hyperthyreose) zurück.

Beachte: Manieähnliche Episoden, die eindeutig auf somatische antidepressive Behandlung (z. B. Medikamente, Elektrokrampftherapie, Lichttherapie) zurückzuführen sind, werden nicht einer Bipolar I Störung zugerechnet.

- **Gemischte Episode**

A. Die Kriterien für sowohl eine Manische Episode (siehe S. 151) als auch eine Episode einer Major Depression (siehe S. 149) sind, mit Ausnahme des Zeitkriteriums, fast täglich über einen mindestens einwöchigen Zeitraum erfüllt.

B. Die Stimmungsveränderung ist schwer genug, um eine deutliche Beeinträchtigung der beruflichen Funktionsfähigkeit, der sozialen Aktivität oder der zwischenmenschlichen Beziehungen zu verursachen oder eine Hospitalisierung wegen Selbst- oder Fremdgefährdung notwendig zu machen, oder es bestehen psychotische Symptome.

C. Die Symptome gehen nicht auf die direkte körperliche Wirkung einer Substanz (z. B. Droge, Medikament oder andere Therapie) oder eines medizinischen Krankheitsfaktors zurück.

Beachte: Episoden, die Gemischten Episoden ähneln, aber eindeutig durch eine somatische antidepressive Behandlung (Medikation, Elektrokrampftherapie, Lichttherapie) ausgelöst wurden, werden nicht einer Bipolar I Störung zugerechnet.

- **Hypomane Episode**

A. Eine umschriebene Zeitspanne von mindestens vier Tagen mit anhaltend gehobener, expansiver oder reizbarer Stimmung, die sich deutlich von der normalen, nicht-depressiven Stimmungslage unterscheidet.

B. Während der Phase der Stimmungsveränderung bestehen dauerhaft mindestens drei der folgenden Symptome in deutlicher Ausprägung (bei nur reizbarer Verstimmung mindestens vier):
   1. erhöhtes Selbstwertgefühl oder Größenideen,
   2. verringertes Schlafbedürfnis (z. B. fühlt sich nach nur 3 Stunden Schlaf erholt),
   3. vermehrte Gesprächigkeit oder Rededrang,

4. Ideenflucht oder subjektives Gefühl des Gedankenrasens,
5. vermehrte Ablenkbarkeit (Aufmerksamkeit wird zu leicht auf irrelevante Außenreize gelenkt),
6. gesteigerte Betriebsamkeit (im sozialen, beruflichen, schulischen oder sexuellen Bereich) oder psychomotorische Unruhe,
7. übermäßige Beschäftigung mit vermeintlich angenehmen Aktivitäten, die mit hoher Wahrscheinlichkeit negative Konsequenzen nach sich ziehen (wie unkontrollierte Einkaufstouren, sexuelle Eskapaden oder törichte geschäftliche Investitionen).

C. Die Episode geht mit einer eindeutigen und für den Betroffenen uncharakteristischen Veränderung im Verhalten und in der Leistung im Vergleich zu symptomfreien Zeiten einher.

D. Stimmungsveränderungen und Funktionsbeeinträchtigungen sind für andere beobachtbar.

E. Die Episode ist nicht schwer genug, um deutliche soziale oder berufliche Funktionsbeeinträchtigungen zu verursachen oder eine Hospitalisierung erforderlich werden zu lassen, und es bestehen keine psychotischen Symptome.

F. Die Symptome gehen nicht auf die direkte körperliche Wirkung einer Substanz (z. B. Droge, Medikament oder andere Behandlung) oder eines medizinischen Krankheitsfaktors zurück.

Beachte: Hypomanieähnliche Episoden, die eindeutig durch eine antidepressive Behandlung (wie Medikamente, Elektrokrampftherapie, Lichttherapie) ausgelöst wurden, werden nicht einer Bipolar II Störung zugerechnet.

Depressive Störungen

- ### 296.2x (F32.x) Major Depression, Einzelne Episode

A. Vorhandensein einer einzelnen Episode einer Major Depression (siehe S. 149).

B. Die Episode einer Major Depression kann nicht durch eine Schizoaffektive Störung besser erklärt werden und überlagert nicht eine Schizophrenie, Schizophreniforme Störung, Wahnhafte Störung oder Psychotische Störung.

C. In der Anamnese gab es niemals eine Manische Episode (siehe S. 151), eine Gemischte Episode (siehe S. 152) oder eine Hypomane Episode (siehe S. 152). **Beachte:** Dieser Ausschluß gilt nicht, wenn alle einer Manischen, Gemischten oder Hypomanen Episode ähnlichen Symptombilder substanz- oder behandlungsinduziert oder die direkte Folge eines medizinischen Krankheitsfaktors waren.

Bestimme (für die aktuelle oder letzte Episode):
— **Schweregrad/Psychotische Symptome/Remissionsgrad** (siehe S. 172)
— **Chronisch** (siehe S. 175)
— **Mit Katatonen Merkmalen** (siehe S. 175)
— **Mit Melancholischen Merkmalen** (siehe S. 176)
— **Mit Atypischen Merkmalen** (siehe S. 176)
— **Mit Postpartalem Beginn** (siehe S. 177).

Codierhinweis: siehe S. 155 für Codierungsregeln.

● 296.3x (F33.x) Major Depression, Rezidivierend

A. Vorhandensein von zwei oder mehreren Episoden einer Major Depression (siehe S. 149). **Beachte:** Um als separate Episoden zu gelten, muß ein Intervall von mindestens 2 aufeinanderfolgenden Monaten, in denen die Kriterien für eine Episode einer Major Depression nicht erfüllt waren, gegeben sein.

B. Die Episoden einer Major Depression können nicht durch eine Schizoaffektive Störung besser erklärt werden und überlagern nicht eine Schizophrenie, Schizophreniforme Störung, Wahnhafte Störung oder Nicht Näher Bezeichnete Psychotische Störung.

C. In der Anamnese gab es niemals eine Manische Episode (siehe S. 151), eine Gemischte Episode (siehe S. 152) oder eine Hypomane Episode (siehe S. 152). **Beachte:** Dieser Ausschluß gilt nicht, wenn alle einer Manischen, Gemischten oder Hypomanen Episode ähnlichen Symptombilder substanz- oder behandlungsinduziert oder die direkte Folge eines medizinischen Krankheitsfaktors waren.

Bestimme (für die aktuelle oder letzte Episode):
— **Schweregrad/Psychotische Merkmale/Remissionsgrad** (siehe S. 172)
— **Chronisch** (siehe S. 175)
— **Mit Katatonen Merkmalen** (siehe S. 175)
— **Mit Melancholischen Merkmalen** (siehe S. 176)
— **Mit Atypischen Merkmalen** (siehe S. 176)
— **Mit Postpartalem Beginn** (siehe S. 177).

Bestimme:
— **Zusatzcodierung des Langzeitverlaufs (Mit bzw. Ohne Vollremission im Intervall)** (siehe S. 178)
— **Mit Saisonalem Muster** (siehe S. 178).

Codierungsregeln

Die Diagnosecodes für die Major Depression (Einzelne Episode und Rezidivierend) nach ICD-9-CM werden wie folgt ausgewählt:
1. Die ersten drei Ziffern lauten 296.
2. Die vierte Ziffer ist entweder 2 (für eine einzelne Episode einer Major Depression) oder 3 (für rezidivierende Episoden einer Major Depression).
3. Die fünfte Ziffer bezeichnet die Ausprägung: 1 = Leicht, 2 = Mittelschwer, 3 = Schwer ohne Psychotische Merkmale, 4 = Schwer mit Psychotischen Merkmalen, 5 = Teilremittiert, 6 = Vollremittiert, 0 = Unspezifisch. Andere Zusatzcodierungen für die Major Depression können nicht verschlüsselt werden.

Bei der Diagnosestellung sollten die Begriffe wie folgt geordnet werden: Major Depression, Zusatzcodierungen, die mittels der vierten Ziffer beschrieben werden (z. B. Rezidivierend), Zusatzcodierungen, die mittels der fünften Ziffer beschrieben werden (z. B. Leicht, Schwer mit Psychotischen Merkmalen, Teilremittiert), alle Zusatzcodierungen, die die letzte Episode beschreiben (ohne Codenummer) (z. B. Mit Melancholischen Merkmalen, Mit Postpartalem Beginn), alle Zusatzcodierungen, die den Episodenverlauf beschreiben (z. B. Mit Vollremission im Intervall). Beispiel: 296.32 Major Depression, Rezidivierend, Mittelschwer, Mit Atypischen Merkmalen, Mit Saisonalem Muster, Mit Vollremission im Intervall).

Nach ICD-10 wird wie folgt verschlüsselt:

1. Handelt es sich um die erste einzelne depressive Episode, lautet der Code F32. Handelt es sich um eine rezidivierende Depression, lautet der Code F33.

2. An der vierten Stelle (hinter dem Punkt) wird die Ausprägung codiert: 0 = leicht, 1 = mittelschwer, 2 = schwer ohne psychotische Merkmale, 3 = schwer mit psychotischen Merkmalen, 8 = sonstige, 9 = nicht näher bezeichnet.

3. An der fünften Stelle kann ein Teil der Zusatzcodierungen vermerkt werden; z. B. für leichte und mittelschwere die 0 = ohne somatisches Syndrom (ähnlich Mit Melancholischen Merkmalen in DSM-IV) oder 1 = synthyme psychotische Symptome und 1 = parathyme psychotische Symptome.

● **300.4 (F34.1) Dysthyme Störung**

A. Depressive Verstimmung, die die meiste Zeit des Tages an mehr als der Hälfte aller Tage, entweder vom Patienten berichtet oder von anderen beobachtet, über einen mindestens zweijährigen Zeitraum andauert. **Beachte:** Bei Kindern und Heranwachsenden kann reizbare Verstimmung vorliegen, und die Dauer muß mindestens 1 Jahr betragen.

B. Während der depressiven Verstimmung bestehen mindestens zwei der folgenden Symptome:
1. Appetitlosigkeit oder übermäßiges Bedürfnis zu essen,
2. Schlaflosigkeit oder übermäßiges Schlafbedürfnis,
3. Energiemangel oder Erschöpfung,
4. geringes Selbstwertgefühl,
5. Konzentrationsstörungen oder Entscheidungserschwernis,
6. Gefühl der Hoffnungslosigkeit.

C. In der betreffenden Zweijahres-Periode (1 Jahr bei Kindern und Heranwachsenden) gab es keinen Zeitraum von mehr als zwei Monaten ohne Symptome wie unter A. und B. beschrieben.

D. In den ersten zwei Jahren der Störung (ein Jahr bei Kindern und Heranwachsenden) bestand keine Episode einer Major Depression (siehe S. 149), d. h. das Störungsbild wird nicht besser durch eine Chronische oder Teilremittierte Major Depression erklärt.

Beachte: Vor der Entwicklung der Dysthymen Störung kann eine Episode einer Major Depression aufgetreten sein, vorausgesetzt, daß eine vollständige Remission erfolgt ist (also für mindestens zwei Monate keine bedeutsamen Zeichen oder Symptome). Nach den ersten 2 Jahren einer Dysthymen Störung (1 Jahr bei Kindern und Heranwachsenden) können Episoden einer Major Depression eine Dysthyme Störung überlagern. In solchen Fällen können beide Diagnosen gestellt werden, wenn die Kriterien für eine Episode einer Major Depression erfüllt sind.

E. Zu keinem Zeitpunkt ist eine Manische Episode (siehe S. 151), eine Gemischte Episode (siehe S. 152) oder eine Hypomane Episode (siehe S. 152) aufgetreten und die Kriterien für eine Zyklothyme Störung waren niemals erfüllt.

F. Die Störung tritt nicht ausschließlich im Verlauf einer chronischen Psychotischen Störung wie Schizophrenie oder Wahnhafte Störung auf.

G. Die Symptome gehen nicht auf die direkte Wirkung einer Substanz (z. B. Droge, Medikament) oder eines medizinischen Krankheitsfaktors (z. B. Hypothyreose) zurück.

H. Die Symptome verursachen in klinisch bedeutsamer Weise Leiden oder Beeinträchtigungen in sozialen, beruflichen oder anderen wichtigen Funktionsbereichen.

Bestimme, ob:
— **Mit Frühem Beginn:** Beginn der Störung vor Vollendung des 21. Lebensjahres.
— **Mit Spätem Beginn:** Beginn der Störung im Alter von 21 Jahren oder später.

Bestimme (für die jüngste Zweijahres-Periode der Dysthymen Störung):
— **Mit Atypischen Merkmalen** (siehe S. 176).

● 311 (F32.9; F33.9) Nicht Näher Bezeichnete Depressive Störung

In die Kategorie der Nicht Näher Bezeichneten Depressiven Störung fallen alle Störungen mit depressiver Symptomatik, die nicht die Kriterien einer Major Depression, Dysthymen Störung, Anpassungsstörung mit Depressiver Stimmung (siehe S. 249/250) oder Anpassungsstörung mit Angst und Depressiver Stimmung, gemischt, (siehe S. 249/250) erfüllen. Manchmal können depressive Symptome im Rahmen einer Nicht Näher Bezeichneten Angststörung auftreten (siehe S. 196). Nicht Näher Bezeichnete Depressive Störungen sind zum Beispiel:

1. Prämenstruelle dysphorische Störung: Bei der Mehrzahl der Menstruationszyklen des vergangenen Jahreszeitraums traten während der letzten Woche der Lutealphase Symptome (wie deutliche depressive Verstimmung, vermehrte Ängstlichkeit, deutliche Stimmungsschwankungen, vermindertes Interesse an Aktivitäten) auf, die jeweils innerhalb einiger Tage nach Einsetzen der Menstruation nachließen. Die Symptome müssen schwer genug sein, um deutliche Beeinträchtigungen im beruflichen oder schulischen Umfeld oder bei üblichen Aktivitäten zu verursachen. Nach der Menstruation muß für die Dauer mindestens einer Woche völlige Symptomfreiheit bestehen (siehe Anhang B in DSM-IV für Vorgeschlagene Forschungskriterien).

2. Leichte depressive Störung: Episoden depressiver Symptomatik von mindestens zweiwöchiger Dauer, aber weniger als fünf der für Major Depression definierten Kriterien (siehe Anhang B in DSM-IV für Vorgeschlagene Forschungskriterien).

3. Rezidivierende kurze depressive Störung: Episoden depressiver Symptomatik von zwei Tagen bis zu zwei Wochen Dauer, die in einem 12-Monatszeitraum mindestens einmal pro Monat auftreten (nicht im Zusammenhang mit dem Menstruationszyklus) (siehe Anhang B in DSM-IV für Vorgeschlagene Forschungskriterien).

4. Postpsychotische Depression bei Schizophrenie: Eine Episode einer Major Depression, die in der Residualphase einer Schizophrenie auftritt (siehe Anhang B in DSM-IV für Vorgeschlagene Forschungskriterien).

5. Eine Episode einer Major Depression, die eine Wahnhafte Störung, Nicht Näher Bezeichnete Psychotische Störung oder die Akutphase einer Schizophrenie überlagert.

6. Symptomkonstellationen, die klinisch als depressive Störung einzuordnen sind, bei denen aber nicht festgestellt werden kann, ob sie primär sind, auf einen medizinischen Krankheitsfaktor zurückgehen oder durch eine Substanz induziert sind.

Bipolare Störungen

Bipolar I Störung

Es werden 6 einzelne Kriterienlisten für die Bipolar I Störung aufgeführt: Einzelne Manische Episode, Letzte Episode Hypoman, Letzte Episode Manisch, Letzte Episode Gemischt, Letzte Episode Depressiv und Letzte Episode Unspezifisch. Bipolar I Störung, Einzelne Episode Manisch wird benutzt, um Personen zu beschreiben, die eine erste Episode einer Manie haben. Die übrigen Kriterienlisten werden benutzt, um die Art der aktuellen oder letzten Episode bei Personen zu beschreiben, die rezidivierende Episoden affektiver Störungen haben.

- **296.0x (F30.1; F30.2) Bipolar I Störung, Einzelne Manische Episode**

A. Auftreten einer einzelnen Manischen Episode (siehe S. 151), keine Episoden einer Major Depression in der Vorgeschichte.
   Beachte: Rezidivierend wird definiert als entweder ein Polaritätswechsel ausgehend von einer Depression oder ein Intervall von mindestens 2 Monaten ohne manische Symptome.

B. Die Manische Episode kann nicht besser durch eine Schizoaffektive Störung erklärt werden und überlagert nicht eine Schizophrenie, Schizophreniforme Störung, Wahnhafte Störung oder Nicht Näher Bezeichnete Psychotische Störung.

Bestimme, ob:
- **Gemischt:** Die Symptome erfüllen die Kriterien für eine Gemischte Episode (siehe S. 152).

Bestimme (für die aktuelle oder letzte Episode):
— **Schweregrad/Psychotische Merkmale/Remissionsgrad** (siehe S. 173)
— **Mit Katatonen Merkmalen** (siehe S. 175)
— **Mit Postpartalem Beginn** (siehe S. 177).

● **296.40 (F31.0) Bipolar I Störung,**
   Letzte Episode Hypoman

A. Aktuelle (oder letzte) Episode Hypoman (siehe S. 152).
B. Mindestens eine Manische Episode (siehe S. 151) oder Gemischte Episode (siehe S. 152) in der Anamnese.
C. Die affektiven Symptome verursachen in klinisch bedeutsamer Weise Leiden oder Beeinträchtigungen in sozialen, beruflichen oder anderen wichtigen Funktionsbereichen.
D. Die affektiven Episoden aus A und B können nicht besser durch eine Schizoaffektive Störung erklärt werden und überlagern nicht eine Schizophrenie, Schizophreniforme Störung, Wahnhafte Störung oder Nicht Näher Bezeichnete Psychotische Störung.

Bestimme:
— **Zusatzcodierungen des Langzeitverlaufs (Mit bzw. Ohne Vollremission im Intervall)** (siehe S. 178)
— **Mit Saisonalem Muster** (gilt nur für Episoden einer Major Depression) (siehe S. 178)
— **Mit Rapid Cycling** (siehe S. 179).

● **296.4x (F31.1; F31.2x) Bipolar I Störung,**
   Letzte Episode Manisch

A. Aktuelle (oder letzte) Episode Manisch (siehe S. 151).
B. Mindestens eine Episode einer Major Depression (siehe S. 149), eine Manische Episode (siehe S. 151) oder eine Gemischte Episode (siehe S. 152) in der Anamnese.
C. Die affektiven Episoden in A und B können nicht besser durch eine Schizoaffektive Störung erklärt werden und überlagern nicht eine Schizophrenie, Schizophreniforme Störung, Wahn-

hafte Störung oder Nicht Näher Bezeichnete Psychotische Störung.

Bestimme (für die aktuelle oder letzte Episode):
— **Schweregrad/Psychotische Merkmale/Remissionsgrad** (siehe S. 173)
— **Mit Katatonen Merkmalen** (siehe S. 175)
— **Mit Postpartalem Beginn** (siehe S. 177).

Bestimme:
— **Zusatzcodierungen des Langzeitverlaufs** (Mit bzw. Ohne Vollremission im Intervall) (siehe S. 178)
— **Mit Saisonalem Muster** (gilt nur für Episoden einer Major Depression) (siehe S. 178)
— **Mit Rapid Cycling** (siehe S. 179).

● **296.6x (F31.6) Bipolar I Störung, Letzte Episode Gemischt**

A. Aktuelle (oder letzte) Episode Gemischt (siehe S. 152).
B. Mindestens eine Episode einer Major Depression (siehe S. 149), eine Manische Episode (siehe S. 151) oder eine Gemischte Episode (siehe S. 152) in der Anamnese.
C. Die affektiven Episoden in A und B können nicht besser durch eine Schizoaffektive Störung erklärt werden und überlagern nicht eine Schizophrenie, Schizophreniforme Störung, Wahnhafte Störung oder Nicht Näher Bezeichnete Psychotische Störung.

Bestimme für die aktuelle oder letzte Episode:
— **Schweregrad/Psychotische Merkmale/Remissionsgrad** (siehe S. 174)
— **Mit Katatonen Merkmalen** (siehe S. 175)
— **Mit Postpartalem Beginn** (siehe S. 175).

Bestimme:
— **Zusatzcodierungen des Langzeitverlaufs** (Mit bzw. Ohne Vollremission im Intervall) (siehe S. 178)
— **Mit Saisonalem Muster** (gilt nur für Episoden einer Major Depression) (siehe S. 178)

— Mit Rapid Cycling (siehe S. 179).

● **296.5x (F31.3; F31.4; F31.5) Bipolar I Störung,**
Letzte Episode Depressiv

A. Aktuell (oder zuletzt) Episode einer Major Depression (siehe S. 149).
B. Mindestens eine Manische Episode (siehe S. 151) oder Gemischte Episode (siehe S. 152) in der Anamnese.
C. Die affektiven Episoden in A und B können nicht besser durch eine Schizoaffektive Störung erklärt werden und überlagern nicht eine Schizophrenie, Schizophreniforme Störung, Wahnhafte Störung oder Nicht Näher Bezeichnete Psychotische Störung.

Bestimme für aktuelle oder letzte Episode:
— **Schweregrad/Psychotische Merkmale/Remissionsgrad** (siehe S. 172)
— **Chronisch** (siehe S. 175)
— **Mit Katatonen Merkmalen** (siehe S. 175)
— **Mit Melancholischen Merkmalen** (siehe S. 176)
— **Mit Atypischen Merkmalen** (siehe S. 176)
— **Mit Postpartalem Beginn** (siehe S. 177).

Bestimme:
— **Zusatzcodierungen des Langzeitverlaufs (Mit bzw. Ohne Vollremission im Intervall)** (siehe S. 178)
— **Mit Saisonalem Muster** (gilt nur für Episoden einer Major Depression) (siehe S. 178)
— **Mit Rapid Cycling** (siehe S. 179).

● **296.7 (F31.9) Bipolar I Störung,**
Letzte Episode Unspezifisch

A. Die aktuelle (oder letzte) Episode erfüllt (außer dem Zeitkriterium) die Symptomkriterien für eine Manische Episode (siehe S. 151), eine Hypomane Episode (siehe S. 152), eine Gemischte Episode (siehe S. 152) oder eine Episode einer Major Depression (siehe S. 149).

B. Mindestens eine Manische Episode (siehe S. 151) oder Gemischte Episode (siehe S. 152) in der Vorgeschichte.

C. Die Affektive Symptomatik verursacht in klinisch bedeutsamer Weise Leiden oder Beeinträchtigungen in sozialen, beruflichen oder anderen wichtigen Funktionsbereichen.

D. Die affektiven Symptome aus A und B können nicht besser durch eine Schizoaffektive Störung erklärt werden und überlagern nicht eine Schizophrenie, Schizophreniforme Störung, Wahnhafte Störung oder Nicht Näher Bezeichnete Psychotische Störung.

E. Die affektiven Symptome aus A und B gehen nicht auf die direkte Wirkung einer Substanz (z. B. Droge, Medikament oder andere Behandlung) oder eines medizinischen Krankheitsfaktors (z. B. Hyperthyreose) zurück.

Bestimme:

— **Zusatzcodierungen des Langzeitverlaufs (Mit bzw. Ohne Vollremission im Intervall)** (siehe S. 178)
— **Mit Saisonalem Muster** (gilt nur bei Episoden einer Major Depression) (siehe S. 178)
— **Mit Rapid Cycling** (siehe S. 179).

Codierungsregeln

Die Diagnosecodes für die Bipolar I Störung nach ICD-9-CM werden wie folgt ausgewählt:

1. Die ersten drei Ziffern lauten 296.
2. Die vierte Ziffer ist 0 bei einer einzelnen Manischen Episode. Bei rezidivierenden Episoden bezeichnet die vierte Ziffer die derzeitige oder letzte Episode: 4 bei Hypomaner oder Manischer Episode, 5 für eine Episode einer Major Depression, 6 für eine Gemischte Episode, 7 für eine Unspezifische Episode.
3. Die fünfte Ziffer (außer bei Bipolar I Störungen, Letzte Episode Hypoman und Bipolar I Störung, letzte Episode unspezifisch) bezeichnet den Ausprägungsgrad: 1 Leicht, 2 Mittelschwer, 3 Schwer ohne Psychotische Merkmale, 4 Schwer mit Psychotischen Merkmalen, 5 Teilremittiert, 6 Vollremittiert, 0 Unspezifisch. Bei der Bipolar I Störung, letzte Episode Hypo-

man, ist die fünfte Ziffer immer 0. Bei der Bipolar I Störung, letzte Episode Unspezifisch, gibt es keine fünfte Ziffer.

Bei der Diagnosestellung sollten die Begriffe wie folgt geordnet werden: Bipolar I Störung, Zusatzcodierungen, die mittels der vierten Ziffer beschrieben werden (z. B. Letzte Episode Manisch), Zusatzcodierungen, die mittels der fünften Ziffer beschrieben werden (z. B. Leicht, Schwer mit Psychotischen Merkmalen, Teilremittiert), alle Zusatzcodierungen, die die letzte Episode beschreiben (ohne Codenummer) (z. B. Mit Melancholischen Merkmalen, Mit Postpartalem Beginn), alle Zusatzcodierungen, die den Episodenverlauf beschreiben (z. B. Mit Rapid Cycling). Beispiel: 296.54 Bipolar I Störung, Letzte Episode Depressiv, Schwer mit Psychotischen Merkmalen, Mit Melancholischen Merkmalen, Mit Rapid Cycling.

Beachte, daß die Diagnose als 296.0x Bipolar I Störung, Einzelne Manische Episode, Gemischt, verschlüsselt wird, wenn eine einzelne Episode einer Bipolar I Störung eine Gemischte Episode ist.

Nach ICD-10 wird wie folgt verschlüsselt:
1. Bei einer einzelnen manischen Episode (ohne depressive Episode) ist der Code F30.1 = ohne psychotische Symptome, F30.2 = mit psychotischen Symptomen oder F30.8 = „sonstige" bzw. F30.9 = „nicht näher bezeichnet" zu verwenden.
2. Bei depressiven oder gemischten Episoden in der Vorgeschichte ist aufgrund der derzeitigen (letzten) Episode zu wählen: F31.1 = gegenwärtig manische Episode ohne psychotische Symptome, F31.2 = mit psychotischen Merkmalen, F31.3 = gegenwärtig mittelgradige oder leichte Depression, F31.4 = gegenwärtig schwere Depression ohne psychotische Symptome, F31.5 = gegenwärtig schwere Depression mit psychotischen Symptomen bzw. F31.6 gegenwärtig gemischte Episode.
3. Zusätzlich kann für F31.2 an der 5. Stelle codiert werden, ob 0 = synthym oder 1 = parathym, für F31.3, ob 0 = ohne oder 1 = mit somatischem Syndrom oder für F31.5, ob synthym = 0 oder parathym = 1.

Beachte! Nicht alle Unterformen bzw. Zusatzcodierungen lassen sich in der ICD-10 mit den F-Codierungen verschlüsseln!

- **296.89 (F31.0; F31.8) Bipolar II Störung**

A. Aktuell (oder in der Anamnese) eine oder mehrere Episoden einer Major Depression (siehe S. 149).

B. Aktuell (oder in der Anamnese) mindestens eine Hypomane Episode (siehe S. 152).

C. Keine Manische Episode (siehe S. 151) oder Gemischte Episode (siehe S. 152) in der Anamnese.

D. Die affektiven Symptome aus A und B können nicht durch eine Schizoaffektive Störung besser erklärt werden und überlagern nicht eine Schizophrenie, Schizophreniforme Störung, Wahnhafte Störung oder Nicht Näher Bezeichnete Psychotische Störung.

E. Die Symptome verursachen in klinisch bedeutsamer Weise Leiden oder Beeinträchtigungen in sozialen, beruflichen oder anderen wichtigen Funktionsbereichen.

Bestimme für die aktuelle oder letzte Episode:
— **Hypoman:** Aktuelle (oder letzte) Episode ist eine Hypomane Episode (siehe S. 152).
— **Depressiv:** Aktuelle (oder letzte) Episode ist eine Episode einer Major Depression (siehe S. 149).

Bestimme für eine aktuelle Episode einer Major Depression (bzw. wenn die letzte Episode eine depressive war):
— **Schweregrad/Psychotische Merkmale/Remissionsgrad** (siehe S. 152). **Beachte:** Der fünfstellige Diagnoseschlüssel, wie auf Seite 163 definiert, kann hier nicht verwendet werden, weil der Diagnoseschlüssel der Bipolar II Störung alle fünf Stellen belegt.
— **Chronisch** (siehe S. 175)
— **Mit Katatonen Merkmalen** (siehe S. 175)
— **Mit Melancholischen Merkmalen** (siehe S. 176)
— **Mit Atypischen Merkmalen** (siehe S. 176)
— **Mit Postpartalem Beginn** (siehe S. 177).

Bestimme:
— **Zusatzcodierungen des Langzeitverlaufs** (Mit oder Ohne Vollremission im Intervall) (siehe S. 178)

— Mit Saisonalem Muster (gilt nur für Episoden von Major Depression) (siehe S. 178)
— Mit Rapid Cycling (siehe S. 179).

● **301.13 (F34.0) Zyklothyme Störung**

A. Für die Dauer von mindestens zwei Jahren bestehen zahlreiche Perioden mit hypomanen Symptomen (siehe S. 152) und zahlreiche Perioden mit depressiven Symptomen, die nicht die Kriterien einer Episode einer Major Depression erfüllen. **Beachte:** Bei Kindern und Heranwachsenden muß die Dauer 1 Jahr betragen.

B. Während dieser Zweijahres-Periode (1 Jahr bei Kindern und Heranwachsenden) bestand nicht länger als zwei Monate Symptomfreiheit gemäß Kriterium A.

C. Während der ersten zwei Jahre der Störung bestand keine Episode einer Major Depression (siehe S. 149), Manische Episode (siehe S. 151) oder Gemischte Episode (siehe S. 152). **Beachte:** Wenn nach den ersten zwei Jahren einer Zyklothymen Störung (1 Jahr bei Kindern und Heranwachsenden) Manische oder Gemischte Episoden die Störung überlagern, kann zusätzlich eine Bipolar I Störung diagnostiziert werden. Bei überlagernden Episoden einer Major Depression nach dem ersten Zweijahreszeitraum kann zusätzlich eine Bipolar II Störung diagnostiziert werden.

D. Die Symptome aus Kriterium A können nicht besser durch eine Schizoaffektive Störung erklärt werden und überlagern nicht eine Schizophrenie, Schizophreniforme Störung, Wahnhafte Störung oder Nicht Näher Bezeichnete Psychotische Störung.

E. Die Symptome gehen nicht auf die direkte körperliche Wirkung einer Substanz (z. B. Droge, Medikament) oder eines medizinischen Krankheitsfaktors zurück.

F. Die Symptome verursachen in klinisch bedeutsamer Weise Leiden oder Beeinträchtigungen in sozialen, beruflichen oder anderen wichtigen Funktionsbereichen.

- **296.80 (F31.8; F31.9) Nicht Näher Bezeichnete Bipolare Störung**

Unter die Nicht Näher Bezeichnete Bipolare Störung fallen Störungen mit bipolaren Merkmalen, die nicht die Kriterien für eine spezifische Bipolare Störung erfüllen. Beispiele sind:

1. Sehr rascher Wechsel (binnen Tagen) zwischen manischen und depressiven Symptomen, die nicht die Zeitkriterien einer Manischen Episode oder einer Episode einer Major Depression erfüllen (F31.8).
2. Rezidivierende Hypomane Episoden ohne dazwischenliegende depressive Symptomatik (F31.8).
3. Manische oder Gemischte Episoden, die eine Wahnhafte Störung, ein schizophrenes Residuum oder eine Nicht Näher Bezeichnete Psychotische Störung überlagern (F31.9).
4. Zustandsbilder, die klinisch wie eine Bipolare Störung erscheinen, bei denen aber nicht unterschieden werden kann, ob die Störung primär ist, auf einen medizinischen Krankheitsfaktor zurückgeht oder durch eine Substanz induziert ist (F31.9).

Andere Affektive Störungen

- **293.83 (F06.3x) Affektive Störung Aufgrund von ...**
  [Benenne den Medizinischen Krankheitsfaktor]

A. Das klinische Bild wird bestimmt durch eine ausgeprägte und anhaltende Störung des Affekts, die sich in einem oder beiden der folgenden Merkmale zeigt:
   1. depressive Verstimmung oder deutlich vermindertes Interesse oder verminderte Freude an allen oder fast allen Aktivitäten,
   2. gehobene, expansive oder reizbare Stimmung.
B. Nach Anamnese, körperlicher Untersuchung und Laborbefunden ist die Störung als direkte Folge eines medizinischen Krankheitsfaktors belegt.
C. Das Störungsbild kann nicht besser durch eine andere psychische Störung erklärt werden (z. B. Anpassungsstörung mit De-

pressiver Stimmung als Reaktion auf die Belastung, den medizinischen Krankheitsfaktor zu haben).

D. Die Störung tritt nicht ausschließlich im Verlauf eines Delirs auf.

E. Die Symptome verursachen in klinisch bedeutsamer Weise Leiden oder Beeinträchtigungen in sozialen, beruflichen oder anderen wichtigen Funktionsbereichen.

Bestimme den Typus:

— **Mit Depressiven Merkmalen:** Die vorherrschende Stimmung ist depressiv, aber die Kriterien einer Episode einer Major Depression sind nicht vollständig erfüllt.

— **Mit Major Depression-Ähnlicher Episode:** Die vollständigen Kriterien für eine Episode einer Major Depression (außer Kriterium D) sind erfüllt (Kriterien siehe S. 149).

— **Mit Manischen Merkmalen:** Die vorherrschende Stimmung ist gehoben, euphorisch oder reizbar.

— **Mit Gemischten Merkmalen:** Es bestehen sowohl manische als auch depressive Symptome, aber keine von beiden herrschen vor.

Codierhinweis: Auf Achse I wird die Bezeichnung des medizinischen Krankheitsfaktors dokumentiert (z. B. 293.83 Affektive Störung Aufgrund von Hypothyreose, Mit Depressiven Merkmalen), auf Achse III wird der Diagnoseschlüssel des medizinischen Krankheitsfaktors codiert (Diagnoseschlüssel siehe Anhang G).

Codierhinweis: Wenn depressive Symptome im Rahmen einer bereits bestehenden Demenz auftreten, werden sie durch Angabe der entsprechenden Zusatzcodierungen der Demenz dokumentiert (z. B. 290.21 Demenz vom Alzheimer Typ, Mit Spätem Beginn, Mit Depressiver Stimmung).

● **(F1x.x) Substanzinduzierte Affektive Störung**

A. Das klinische Bild wird bestimmt durch eine ausgeprägte und anhaltende Stimmungsveränderung, die durch eines oder beide der folgenden Merkmale charakterisiert ist:

1. depressive Verstimmung oder deutlich reduziertes Interesse oder reduzierte Freude an allen oder fast allen Aktivitäten,

2. gehobene, expansive oder gereizte Verstimmung.

B. Vorgeschichte, körperliche Untersuchung oder Laborbefunde belegen entweder (1) oder (2):

   1. die Symptome aus Kriterium A entwickeln sich während oder innerhalb eines Monats nach Substanzintoxikation oder -Entzug,

   2. es besteht ein ätiologischer Zusammenhang zwischen einer Medikamenteneinnahme und der Störung.

C. Die Störung kann nicht besser durch eine nicht-substanzinduzierte Affektive Störung erklärt werden. Das Vorliegen einer der folgenden Konstellationen kann darauf hinweisen, daß eine nicht-substanzinduzierte Affektive Störung vorliegt: Das Auftreten der Symptome liegt vor dem Beginn des Substanzkonsums oder der Medikamenteneinnahme; die Symptome halten längere Zeit (etwa einen Monat) nach dem Ende eines akuten Entzugs oder einer schweren Intoxikation an oder gehen, gemessen an den Eigenschaften oder der Dosierung der Substanz oder der Einnahmedauer, erheblich über das zu erwartende Maß hinaus; andere Anhaltspunkte (z. B. rezidivierende Episoden einer Major Depression in der Vorgeschichte), lassen auf das Vorliegen einer eigenständigen, nicht-substanzinduzierten Affektiven Störung schließen.

D. Die Störung tritt nicht ausschließlich während eines Delirs auf.

E. Die Symptome verursachen in klinisch bedeutsamer Weise Leiden oder Beeinträchtigungen in sozialen, beruflichen oder anderen wichtigen Funktionsbereichen.

Beachte: Diese Diagnose sollte nur dann anstelle der Diagnosen Substanzintoxikation oder Substanzentzug gestellt werden, wenn die affektive Symptomatik über das bei der Intoxikation mit oder dem Entzug von der jeweiligen Substanz zu erwartende Maß deutlich hinausgeht und schwer genug ist, um für sich allein genommen klinische Beachtung zu rechtfertigen.

Codiere [Spezifische Substanz]induzierte Affektive Störung:
- 291.8 (F10.8) Alkohol; 292.84 (F15.8) Amphetamin [oder Amphetaminähnliche Substanz]; 292.84 (F14.8) Kokain; 292.84 (F16.8) Halluzinogen; 292.84 (F18.8) Inhalans; 292.84 (F11.8) Opiat; 292.84 (F19.8) Phencyclidin [oder Phencyclidinähnliche Substanz]; 292.84 (F13.8) Sedativum,

Hypnotikum oder Anxiolytikum; 292.84 (F19.8) Andere oder Unbekannte Substanz.

Codierhinweis: Andere somatische Behandlungsformen (z. B. Elektrokrampftherapie) sind wie „Andere Substanz" zu verschlüsseln. Siehe S. 105 für Codierungsregeln.

Bestimme den Typus:
— **Mit Depressiven Merkmalen:** bei vorherrschend depressiver Verstimmung.
— **Mit Manischen Merkmalen:** bei vorherrschend gehobener, euphorischer oder reizbarer Verstimmung.
— **Mit Gemischten Merkmalen:** Wenn sowohl manische wie auch depressive Symptome vorhanden sind, aber keines von beiden vorherrscht.

Bestimme, ob (siehe Tab. S. 97):
— **Mit Beginn Während der Intoxikation:** Wenn die Kriterien für eine Intoxikation mit der jeweiligen Substanz erfüllt sind und die Symptome während des Intoxikationssyndroms auftreten.
— **Mit Beginn Während des Entzugs:** Wenn die Kriterien für einen Entzug von der jeweiligen Substanz erfüllt sind und die Symptome während oder kurz nach dem Entzugssyndrom auftreten.

• 296.90 (F39; F38.xx) Nicht Näher Bezeichnete Affektive Störung

Diese Kategorie umfaßt Störungen mit affektiven Symptomen, die nicht die Kriterien für eine spezifische Affektive Störung erfüllen und bei denen keine Entscheidung zwischen Nicht Näher Bezeichneter Depressiver Störung und Nicht Näher Bezeichneter Bipolarer Störung getroffen werden kann, (z. B. beim akuten Erregungszustand).

Zusatzcodierungen für die letzte Episode

Folgende Zusatzcodierungen werden für die aktuelle (oder letzte) Episode einer affektiven Störung angegeben: Schweregrad/Psychotische Merkmale/Remissionsgrad, Chronisch, Mit Katatonen Merkmalen, Mit Atypischen Merkmalen und Mit Postpartalem Beginn. Die Zusatzcodierungen, die Schweregrad, Remissionsgrad und Psychotische Merkmale kennzeichnen, werden bei den meisten Affektiven Störungen auf der 5. Stelle des Diagnoseschlüssels angegeben. Die übrigen Zusatzcodierungen können nicht verschlüsselt werden. Tabelle 1 zeigt, welche Zusatzcodierungen für die Episoden bei der jeweiligen Affektiven Störung angegeben werden können.

Tabelle 1: Episodenzusatzcodierungen, die auf Affektive Störungen zutreffen

	Schweregrad/ Psychotisch/ Remissionsgrad	Chronisch	Mit Katatonen Merkmalen	Mit Melancholischen Merkmalen	Mit Atypischen Merkmalen	Mit Postpartalem Beginn
Major Depression						
– Einzelepisode	x	x	x	x	x	x
– Rezidivierend	x	x	x	x	x	x
Dysthyme Störung					x	
Bipolar I Störung						
– Einzelne Manische Episode	x		x			x
– Letzte Episode Hypoman						
– Letzte Episode Manisch	x		x			x
– Letzte Episode Gemischt	x		x			x
– Letzte Episode Depressiv	x	x	x	x	x	x
– Letzte Episode Unspezifisch						
Bioplar II Störung						
– Hypoman						
– Depressiv	x	x	x	x	x	x
Zyklothyme Störung						

- **Zusatzcodierungen für Schweregrad/Psychotische Merkmale/Remissionsgrad für die aktuelle (oder letzte) Episode einer Major Depression**

Beachte: Verschlüsselung an der fünften Stelle. Wird bei Major Depression und Bipolar I oder II Störung auf die zuletzt aufgetretene Depressive Episode nur dann angewendet, wenn dies gleichzeitig die zuletzt aufgetretene affektive Episode ist.

— .x1 – **Leicht:** Die Anzahl der erforderlichen Symptomkriterien ist gerade erreicht oder wird knapp überschritten. Die Symptome führen nur zu einer geringen Beeinträchtigung der beruflichen Leistungsfähigkeit oder sozialer Aktivitäten und Beziehungen.

— .x2 – **Mittelschwer:** Symptome oder Funktionsbeeinträchtigungen liegen zwischen Leicht und Schwer.

— .x3 – **Schwer ohne Psychotische Merkmale:** Es bestehen mehr Symptome, als für die Diagnosestellung erforderlich wäre, **und** die Symptome führen zu einer deutlichen Beeinträchtigung der beruflichen Leistungsfähigkeit oder der üblichen sozialen Aktivitäten und Beziehungen.

— .x4 – **Schwer mit Psychotischen Merkmalen:** Wahn oder Halluzinationen. Bestimme, wenn möglich, ob die psychotischen Merkmale stimmungskongruent oder stimmungsinkongruent sind:

  — **Stimmungskongruente Psychotische Merkmale:** Der Inhalt von Wahn oder Halluzinationen stimmt mit den typischen depressiven Themen von persönlicher Unzulänglichkeit, Schuld, Krankheit, Tod, Nihilismus oder verdienter Strafe überein.

  — **Stimmungsinkongruente Psychotische Merkmale:** Der Inhalt von Wahn oder Halluzinationen bezieht sich nicht auf die typischen depressiven Themen von persönlicher Unzulänglichkeit, Schuld, Krankheit, Tod, Nihilismus oder verdienter Strafe. Zu den inkongruenten Merkmalen gehören der (nicht-depressive) Verfolgungswahn, die Gedankeneingebung, die Gedankenausbreitung und der Kontrollwahn.

— .x5 – **Teilremittiert:** Die vorhandenen depressiven Restsymptome erfüllen nicht mehr die vollständigen Kriterien einer

Episode einer Major Depression oder es besteht nach dem Ende einer Episode einer Major Depression ein weniger als zweimonatiger Zeitraum ohne deutliche Symptome. Wenn die Episode einer Major Depression eine Dysthyme Störung überlagert hat und die Kriterien für eine Episode einer Major Depression nicht mehr erfüllt sind, wird nur noch eine Dysthyme Störung diagnostiziert.

— **.x6 – Vollremittiert:** In den vergangenen zwei Monaten waren keine deutlichen depressiven Anzeichen oder Symptome vorhanden.

— **.x0 – Unspezifisch.**

• **Zusatzcodierungen für Schweregrad/Psychotische Merkmale/Remissionsgrad für die aktuelle (oder letzte) Manische Episode**

Beachte: Codierung auf der fünften Stelle. Wird für eine Manische Episode bei Bipolar I Störung nur verwendet, wenn dies gleichzeitig die zuletzt aufgetretene affektive Episode ist.

— **.x1 – Leicht:** Die minimalen Symptomkriterien für eine Manische Episode sind erfüllt.

— **.x2 – Mittelschwer:** Extreme Aktivitätssteigerung oder reduziertes Urteilsvermögen.

— **.3x – Schwer ohne Psychotische Merkmale:** Zur Abwendung von Selbst- oder Fremdgefährdung ist nahezu durchgehende Beaufsichtigung erforderlich.

— **.x4 – Schwer mit Psychotischen Merkmalen:** Wahn oder Halluzinationen. Bestimme, wenn möglich, ob die psychotischen Merkmale stimmungskongruent oder stimmungsinkongruent sind:

  – **Stimmungskongruente Psychotische Merkmale:** Der Inhalt von Wahn oder Halluzinationen stimmt mit den typischen manischen Themen von übersteigertem Selbstwert, Macht, Wissen, Identität oder einer besonderen Beziehung zu einer Gottheit oder berühmten Person überein.

  – **Stimmungsinkongruente Psychotische Merkmale:** Die Inhalte von Wahn oder Halluzinationen beziehen sich nicht auf die typischen manischen Themen von gesteigertem

Selbstwert, Macht, Wissen, Identität oder einer besonderen Beziehung zu einer Gottheit oder berühmten Person. Hierzu gehören ein Verfolgungswahn (der nicht direkt auf Größenideen bezogen ist), die Gedankeneingebung und der Kontrollwahn.

— **.5x – Teilremittiert:** Die vorhandenen manischen Restsymptome erfüllen nicht die Kriterien einer Manischen Episode, oder es besteht nach dem Ende der Manischen Episode ein Zeitraum ohne deutliche Symptome von weniger als zwei Monaten.

— **.x6 – Vollremittiert:** In den vergangenen zwei Monaten bestanden keine deutlichen Zeichen oder Symptome der Störung.

— **.x0 – Unspezifisch.**

● **Zusatzcodierungen für Schweregrad/Psychotische Merkmale/Remissionsgrad für die Gemischte Episode**

Beachte: Verschlüsselung auf der fünften Stelle. Wird auf eine Gemischte Episode bei Bipolar I Störung nur angewendet, wenn dies gleichzeitig die zuletzt aufgetretene affektive Episode ist.

— **.x1 – Leicht:** Nur die minimalen Symptomkriterien für eine Manische Episode und eine Episode einer Major Depression sind erfüllt.

— **.x2 – Mittelschwer:** Die Symptome oder Beeinträchtigungen liegen zwischen Leicht und Schwer.

— **.3x – Schwer ohne Psychotische Merkmale:** Eine nahezu durchgehende Beaufsichtigung ist erforderlich, um Selbst- oder Fremdgefährdung abzuwenden.

— **.x4 – Schwer mit Psychotischen Merkmalen:** Wahn oder Halluzinationen. Bestimme, wenn möglich, ob die psychotischen Merkmale stimmungskongruent oder stimmungsinkongruent sind:

— **Stimmungskongruente Psychotische Merkmale:** Der Inhalt von Wahn oder Halluzinationen stimmt mit den typischen manischen oder depressiven Themen überein.

— **Stimmungsinkongruente Psychotische Merkmale:** Wahn oder Halluzinationen haben keine typisch manische oder depressive Thematik. Hierzu gehören Symptome wie ein Verfolgungswahn, der nicht auf Größenideen oder depressive Themen bezogen ist, die Gedankeneingebung und der Wahn des Gemachten.

— .5x – **Teilremittiert:** Die vorhandenen Restsymptome erfüllen nicht mehr die vollständigen Kriterien einer Gemischten Episode oder der Zeitraum ohne deutliche Symptome nach dem Ende einer Gemischten Episode liegt noch unter zwei Monaten.

— .x6 – **Vollremittiert:** In den vergangenen zwei Monaten waren keine deutlichen Anzeichen oder Symptome der Störung vorhanden.

— .x0 – **Unspezifisch**

● **Zusatzcodierung für Chronizität**

Bestimme, ob:
— **Chronisch** (kann auf die aktuelle oder letzte Depressive Episode bei Major Depression und Bipolar I oder II Störung nur angewendet werden, wenn dies gleichzeitig die zuletzt aufgetretene affektive Episode ist).

Die vollständigen Kriterien für eine Episode einer Major Depression wurden in den vergangenen zwei Jahren durchgehend erfüllt.

● **Zusatzcodierung für Mit Katatonen Merkmalen**

Bestimme, ob:
— **Mit Katatonen Merkmalen** (kann auf die aktuelle oder letzte Depressive, Manische oder Gemischte Episode bei Major Depression, Bipolar I Störung oder Bipolar II Störung angewendet werden).

Das klinische Bild wird beherrscht von mindestens zwei der folgenden Symptome:

1. Motorische Hemmung in Form von Katalepsie (einschließlich wächserner Biegsamkeit) oder Stupor.
2. Gesteigerte motorische Aktivität (die offensichtlich sinnlos und nicht durch äußere Reize beeinflußt ist).

3. Extremer Negativismus (ein offensichtlich grundloser Widerstand gegen alle Aufforderungen oder Einnahme einer rigiden Körperhaltung mit Widerstand gegen äußere Bewegungsversuche) oder Mutismus.
4. Bizarre Willkürbewegungen (in Form von inadäquaten oder sonderbaren Körperhaltungen, stereotypen Bewegungen, ausgeprägten Manierismen oder ausgeprägtem Grimassieren).
5. Echolalie oder Echopraxie.

● **Zusatzcodierung für Mit Melancholischen Merkmalen**

Bestimme, ob:
— **Mit Melancholischen Merkmalen** (kann auf die aktuelle oder letzte Depressive Episode bei Major Depression und Bipolar I oder II Störung nur angewendet werden, wenn dies gleichzeitig die zuletzt aufgetretene affektive Episode ist).
A. In der schwersten Periode der aktuellen Episode besteht eines der folgenden Symptome:
   1. Verlust von Freude an allen oder fast allen Aktivitäten.
   2. Fehlende Aufhellbarkeit auf normalerweise angenehme Außenreize (der Betroffene fühlt sich auch nicht vorübergehend besser, wenn sich etwas Erfreuliches ereignet).
B. Mindestens drei der folgenden Symptome:
   1. Besondere Qualität der depressiven Verstimmung (d. h. sie wird als deutlich verschieden von der Trauer über den Verlust einer geliebten Person empfunden).
   2. Morgentief.
   3. Früherwachen (mindestens zwei Stunden vor der gewohnten Aufwachzeit).
   4. Deutliche psychomotorische Hemmung oder Erregung.
   5. Deutliche Appetitlosigkeit und Gewichtsverlust.
   6. Übermäßige oder unangenehme Schuldgefühle.

● **Zusatzcodierung für Mit Atypischen Merkmalen**

Bestimme, ob:
— **Mit Atypischen Merkmalen** (kann angewendet werden, wenn die folgenden Symptome in den letzten zwei Wochen einer

Depressiven Episode bei Major Depression oder Bipolar I oder Bipolar II Störung vorherrschten, vorausgesetzt, daß die Depressive Episode gleichzeitig die zuletzt aufgetretene affektive Episode ist, oder wenn diese Merkmale während der letzten zwei Jahre einer Dysthymen Störung vorherrschten).

A. Affektive Reagibilität (d. h. Aufhellbarkeit der Stimmung auf tatsächliche oder erwartete positive Ereignisse).

B. Mindestens zwei der folgenden Symptome:
   1. Deutliche Gewichtszunahme oder gesteigerter Appetit.
   2. Hypersomnie.
   3. Bleierne Schwere in Armen oder Beinen.
   4. Seit langem bestehende (und nicht nur auf Episoden einer Affektiven Störung beschränkte) Überempfindlichkeit gegenüber Zurückweisungen, die zu deutlichen sozialen oder beruflichen Beeinträchtigungen führt.

C. Die Kriterien für Mit Melancholischen Merkmalen oder Mit Katatonen Merkmalen dürfen nicht während derselben Episode erfüllt sein.

● **Zusatzcodierung für Mit Postpartalem Beginn**

Bestimme, ob:
— **Mit Postpartalem Beginn** (kann auf die aktuelle oder letzte Depressive, Manische oder Gemischte Episode bei Major Depression, Bipolar I Störung oder Bipolar II Störung sowie bei der Kurzen Psychotischen Störung angewendet werden):

Beginn der Episode innerhalb von vier Wochen nach der Entbindung.

Zusatzcodierung für die Verlaufsbeschreibung bei rezidivierenden Episoden

Die Zusatzcodierung zur Verlaufsbeschreibung bei rezidivierenden Episoden sind: Zusatzcodierungen des Langzeitverlaufs (Mit bzw. Ohne Vollremission im Intervall), Mit Saisonalem Muster und Mit Rapid Cycling. Diese Zusatzcodierungen können nicht verschlüsselt werden. Aus Tabelle 2 geht hervor, welche Verlaufszusatzcodierung bei der jeweiligen Affektiven Störung vorliegen kann (siehe S. 180).

● Zusatzcodierungen des Langzeitverlaufs

Bestimme, ob: (kann bei Rezidivierender Major Depression, Bipolar I Störung und Bipolar II Störung angewendet werden)
— **Mit Vollremission im Intervall:** Wenn zwischen den beiden zuletzt aufgetretenen affektiven Episoden eine vollständige Remission erreicht wurde.
— **Ohne Vollremission im Intervall:** Wenn zwischen den beiden zuletzt aufgetretenen affektiven Episoden keine vollständige Remission erreicht wurde.

Die vier unten aufgeführten Abbildungen zeigen typische Verläufe:

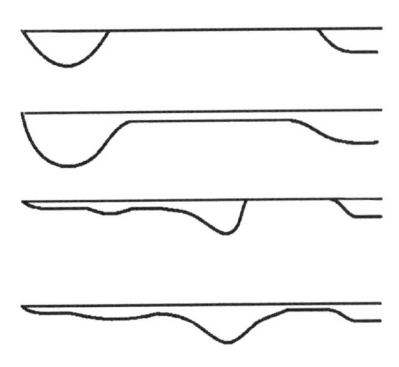

A. Rezidivierend mit Vollremission im Intervall, ohne Dysthyme Störung

B. Rezidivierend ohne Vollremission im Intervall, ohne Dysthyme Störung

C. Rezidivierend mit Vollremission im Intervall, überlagert von Dysthymer Störung (codiere auch 300.4)

D. Rezidivierend ohne Vollremission im Intervall, überlagert von Dysthymer Störung (codiere auch 300.4)

● Zusatzcodierung für Mit Saisonalem Muster

Bestimme, ob:
— **Mit Saisonalem Muster** (kann auf Depressive Episoden bei Bipolar I Störung, Bipolar II Störung oder Rezidivierender Major Depression angewendet werden).

A. Es besteht ein regelmäßiger zeitlicher Zusammenhang zwischen dem Auftreten von Depressiven Episoden bei Bipolar I oder II Störung oder Rezidivierender Major Depression und einer bestimmten Jahreszeit (z. B. regelmäßiges Auftreten einer Episode einer Major Depression im Herbst oder im Winter).
Beachte: Fälle mit offensichtlichem Einfluß von saisonal bedingten psychosozialen Belastungsfaktoren werden nicht gewertet (z. B. regelmäßige Arbeitslosigkeit im Winter).

B. Vollständige Remission (oder ein Wechsel von Depression zu Manie oder Hypomanie) treten ebenfalls zu einer bestimmten Jahreszeit auf (z. B. die Depression remittiert regelmäßig im Frühling).

C. In den vergangenen zwei Jahren sind zwei Episoden einer Major Depression mit saisonaler Abhängigkeit gemäß den Kriterien A und B aufgetreten; in diesem Zeitraum sind keine nicht-saisonabhängigen Episoden einer Major Depression aufgetreten.

D. Die Gesamtzahl der saisonabhängigen Episoden einer Major Depression (wie oben beschrieben), geht im Langzeitverlauf der betroffenen Person deutlich über die Gesamtzahl der nicht-saisonabhängigen Episoden einer Major Depression hinaus.

• Zusatzcodierung für Mit Rapid Cycling

Bestimme, ob:
— Mit Rapid Cycling (kann auf Bipolar I Störungen oder Bipolar II Störungen angewendet werden).
Mindestens vier Episoden einer affektiven Störung in den vergangenen 12 Monaten, die die Kriterien für eine Manische, Gemischte oder Hypomane Episode oder eine Episode einer Major Depression erfüllen.

Beachte: Die Episoden sind entweder durch eine zweimonatige Remission voneinander abgegrenzt oder durch einen Wechsel zu einer Episode mit entgegengesetzter Polarität (z. B. von Depressiver Episode zu Manischer Episode).

Tabelle 2: Verlaufszusatzcodierungen, die auf Affektive Störungen zutreffen

	Mit/Ohne Vollremission im Intervall	Saisonales Muster	Rapid Cycling
Major Depression			
– Einzelepisode			
– Rezidivierend	x	x	
Dysthyme Störung			
Bipolar I Störung			
– Einzelne Manische Episode			
– Letzte Episode Hypoman	x	x	x
– Letzte Episode Manisch	x	x	x
– Letzte Episode Gemischt	x	x	x
– Letzte Episode Depressiv	x	x	x
– Letzte Episode Unspezifisch	x	x	x
Bipolar II Störung			
– Hypoman	x	x	x
– Depressiv	x	x	x
Zyklothyme Störung			

Angststörungen

Da Panikattacken und Agoraphobie im Zusammenhang mit mehreren Störungen dieses Kapitels auftreten, werden die Kriterienlisten für eine Panikattacke und für Agoraphobie zu Beginn des Kapitels separat aufgeführt. Sie haben keine eigenen Codierungsziffern und können nicht einzeln diagnostiziert werden.

• Panikattacke

Beachte: Eine Panikattacke ist keine codierbare Störung. Codiert wird die spezifische Diagnose, innerhalb der die Panikattacken auftreten (z. B. 300.21 (F40.01) Panikstörung mit Agoraphobie (S. 183).

Eine klar abgrenzbare Episode intensiver Angst und Unbehagens, bei der mindestens 4 der nachfolgend genannten Symptome abrupt auftreten und innerhalb von 10 Minuten einen Höhepunkt erreichen:

1. Palpitationen, Herzklopfen oder beschleunigter Herzschlag,
2. Schwitzen,
3. Zittern oder Beben,
4. Gefühl der Kurzatmigkeit oder Atemnot,
5. Erstickungsgefühle,
6. Schmerzen oder Beklemmungsgefühle in der Brust,
7. Übelkeit oder Magen-Darm-Beschwerden,
8. Schwindel, Unsicherheit, Benommenheit oder der Ohnmacht nahe sein,
9. Derealisation (Gefühl der Unwirklichkeit) oder Depersonalisation (sich losgelöst fühlen),
10. Angst, die Kontrolle zu verlieren oder verrückt zu werden,
11. Angst zu sterben,
12. Parästhesien (Taubheit oder Kribbelgefühle),
13. Hitzewallungen oder Kälteschauer.

• Agoraphobie

Beachte: Agoraphobie ist keine codierbare Störung. Codiert wird die spezifische Störung, bei der Agoraphobie auftritt (z. B. 300.21

(F40.01) Panikstörung mit Agoraphobie, S.183 oder 300.22
(F40.00) Agoraphobie ohne Panikstörung in der Vorgeschichte,
S.184).

A. Angst, an Orten zu sein, von denen eine Flucht schwierig (oder
peinlich) sein könnte oder wo im Falle einer unerwarteten oder
durch die Situation begünstigten Panikattacke oder panikarti-
ger Symptome Hilfe nicht erreichbar sein könnte. Agorapho-
bische Ängste beziehen sich typischerweise auf charakteristische
Muster von Situationen: z. B. alleine außer Haus zu sein, in
einer Menschenmenge zu sein, in einer Schlange zu stehen,
auf einer Brücke zu sein, Reisen im Bus, Zug oder Auto.
Beachte: Alternativ müssen die Diagnosen Spezifische Phobie,
wenn das Vermeidungssverhalten nur auf eine oder wenige spezifische Situationen begrenzt ist, oder Soziale Phobie, wenn
die Vermeidung auf soziale Situationen beschränkt ist, in Betracht gezogen werden.

B. Die Situationen werden vermieden (z. B. das Reisen wird eingeschränkt), oder sie werden nur mit deutlichem Unbehagen
oder mit Angst vor dem Auftreten einer Panikattacke oder panikähnlicher Symptome durchgestanden bzw. können nur in
Begleitung aufgesucht werden.

C. Die Angst oder das phobische Vermeidungsverhalten werden
nicht durch eine andere psychische Störung besser erklärt, wie
Soziale Phobie (z. B. die Vermeidung ist aus Angst vor Peinlichkeiten auf soziale Situationen beschränkt), Spezifische Phobie (z. B. die Vermeidung ist beschränkt auf einzelne Situationen, wie z. B. Fahrstuhl), Zwangsstörung (z. B. Vermeidung
von Schmutz aus zwanghafter Angst vor Kontamination), Posttraumatische Belastungsstörung (z. B. Vermeidung von Reizen,
die mit einer schweren belastenden Situation assoziiert sind)
oder Störung mit Trennungsangst (z. B. es wird vermieden, das
Zuhause oder die Angehörigen zu verlassen).

● 300.01 (F41.0) Panikstörung ohne Agoraphobie

A. Sowohl (1) als auch (2):
 1. wiederkehrende unerwartete Panikattacken (siehe S.181),

2. bei mindestens einer der Attacken folgte mindestens ein Monat mit mindestens einem der nachfolgend genannten Symptome:

a) anhaltende Besorgnis über das Auftreten weiterer Panikattacken,

b) Sorgen über die Bedeutung der Attacke oder ihre Konsequenzen (z. B. die Kontrolle zu verlieren, einen Herzinfarkt zu erleiden, verrückt zu werden),

c) deutliche Verhaltensänderung infolge der Attacken.

B. Es liegt keine Agoraphobie vor (siehe S. 181).

C. Die Panikattacken gehen nicht auf die direkte körperliche Wirkung einer Substanz (z. B. Droge, Medikament) oder eines medizinischen Krankheitsfaktors (z. B. Hyperthyreose) zurück.

D. Die Panikattacken werden nicht durch eine andere psychische Störung besser erklärt, wie z. B. Soziale Phobie (Panikattacken nur bei Konfrontation mit gefürchteten sozialen Situationen), Spezifische Phobie (Panikattacken nur bei Konfrontation mit spezifischer phobischer Situation), Zwangsstörung (Panikattacken nur bei Konfrontation mit Schmutz bei zwanghafter Angst vor Kontamination), Posttraumatische Belastungsstörung (Panikattacken nur als Reaktion auf Reize, die mit einer schweren, belastenden Situation assoziiert sind) oder Störung mit Trennungsangst (Panikattacken als Reaktion auf die Abwesenheit von zu Hause oder engen Angehörigen).

- **300.21 (F40.01) Panikstörung mit Agoraphobie**

A. Sowohl (1) als auch (2):

1. wiederkehrende unerwartete Panikattacken (siehe S. 181),

2. auf mindestens eine der Attacken folgte mindestens ein Monat mit mindestens einem der nachfolgend genannten Symptome:

a) anhaltende Besorgnis über das Auftreten weiterer Panikattacken,

b) Sorgen über die Bedeutung der Attacke oder ihre Konsequenzen (z. B. die Kontrolle zu verlieren, einen Herzinfarkt zu erleiden, verrückt zu werden),

c) deutliche Verhaltensänderung infolge der Attacken.

B. Es liegt eine Agoraphobie vor (siehe S. 181).

C. Die Panikattacken gehen nicht auf die direkte körperliche Wirkung einer Substanz (z. B. Droge, Medikament) oder eines medizinischen Krankheitsfaktors (z. B. Hyperthyreose) zurück.

D. Die Panikattacken werden nicht durch eine andere psychische Störung besser erklärt, wie z. B. Soziale Phobie (Panikattacken nur bei Konfrontation mit gefürchteten sozialen Situationen), Spezifische Phobie (Panikattacken nur bei Konfrontation mit spezifischer phobischer Situation), Zwangsstörung (Panikattacken nur bei Konfrontation mit Schmutz bei zwanghafter Angst vor Kontamination), Posttraumatische Belastungsstörung (Panikattacken nur als Reaktion auf Reize, die mit einer schweren, belastenden Situation assoziiert sind) oder Störung mit Trennungsangst (Panikattacken als Reaktion auf die Abwesenheit von zu Hause oder von engen Angehörigen).

● 300.22 (F40.00) Agoraphobie ohne Panikstörung in der Vorgeschichte

A. Es liegt eine Agoraphobie (siehe S. 181) vor, die sich auf die Angst vor dem Auftreten panikähnlicher Symptome bezieht (z. B. Benommenheit oder Durchfall).

B. Die Kriterien für eine Panikstörung (siehe S. 183) waren nie erfüllt.

C. Das Störungsbild geht nicht auf die direkte körperliche Wirkung einer Substanz (z. B. Droge, Medikament) oder eines medizinischen Krankheitsfaktors zurück.

D. Falls ein medizinischer Krankheitsfaktor vorliegt, so ist die unter Kriterium A beschriebene Angst deutlich ausgeprägter, als dies normalerweise bei diesem medizinischen Krankheitsfaktor zu erwarten wäre.

● 300.29 (F40.2) Spezifische Phobie (*vormals* Einfache Phobie)

A. Ausgeprägte und anhaltende Angst, die übertrieben oder unbegründet ist, und die durch das Vorhandensein oder die Erwartung eines spezifischen Objekts oder einer spezifischen Situation ausgelöst wird (z. B. Fliegen, Höhen, Tiere, eine Spritze bekommen, Blut sehen).

B. Die Konfrontation mit dem phobischen Reiz ruft fast immer eine unmittelbare Angstreaktion hervor, die das Erscheinungsbild einer situationsgebundenen oder einer situationsbegünstigten Panikattacke annehmen kann. **Beachte:** Bei Kindern kann sich die Angst in Form von Weinen, Wutanfällen, Erstarren oder Anklammern ausdrücken.

C. Die Person erkennt, daß die Angst übertrieben oder unbegründet ist. **Beachte:** Bei Kindern darf dieses Merkmal fehlen.

D. Die phobischen Situationen werden gemieden bzw. nur unter starker Angst oder starkem Unbehagen ertragen.

E. Das Vermeidungsverhalten, die ängstliche Erwartungshaltung oder das Unbehagen in den gefürchteten Situationen schränkt deutlich die normale Lebensführung der Person, ihre berufliche (oder schulische) Leistung oder sozialen Aktivitäten oder Beziehungen ein, oder die Phobie verursacht erhebliches Leiden für die Person.

F. Bei Personen unter 18 Jahren hält die Phobie über mindestens sechs Monate an.

G. Die Angst, Panikattacken oder das phobische Vermeidungsverhalten, die mit dem spezifischen Objekt oder der spezifischen Situation assoziiert sind, werden nicht besser durch eine andere psychische Störung erklärt, wie z. B. Zwangsstörung (z. B. Angst vor Schmutz bei Personen, die die Vorstellung haben, kontaminiert zu werden), Posttraumatische Belastungsstörung (z. B. Vermeidung von Reizen, die mit dem Trauma assoziiert sind) oder Störung mit Trennungsangst (z. B. Vermeidung von Schulbesuchen), Soziale Phobie (z. B. Vermeidung sozialer Situationen aus Angst vor Peinlichkeiten), Panikstörung mit Agoraphobie oder Agoraphobie ohne Panikstörung in der Vorgeschichte.

Bestimme den Typus:

— **Tier-Typus:** wenn die Angst durch Tiere oder Insekten ausgelöst wird. Dieser Subtypus beginnt im allgemeinen im Kindesalter.

— **Umwelt-Typus:** wenn die Angst durch natürliche Umweltphänomene wie beispielsweise Stürme, Höhen oder Wasser ausgelöst wird. Dieser Subtypus beginnt im allgemeinen im Kindesalter.

— **Blut-Spritzen-Verletzungs-Typus:** wenn die Angst durch den Anblick von Blut oder einer Verletzung oder durch eine Injektion oder eine andere invasive medizinische Prozedur ausgelöst wird. Dieser Subtypus tritt familiär deutlich gehäuft auf und ist oft durch eine starke vasovagonale Reaktion gekennzeichnet.

— **Situativer Typus:** wenn die Angst durch spezifische Situationen wie öffentliche Verkehrsmittel, Tunnel, Brücken, Fahrstühle, Fliegen, Autofahren oder geschlossene Räume ausgelöst wird. Dieser Subtypus hat eine bimodale Alterskurve für den Störungsbeginn mit einem Gipfel in der Kindheit und einem weiteren Gipfel Mitte der zwanziger Lebensjahre. Dieser Subtypus ähnelt bezüglich der Merkmale Geschlechterverteilung, familiäre Häufung und Alter bei Störungsbeginn der Panikstörung mit Agoraphobie.

— **Anderer Typus:** wenn die Angst durch andere Reize ausgelöst wird. Diese können die Angst vor bzw. die Vermeidung von Situationen umfassen, die zu Ersticken, Erbrechen oder zum Erwerb einer Krankheit führen könnten; „Fallphobie" (d. h. die Person hat Angst zu fallen, wenn Mauern oder andere Stützen fehlen) sowie die Angst von Kindern vor lauten Geräuschen oder verkleideten Personen).

• 300.23 (F40.1) Soziale Phobie (Soziale Angststörung)

A. Eine ausgeprägte und anhaltende Angst vor einer oder mehreren sozialen oder Leistungssituationen, in denen die Person mit unbekannten Personen konfrontiert ist oder von anderen Personen beurteilt werden könnte. Der Betroffene befürchtet, ein Verhalten (oder Angstsymptome) zu zeigen, das demütigend oder peinlich sein könnte. **Beachte:** Bei Kindern muß gewährleistet sein, daß sie im Umgang mit bekannten Personen über die altersentsprechende soziale Kompetenz verfügen, und die Angst muß gegenüber Gleichaltrigen und nicht nur in der Interaktion mit Erwachsenen auftreten.

B. Die Konfrontation mit der gefürchteten sozialen Situation ruft fast immer eine unmittelbare Angstreaktion hervor, die das Erscheinungsbild einer situationsgebundenen oder einer situationsbegünstigten Panikattacke annehmen kann. **Beachte:** Bei Kindern kann sich die Angst durch Weinen, Wutanfälle, Erstarren oder Zurückweichen von sozialen Situationen mit unvertrauten Personen ausdrücken.

C. Die Person erkennt, daß die Angst übertrieben oder unbegründet ist. **Beachte:** Bei Kindern darf dieses Kriterium fehlen.

D. Die gefürchteten sozialen oder Leistungssituationen werden vermieden oder nur unter intensiver Angst oder Unwohlsein ertragen.

E. Das Vermeidungsverhalten, die ängstliche Erwartungshaltung oder das starke Unbehagen in den gefürchteten sozialen oder Leistungssituationen beeinträchtigen deutlich die normale Lebensführung der Person, ihre berufliche (oder schulische) Leistung oder soziale Aktivitäten oder Beziehungen, oder die Phobie verursacht erhebliches Leiden.

F. Bei Personen unter 18 Jahren hält die Phobie über mindestens 6 Monate an.

G. Die Angst oder Vermeidung geht nicht auf die direkte körperliche Wirkung einer Substanz (z. B. Droge, Medikament) oder eines medizinischen Krankheitsfaktors zurück und kann nicht besser durch eine andere psychische Störung (z. B. Panikstörung mit oder ohne Agoraphobie, Störung mit Trennungsangst, Körperdysmorphe Störung, Tiefgreifende Entwicklungsstörung oder Schizoide Persönlichkeitsstörung) erklärt werden.

H. Falls ein medizinischer Krankheitsfaktor oder eine andere psychische Störung vorliegen, so stehen diese nicht in Zusammenhang mit der unter Kriterium A beschriebenen Angst, z. B. nicht Angst vor Stottern, Zittern bei Parkinsonscher Erkrankung oder, bei Anorexia Nervosa oder Bulimia Nervosa, ein abnormes Eßverhalten zu zeigen.

Bestimme, ob:

— **Generalisiert:** Wenn die Angst fast alle sozialen Situationen betrifft (z. B. Unterhaltungen zu beginnen oder aufrechtzuerhalten, an kleineren Gruppen teilzunehmen, Verabredungen einzugehen, mit Autoritätspersonen zu sprechen, Parties zu besuchen). **Beachte:** ziehe auch die zusätzliche Diagnose einer Vermeidend-Selbstunsicheren Persönlichkeitsstörung in Betracht).

● **300.3 (F42.x) Zwangsstörung**

A. Entweder Zwangsgedanken oder Zwangshandlungen:
   Zwangsgedanken, wie durch (1), (2), (3) und (4) definiert:
   1. Wiederkehrende und anhaltende Gedanken, Impulse oder Vorstellungen, die zeitweise während der Störung als aufdringlich und unangemessen empfunden werden, und die ausgeprägte Angst oder Unbehagen hervorrufen.
   2. Die Gedanken, Impulse oder Vorstellungen sind nicht nur übertriebene Sorgen über reale Lebensprobleme.
   3. Die Person versucht, diese Gedanken, Impulse oder Vorstellungen zu ignorieren oder zu unterdrücken, oder sie mit Hilfe anderer Gedanken oder Tätigkeiten zu neutralisieren.
   4. Die Person erkennt, daß die Zwangsgedanken, -impulse oder -vorstellungen ein Produkt des eigenen Geistes sind (nicht von außen auferlegt wie bei Gedankeneingebung).
   Zwangshandlungen, wie durch (1) und (2) definiert:
   1. Wiederholte Verhaltensweisen (z. B. Händewaschen, Ordnen, Kontrollieren) oder gedankliche Handlungen (z. B. Beten, Zählen, Wörter leise Wiederholen), zu denen sich die Person als Reaktion auf einen Zwangsgedanken oder aufgrund von streng zu befolgenden Regeln gezwungen fühlt.
   2. Die Verhaltensweisen oder die gedanklichen Handlungen dienen dazu, Unwohlsein zu verhindern oder zu reduzieren oder gefürchteten Ereignissen oder Situationen vorzubeugen; diese Verhaltensweisen oder gedanklichen Handlungen stehen jedoch in keinem realistischen Bezug zu dem, was sie zu neutralisieren oder zu verhindern versuchen, oder sie sind deutlich übertrieben.

B. Zu irgendeinem Zeitpunkt im Verlauf der Störung hat die Person erkannt, daß die Zwangsgedanken oder Zwangshandlungen übertrieben oder unbegründet sind. **Beachte:** Dies muß bei Kindern nicht der Fall sein.

C. Die Zwangsgedanken oder Zwangshandlungen verursachen erhebliche Belastung, sind zeitaufwendig (benötigen mehr als 1 Stunde pro Tag) oder beeinträchtigen deutlich die normale Tagesroutine der Person, ihre beruflichen (oder schulischen) Funktionen oder die üblichen Aktivitäten und Beziehungen.

D. Falls eine andere Achse I-Störung vorliegt, so ist der Inhalt der Zwangsgedanken oder Zwangshandlungen nicht auf diese beschränkt (z. B. starkes Beschäftigtsein mit Essen bei Vorliegen einer Eßstörung, Haareausziehen bei Vorliegen einer Trichotillomanie, Sorgen über das Erscheinungsbild bei Vorliegen einer Körperdysmorphen Störung, starkes Beschäftigtsein mit Drogen bei Vorliegen einer Störung im Zusammenhang mit Psychotropen Substanzen, starkes Beschäftigtsein mit einer schweren Krankheit bei Vorliegen einer Hypochondrie, starkes Beschäftigtsein mit sexuellen Bedürfnissen oder Phantasien bei Vorliegen einer Paraphilie, Grübeln über Schuld bei Vorliegen einer Major Depression).

E. Das Störungsbild geht nicht auf die direkte körperliche Wirkung einer Substanz (z. B. Droge, Medikament) oder eines medizinischen Krankheitsfaktors zurück.

Bestimme, ob:

— **Mit Wenig Einsicht:** Wenn die Person während der meisten Zeit der aktuellen Episode nicht erkennt, daß die Zwangsgedanken und Zwangshandlungen übertrieben oder unbegründet sind. (**Beachte:** ICD-10 unterscheidet an der 4. Stelle Zwangsstörungen danach, ob eher Zwangsgedanken, -handlungen oder eine Mischung vorliegt. Für jede dieser Unterformen ist eine gesonderte Diagnoseschlüsselung angegeben.)

● **309.81 (F43.1) Posttraumatische Belastungsstörung**

A. Die Person wurde mit einem traumatischen Ereignis konfrontiert, bei dem die beiden folgenden Kriterien vorhanden waren:
  1. Die Person erlebte, beobachtete oder war mit einem oder mehreren Ereignissen konfrontiert, die tatsächlichen oder drohenden Tod oder ernsthafte Verletzung oder eine Gefahr

der körperlichen Unversehrtheit der eigenen Person oder anderer Personen beinhalteten.

2. Die Reaktion der Person umfaßte intensive Furcht, Hilflosigkeit oder Entsetzen. **Beachte:** Bei Kindern kann sich dies auch durch aufgelöstes oder agitiertes Verhalten äußern.

B. Das traumatische Ereignis wird beharrlich auf mindestens eine der folgenden Weisen wiedererlebt:

1. wiederkehrende und eindringliche belastende Erinnerungen an das Ereignis, die Bilder, Gedanken oder Wahrnehmungen umfassen können. **Beachte:** Bei jüngeren Kindern können Spiele auftreten, in denen wiederholt Themen oder Aspekte des Traumas ausgedrückt werden,

2. wiederkehrende, belastende Träume von dem Ereignis. **Beachte:** Bei Kindern können stark beängstigende Träume ohne wiedererkennbaren Inhalt auftreten,

3. Handeln oder Fühlen, als ob das traumatische Ereignis wiederkehrt (beinhaltet das Gefühl, das Ereignis wiederzuerleben, Illusionen, Halluzinationen und dissoziative Flashback-Episoden, einschließlich solcher, die beim Aufwachen oder bei Intoxikationen auftreten). **Beachte:** Bei jüngeren Kindern kann eine traumaspezifische Neuinszenierung auftreten,

4. intensive psychische Belastung bei der Konfrontation mit internalen oder externalen Hinweisreizen, die einen Aspekt des traumatischen Ereignisses symbolisieren oder an Aspekte desselben erinnern,

5. körperliche Reaktionen bei der Konfrontation mit internalen oder externalen Hinweisreizen, die einen Aspekt des traumatischen Ereignisses symbolisieren oder an Aspekte desselben erinnern.

C. Anhaltende Vermeidung von Reizen, die mit dem Trauma verbunden sind, oder eine Abflachung der allgemeinen Reagibilität (vor dem Trauma nicht vorhanden). Mindestens drei der folgenden Symptome liegen vor:

1. bewußtes Vermeiden von Gedanken, Gefühlen oder Gesprächen, die mit dem Trauma in Verbindung stehen,

2. bewußtes Vermeiden von Aktivitäten, Orten oder Menschen, die Erinnerungen an das Trauma wachrufen,

3. Unfähigkeit, einen wichtigen Aspekt des Traumas zu erinnern,

4. deutlich vermindertes Interesse oder verminderte Teilnahme an wichtigen Aktivitäten,
5. Gefühl der Losgelöstheit oder Entfremdung von anderen,
6. eingeschränkte Bandbreite des Affekts (z. B. Unfähigkeit, zärtliche Gefühle zu empfinden),
7. Gefühl einer eingeschränkten Zukunft (z. B. erwartet nicht, Karriere, Ehe, Kinder oder normal langes Leben zu haben).

D. Anhaltende Symptome erhöhten Arousals (vor dem Trauma nicht vorhanden). Mindestens zwei der folgenden Symptome liegen vor:
1. Schwierigkeiten, ein- oder durchzuschlafen,
2. Reizbarkeit oder Wutausbrüche,
3. Konzentrationsschwierigkeiten,
4. übermäßige Wachsamkeit (Hypervigilanz),
5. übertriebene Schreckreaktion.

E. Das Störungsbild (Symptome unter Kriterium B, C und D) dauert länger als 1 Monat an.

F. Das Störungsbild verursacht in klinisch bedeutsamer Weise Leiden oder Beeinträchtigungen in sozialen, beruflichen oder anderen wichtigen Funktionsbereichen.

Bestimme, ob:
— **Akut:** Wenn die Symptome weniger als 3 Monate andauern.
— **Chronisch:** Wenn die Symptome mehr als 3 Monate andauern.

Bestimme, ob:
— **Mit Verzögertem Beginn:** Wenn der Beginn der Symptome mindestens 6 Monate nach dem Belastungsfaktor liegt.

● 308.3 (F43.0) Akute Belastungsstörung

A. Die Person wurde mit einem traumatischen Ereignis konfrontiert, bei dem die beiden folgenden Kriterien erfüllt waren:
1. Die Person erlebte, beobachtete oder war mit einem oder mehreren Ereignissen konfrontiert, die den tatsächlichen oder drohenden Tod oder eine ernsthafte Verletzung oder Gefahr der körperlichen Unversehrtheit der eigenen Person oder anderer Personen beinhalteten.

2. Die Reaktion der Person umfaßte intensive Furcht, Hilflosigkeit oder Entsetzen.

B. Entweder während oder nach dem extrem belastenden Ereignis zeigte die Person mindestens drei der folgenden dissoziativen Symptome:

   1. subjektives Gefühl von emotionaler Taubheit, von Losgelöstsein oder Fehlen emotionaler Reaktionsfähigkeit,
   2. Beeinträchtigung der bewußten Wahrnehmung der Umwelt (z. B. „wie betäubt sein"),
   3. Derealisationserleben,
   4. Depersonalisationserleben,
   5. dissoziative Amnesie (z. B. Unfähigkeit, sich an einen wichtigen Aspekt des Traumas zu erinnern).

C. Das traumatische Ereignis wird ständig auf mindestens eine der folgenden Arten wiedererlebt: wiederkehrende Bilder, Gedanken, Träume, Illusionen, Flashback-Episoden oder das Gefühl, das Trauma wiederzuerleben oder starkes Leiden bei Reizen, die an das Trauma erinnern.

D. Deutliche Vermeidung von Reizen, die an das Trauma erinnern (z. B. Gedanken, Gefühle, Gespräche, Aktivitäten, Orte oder Personen).

E. Deutliche Symptome von Angst oder erhöhtem Arousal (z. B. Schlafstörungen, Reizbarkeit, Konzentrationsschwierigkeiten, Hypervigilanz, übertriebene Schreckreaktion, motorische Unruhe).

F. Die Störung verursacht in klinisch bedeutsamer Weise Leiden oder Beeinträchtigungen in sozialen, beruflichen oder anderen wichtigen Funktionsbereichen oder beeinträchtigt die Fähigkeit der Person, notwendige Aufgaben zu bewältigen, z. B. notwendige Unterstützung zu erhalten oder zwischenmenschliche Ressourcen zu erschließen, indem z. B. Familienmitgliedern über das Trauma berichtet wird.

G. Die Störung dauert mindestens 2 Tage und höchstens 4 Wochen und tritt innerhalb von 4 Wochen nach dem traumatischen Ereignis auf.

H. Das Störungsbild geht nicht auf die direkte körperliche Wirkung einer Substanz (z. B. Droge, Medikament) oder eines medizinischen Krankheitsfaktors zurück, wird nicht besser durch eine Kurze Psychotische Störung erklärt und beschränkt sich nicht auf die Verschlechterung einer bereits vorher bestehenden Achse I- oder Achse II-Störung.

● **300.02 (F41.1) Generalisierte Angststörung (einschließlich Störung mit Überängstlichkeit in der Kindheit)**

A. Übermäßige Angst und Sorge (furchtsame Erwartung) bezüglich mehrerer Ereignisse oder Tätigkeiten (wie etwa Arbeit oder Schulleistungen), die während mindestens 6 Monaten an der Mehrzahl der Tage auftraten.

B. Die Person hat Schwierigkeiten, die Sorgen zu kontrollieren.

C. Die Angst und Sorge sind mit mindestens drei der folgenden 6 Symptome verbunden (wobei zumindest einige der Symptome in den vergangenen 6 Monaten an der Mehrzahl der Tage vorlagen). **Beachte:** Bei Kindern genügt ein Symptom.
    1. Ruhelosigkeit oder ständiges „auf dem Sprung sein",
    2. leichte Ermüdbarkeit,
    3. Konzentrationsschwierigkeiten oder Leere im Kopf,
    4. Reizbarkeit,
    5. Muskelspannung,
    6. Schlafstörungen (Ein- oder Durchschlafschwierigkeiten oder unruhiger, nicht erholsamer Schlaf).

D. Die Angst und Sorgen sind nicht auf Merkmale einer Achse I-Störung beschränkt, z. B. die Angst und Sorgen beziehen sich nicht darauf, eine Panikattacke zu haben (wie bei Panikstörung), sich in der Öffentlichkeit zu blamieren (wie bei Sozialer Phobie), verunreinigt zu werden (wie bei Zwangsstörung), von zu Hause oder engen Angehörigen weit entfernt zu sein (wie bei Störung mit Trennungsangst), zuzunehmen (wie bei Anorexia Nervosa), viele körperliche Beschwerden zu haben (wie bei Somatisierungsstörung) oder eine ernsthafte Krankheit zu haben (wie bei Hypochondrie), und die Angst und die Sorge treten nicht ausschließlich im Verlauf einer Posttraumatischen Belastungsstörung auf.

E. Die Angst, Sorge oder körperlichen Symptome verursachen in klinisch bedeutsamer Weise Leiden oder Beeinträchtigungen in sozialen, beruflichen oder anderen wichtigen Funktionsbereichen.

F. Das Störungsbild geht nicht auf die direkte körperliche Wirkung einer Substanz (z. B. Droge, Medikament) oder eines medizinischen Krankheitsfaktors (wie z. B. Schilddrüsenüberfunktion) zurück und tritt nicht ausschließlich im Verlauf einer Affektiven Störung, einer Psychotischen Störung oder einer Tiefgreifenden Entwicklungsstörung auf.

● **293.89 (F06.4) Angststörung Aufgrund von ...**
[Bestimme den Medizinischen Krankheitsfaktor]

A. Ausgeprägte Angst, Panikattacken, Zwangsgedanken oder Zwangshandlungen, die im Vordergrund des klinischen Beschwerdebildes stehen.

B. Hinweise aus Anamnese, körperlicher Untersuchung oder Laboruntersuchungen zeigen, daß das Störungsbild eine direkte körperliche Folge eines medizinischen Krankheitsfaktors ist.

C. Das Störungsbild kann nicht besser durch eine andere psychische Störung erklärt werden (z. B. Anpassungsstörung mit Angst, bei der der Belastungsfaktor ein schwerer medizinischer Krankheitsfaktor ist).

D. Das Störungsbild tritt nicht ausschließlich im Verlauf eines Delirs auf.

E. Das Störungsbild verursacht in klinisch bedeutsamer Weise Leiden oder Beeinträchtigungen in sozialen, beruflichen oder anderen wichtigen Funktionsbereichen.

Bestimme, ob:

— **Mit Generalisierter Angst:** Wenn übermäßige Angst oder Sorge über eine Reihe von Ereignissen oder Tätigkeiten im klinischen Beschwerdebild vorherrschen.

— **Mit Panikattacken:** Wenn Panikattacken (siehe S. 181) im klinischen Beschwerdebild vorherrschen.

— **Mit Zwangssymptomen:** Wenn Zwangsgedanken oder Zwangshandlungen im klinischen Beschwerdebild vorherrschen.

Codierhinweis: Notiere den Namen des medizinischen Krankheitsfaktors auf Achse I, z. B. 293.89 Angststörung Aufgrund von Phäochromozytom, Mit Generalisierter Angst; codiere den medizinischen Krankheitsfaktor auch auf Achse III (s. Anhang G für die Codierung).

● **Substanzinduzierte Angststörung (F1x.8)**

A. Ausgeprägte Angst, Panikattacken, Zwangsgedanken oder Zwangshandlungen, die im Vordergrund des klinischen Beschwerdebildes stehen.

B. Hinweise aus Anamnese, körperlicher Untersuchung oder Laboruntersuchungen auf (1) oder (2):

1. die Symptome unter Kriterium A traten während oder innerhalb von 1 Monat nach einer Substanzintoxikation oder einem -Entzug auf,

2. eine Medikamenteneinnahme steht in ätiologischem Zusammenhang mit der Störung.

C. Das Störungsbild wird nicht besser durch eine Angststörung erklärt, die nicht substanzinduziert ist. Folgende Hinweise sprechen für eine Angststörung, die nicht substanzinduziert ist: Die Symptome gehen dem Beginn des Substanzgebrauchs (oder der Medikamenteneinnahme) voraus; die Symptome halten nach dem Nachlassen akuter Entzugssymptome oder schwerer Intoxikation deutlich länger an (z. B. über einen Monat) oder sind deutlich ausgeprägter, als dies bei der Art oder Menge der eingenommenen Substanz oder bei der Dauer der Einnahme erwartet werden würde; oder es bestehen andere Hinweise auf das Vorhandensein einer unabhängigen nichtsubstanzinduzierten Angststörung (z. B. Anamnese von rezidivierenden, nicht substanzbezogenen Episoden).

D. Das Störungsbild tritt nicht ausschließlich im Verlauf eines Delirs auf.

E. Das Störungsbild verursacht in klinisch bedeutsamer Weise Leiden oder Beeinträchtigungen in sozialen, beruflichen oder anderen wichtigen Funktionsbereichen.

Beachte: Diese Diagnose soll nur dann anstelle der Diagnose einer Substanzintoxikation oder eines Substanzentzugs gestellt werden, wenn die Angstsymptome deutlich ausgeprägter sind, als normalerweise beim Intoxikations- oder Entzugssyndrom zu erwarten, und wenn die Angstsymptome schwer genug sind, um für sich allein genommen klinische Beachtung zu rechtfertigten.

Codiere [Spezifische Substanz]-Induzierte Angststörung:
— (291.8 (F10.8) Alkohol; 292.89 (F15.8) Amphetamin (oder verwandte Substanzen); 292.89 (F15.8) Koffein; 292.89 (F12.8) Cannabis; 292.89 (F14.8) Kokain; 292.89 (F16.8) Halluzinogene; 292.89 (F18.8) Inhalantien; 292.89 (F19.8) Phencyclidin (oder verwandte Substanzen); 292.89 (F13.8) Sedativa, Hypnotika oder Anxiolytika; 292.89 (F19.8) Andere [oder Unbekannte] Substanzen.

Bestimme, ob:
— **Mit Generalisierter Angst:** Wenn ausgeprägte Angst oder Sorge über eine Reihe von Ereignissen oder Tätigkeiten im klinischen Beschwerdebild vorherrschen.
— **Mit Panikattacken:** Wenn Panikattacken (siehe S. 181) im klinischen Beschwerdebild vorherrschen.
— **Mit Zwangssymptomen:** Wenn Zwangsgedanken oder Zwangshandlungen im klinischen Beschwerdebild vorherrschen.
— **Mit Phobischen Symptomen:** Wenn phobische Symptome im klinischen Beschwerdebild vorherrschen.

Bestimme, ob (siehe Tabelle auf Seite 105 für die Anwendbarkeit der Substanz):
— **Mit Beginn Während der Intoxikation:** Wenn die Kriterien einer Substanzintoxikation erfüllt sind und die Symptome während des Intoxikationssyndroms auftraten.
— **Mit Beginn Während des Entzugs:** Wenn die Kriterien für Substanzentzug erfüllt sind und die Symptome während oder kurz nach dem Entzugssyndrom auftraten.

● **300.00 (F41.9; F40.9) Nicht Näher Bezeichnete Angststörung**

Diese Kategorie beinhaltet Störungen mit ausgeprägter Angst oder phobischer Vermeidung, die nicht die Kriterien für eine andere

Angststörung, Anpassungsstörung mit Angst oder Anpassungsstörung mit Angst und Depressiver Stimmung, Gemischt erfüllen. Beispiele sind:

1. Störung mit Angst und Depression, Gemischt: klinisch bedeutsame Symptome von Angst und Depression, die jedoch nicht die Kriterien für eine spezifische Affektive Störung oder eine spezifische Angststörung erfüllen (siehe Anhang B in DSM-IV für Vorgeschlagene Forschungskriterien).

2. Klinisch bedeutsame sozialphobische Symptome, die sich aus der mit einer Erkrankung an einem medizinischen Krankheitsfaktor oder an einer psychischen Störung (z. B. Parkinsonsche Erkrankung, Hauterkrankungen, Stottern, Anorexia Nervosa, Körperdysmorphe Störung) verbundenen sozialen Beeinträchtigung ergeben.

3. Situationen, in denen der Untersucher zu dem Urteil kam, daß eine Angststörung vorliegt, aber nicht entscheiden kann, ob diese primär ist, auf einen medizinischen Krankheitsfaktor zurückgeht oder durch eine Substanz induziert ist.

Somatoforme Störungen

- ## 300.81 (F45.0) Somatisierungsstörung

A. Eine Vorgeschichte mit vielen körperlichen Beschwerden, die vor Vollendung des 30. Lebensjahres begannen, über mehrere Jahre auftraten und zum Aufsuchen einer Behandlung oder zu deutlichen Beeinträchtigungen in sozialen, beruflichen oder anderen wichtigen Funktionsbereichen führten.

B. Jedes der folgenden Kriterien muß erfüllt gewesen sein, wobei die einzelnen Symptome irgendwann im Verlauf der Störung aufgetreten sein müssen:

1. *vier Schmerzsymptome*: eine Vorgeschichte von Schmerzsymptomen, die mindestens vier verschiedene Körperbereiche oder Funktionen betreffen (z. B. Kopf, Abdomen, Rücken, Gelenke, Extremitäten, Brust, Rektum, während der Menstruation, während des Geschlechtsverkehrs oder während des Wasserlassens),

2. *zwei gastrointestinale Symptome*: eine Vorgeschichte von mindestens zwei gastrointestinalen Symptomen außer Schmerzen (z. B. Übelkeit, Völlegefühl, Erbrechen außer während einer Schwangerschaft, Durchfall, Unverträglichkeit von verschiedenen Speisen),

3. *ein sexuelles Symptom*: eine Vorgeschichte von mindestens einem Symptom im Bereich Sexualität oder Fortpflanzung außer Schmerzen (z. B. sexuelle Gleichgültigkeit, Erektions- oder Ejakulationsstörungen, unregelmäßige Menstruationen, sehr starke Menstruationsblutungen, Erbrechen während der gesamten Schwangerschaft),

4. *ein pseudoneurologisches Symptom*: eine Vorgeschichte von mindestens einem Symptom oder Defizit (nicht begrenzt auf Schmerz), das einen neurologischen Krankheitsfaktor nahelegt (Konversionssymptome wie z. B. Koordinations- oder Gleichgewichtsstörungen, Lähmungen oder lokalisierte Muskelschwäche, Schluckschwierigkeiten oder Kloßgefühl im Hals, Aphonie, Harnverhalt, Halluzinationen, Verlust der Berührungs- oder Schmerzempfindung, Sehen von Doppelbildern, Blindheit, Taubheit, (Krampf-)Anfälle; dis-

soziative Symptome wie z. B. Amnesie oder Bewußtseins-
verluste, jedoch nicht einfache Ohnmacht).

C. Entweder (1) oder (2):

1. Nach adäquater Untersuchung kann keines der Symptome
   von Kriterium B vollständig durch einen bekannten medizinischen Krankheitsfaktor oder durch die direkte Wirkung
   einer Substanz (z. B. Droge, Medikament) erklärt werden.

2. Falls das Symptom mit einem medizinischen Krankheitsfaktor in Verbindung steht, so gehen die körperlichen Beschwerden oder daraus resultierende soziale oder berufliche
   Beeinträchtigungen über das hinaus, was aufgrund von
   Anamnese, körperlicher Untersuchung oder Laborbefunden
   zu erwarten wäre.

D. Die Symptome sind nicht absichtlich erzeugt oder vorgetäuscht
   (wie bei der Vorgetäuschten Störung oder Simulation).

● **300.81 (F45.1) Undifferenzierte Somatoforme Störung**

A. Eine oder mehrere körperliche Beschwerde(n) (z. B. Müdigkeit,
   Appetitlosigkeit, gastrointestinale oder urologische Beschwerden).

B. Entweder (1) oder (2):

1. Nach adäquater Untersuchung können die Symptome nicht
   vollständig durch einen bekannten medizinischen Krankheitsfaktor oder durch die direkte Wirkung einer Substanz
   (z. B. Droge, Medikament) erklärt werden.

2. Falls das Symptom mit einem medizinischen Krankheitsfaktor in Verbindung steht, so gehen die körperlichen Beschwerden oder daraus resultierende soziale oder berufliche
   Beeinträchtigungen über das hinaus, was aufgrund von
   Anamnese, körperlicher Untersuchung oder Laborbefunden
   zu erwarten wäre.

C. Die Symptome verursachen in klinisch bedeutsamer Weise Leiden oder Beeinträchtigungen in sozialen, beruflichen oder anderen wichtigen Funktionsbereichen.

D. Die Dauer der Störung beträgt mindestens sechs Monate.

E. Das Störungsbild wird nicht durch eine andere psychische Störung (z. B. eine andere Somatoforme Störung, Sexuelle Funk-

tionsstörung, Affektive Störung, Angststörung, Schlafstörung oder eine Psychotische Störung) besser erklärt.

F. Das Symptom wird nicht absichtlich erzeugt oder vorgetäuscht (wie bei der Vorgetäuschten Störung oder der Simulation). (erwäge bei Codierung nach ICD-10 auch F48)

- **300.11 (F44.xx) Konversionsstörung**

A. Ein oder mehrere Symptome oder Ausfälle der willkürlichen motorischen oder sensorischen Funktionen, die einen neurologischen oder sonstigen medizinischen Krankheitsfaktor nahelegen.

B. Ein Zusammenhang zwischen psychischen Faktoren und dem Symptom oder Ausfall wird angenommen, da Konflikte oder andere Belastungsfaktoren dem Beginn oder der Exazerbation des Symptoms oder des Ausfalls vorausgehen.

C. Das Symptom oder der Ausfall wird nicht absichtlich erzeugt oder vorgetäuscht (wie bei der Vorgetäuschten Störung oder Simulation).

D. Das Symptom oder der Ausfall kann nach adäquater Untersuchung nicht vollständig durch einen medizinischen Krankheitsfaktor, durch die direkte Wirkung einer Substanz oder als kulturell sanktionierte Verhaltens- oder Erlebensformen erklärt werden.

E. Das Symptom oder der Ausfall verursacht in klinisch bedeutsamer Weise Leiden oder Beeinträchtigungen in sozialen, beruflichen oder anderen wichtigen Funktionsbereichen, oder es rechtfertigt eine medizinische Abklärung.

F. Das Symptom oder der Ausfall ist nicht auf Schmerz oder eine sexuelle Funktionsstörung begrenzt, tritt nicht ausschließlich im Verlauf einer Somatisierungsstörung auf und kann nicht besser durch eine andere psychische Störung erklärt werden.

Bestimme den Typus des Symptoms oder Ausfalls:
— **Mit Motorischen Symptomen oder Ausfällen:** (z.B. verminderte Koordination oder Balance, Lähmung oder lokale Schwäche, Schluckbeschwerden oder „Kloßgefühl", Aphonie, Harnverhalt)

— **Mit Sensorischen Symptomen oder Ausfällen:** (z. B. Verlust von Tast- oder Schmerzempfinden, Doppeltsehen, Blindheit, Taubheit und Halluzinationen)

— **Mit Anfällen oder Krämpfen:** umfaßt epileptische Anfälle oder Krämpfe mit Anteilen der Willkürmotorik oder Sensorik

— **Mit Gemischtem Erscheinungsbild:** wenn Symptome aus mehr als einer Kategorie vorhanden sind.

● Schmerzstörung

A. Schmerzen in einer oder mehreren anatomischen Region(en) stehen im Vordergrund des klinischen Bildes und sind von ausreichendem Schweregrad, um klinische Beachtung zu rechtfertigen.

B. Der Schmerz verursacht in klinisch bedeutsamer Weise Leiden oder Beeinträchtigungen in sozialen, beruflichen oder anderen wichtigen Funktionsbereichen.

C. Psychischen Faktoren wird eine wichtige Rolle für Beginn, Schweregrad, Exazerbation oder Aufrechterhaltung der Schmerzen beigemessen.

D. Das Symptom oder der Ausfall wird nicht absichtlich erzeugt oder vorgetäuscht (wie bei der Vorgetäuschten Störung oder Simulation).

E. Der Schmerz kann nicht besser durch eine Affektive, Angst- oder Psychotische Störung erklärt werden und erfüllt nicht die Kriterien für Dyspareunie.

Codiere wie folgt:

— **307.80 (F45.4) Schmerzstörung in Verbindung mit Psychischen Faktoren:** Psychischen Faktoren wird die Hauptrolle für Beginn, Schweregrad, Exazerbation oder Aufrechterhaltung der Schmerzen beigemessen. (Wenn ein medizinischer Krankheitsfaktor vorhanden ist, spielt dieser keine große Rolle für Beginn, Schweregrad, Exazerbation oder Aufrechterhaltung der Schmerzen.) Diese Art der Schmerzstörung wird nicht diagnostiziert, wenn die Kriterien der Somatisierungsstörung auch erfüllt sind.

Bestimme, ob:
— **Akut:** Dauer weniger als sechs Monate.
— **Chronisch:** Dauer sechs Monate oder länger.
— **307.89 (F45.4) Schmerzstörung in Verbindung mit sowohl Psychischen Faktoren wie einem Medizinischen Krankheitsfaktor:** Sowohl psychischen Faktoren als auch einem medizinischen Krankheitsfaktor wird eine wichtige Rolle für Beginn, Schweregrad, Exazerbation oder Aufrechterhaltung der Schmerzen beigemessen. Der damit zusammenhängende medizinische Krankheitsfaktor oder die anatomische Region des Schmerzes (s. u.) wird auf Achse III codiert.

Bestimme, ob:
— **Akut:** Dauer weniger als sechs Monate.
— **Chronisch:** Dauer sechs Monate oder länger.
  Beachte: Die folgende Kategorie wird nicht zu den psychischen Störungen gezählt und an dieser Stelle nur aufgeführt, um die Differentialdiagnose zu erleichtern.
— **Schmerzstörung in Verbindung mit Medizinischen Krankheitsfaktoren:** Ein medizinischer Krankheitsfaktor spielt die Hauptrolle für Beginn, Schweregrad, Exazerbation oder Aufrechterhaltung der Schmerzen. (Wenn psychische Faktoren vorhanden sind, wird ihnen keine Hauptrolle für Beginn, Schweregrad, Exazerbation oder Aufrechterhaltung der Schmerzen beigemessen.) Der diagnostische Code für die Schmerzen wird aufgrund des zugrundeliegenden medizinischen Krankheitsfaktors ausgewählt, wenn ein solcher gefunden wurde (s. Anhang G), oder aufgrund der anatomischen Lokalisation der Schmerzen, wenn der zugrundeliegende medizinische Krankheitsfaktor noch nicht klar angegeben werden konnte – z. B. Lumbago (724.2), Ischialgie (724.3), Becken (625.9), Kopfschmerz (784.0), Gesicht (784.0), Brustkorb (786.50), Gelenke (719.4), Knochen (733.90), Abdomen (789.0), Brust (611.71), Niere (788.0), Ohr (388.70), Auge (379.91), Hals (784.1), Zähne (525.9) und urologisch (788.0).

● **300.7 (F45.2) Hypochondrie**

A. Übermäßige Beschäftigung mit der Angst oder der Überzeugung, eine ernsthafte Krankheit zu haben, was auf einer Fehlinterpretation körperlicher Symptome durch die betroffene Person beruht.

B. Die Beschäftigung mit den Krankheitsängsten bleibt trotz angemessener medizinischer Abklärung und Rückversicherung durch den Arzt bestehen.

C. Die Überzeugung unter Kriterium A ist nicht von wahnhaftem Ausmaß (wie bei der Wahnhaften Störung mit Körperbezogenem Wahn) und ist nicht auf eine umschriebene Sorge über die äußere Erscheinung beschränkt (wie bei der Körperdysmorphen Störung).

D. Die Beschäftigung mit den Krankheitsängsten verursacht in klinisch bedeutsamer Weise Leiden oder Beeinträchtigungen in sozialen, beruflichen oder anderen wichtigen Funktionsbereichen.

E. Die Dauer der Störung beträgt mindestens sechs Monate.

F. Die Beschäftigung mit den Krankheitsängsten kann nicht besser durch eine Generalisierte Angststörung, Zwangsstörung, Panikstörung, Episode einer Major Depression, Störung mit Trennungsangst oder durch eine andere Somatoforme Störung erklärt werden.

Bestimme, ob:
— **Mit Geringer Einsicht:** Wenn die betroffene Person während der meisten Zeit der derzeitigen Episode nicht erkennt, daß die Befürchtung, eine ernsthafte Erkrankung zu haben, übertrieben oder unbegründet ist.

● **300.7 (F45.2) Körperdysmorphe Störung**

A. Übermäßige Beschäftigung mit einem eingebildeten Mangel oder einer Entstellung in der äußeren Erscheinung. Wenn eine leichte körperliche Anomalie vorliegt, so ist die Besorgnis der betroffenen Person stark übertrieben.

B. Die übermäßige Beschäftigung verursacht in klinisch bedeutsamer Weise Leiden oder Beeinträchtigungen in sozialen, beruflichen oder anderen wichtigen Funktionsbereichen.

C. Die übermäßige Beschäftigung wird nicht durch eine andere psychische Störung (z. B. die Unzufriedenheit mit Körperform und -umfang bei Anorexia Nervosa) besser erklärt.

- **300.81 (F45.9) Nicht Näher Bezeichnete Somatoforme Störung**

Diese Kategorie umfaßt Störungen mit somatoformen Symptomen, die nicht die Kriterien für eine spezifische Somatoforme Störung erfüllen. Beispiele sind:

1. Scheinschwangerschaft: Die fälschliche Überzeugung, schwanger zu sein, die von objektiven Zeichen einer Schwangerschaft begleitet ist, zu denen folgende zählen können: Vergrößerung des Bauches (obwohl der Nabel nicht prominent wird), reduzierte Regelblutung, Amenorrhoe, subjektive Wahrnehmung von Bewegungen des Fötus, Übelkeit, Brustvergrößerung und -sekretionen sowie Wehen am erwarteten Entbindungstag. Endokrine Veränderungen können zwar vorhanden sein, das Syndrom kann jedoch nicht durch einen medizinischen Krankheitsfaktor, der zu endokrinen Veränderungen führt, erklärt werden (z. B. ein Tumor mit Hormonsekretion).

2. Eine Störung mit nichtpsychotischen hypochondrischen Symptomen von weniger als sechs Monaten Dauer.

3. Eine Störung mit nicht erklärbaren körperlichen Beschwerden (z. B. Müdigkeit oder körperliche Schwäche) von weniger als sechs Monaten Dauer, die nicht auf eine andere psychische Störung zurückzuführen sind.

Vorgetäuschte Störungen

- **Vorgetäuschte Störung**

A. Absichtliches Erzeugen oder Vortäuschen körperlicher oder psychischer Symptome.
B. Die Motivation für das Verhalten liegt in der Einnahme der Krankenrolle.
C. Es gibt keine äußeren Anreize für das Verhalten (wie ökonomischer Nutzen, Vermeidung von legaler Verantwortung oder Verbesserung des körperlichen Wohlbefindens wie bei der Simulation).

Codiere entsprechend dem Subtypus:
— **300.16 (F68.1) Mit Vorwiegend Psychischen Zeichen und Symptomen:** wenn psychische Zeichen und Symptome in der Symptomdarbietung überwiegen.
— **300.19 (F68.1) Mit Vorwiegend Körperlichen Zeichen und Symptomen:** wenn körperliche Zeichen und Symptome in der Symptomdarbietung überwiegen.
— **300.19 (F68.1) Mit sowohl Psychischen wie Körperlichen Zeichen und Symptomen:** wenn sowohl psychische wie körperliche Zeichen und Symptome gezeigt werden, aber keines der beiden in der Symptomdarbietung überwiegt.

- **300.19 (F68.1) Nicht Näher Bezeichnete Vorgetäuschte Störung**

Diese Kategorie beinhaltet Störungen mit vorgetäuschten Symptomen, die nicht die Kriterien der Vorgetäuschten Störung erfüllen. Ein Beispiel ist die Vorgetäuschte Störung by proxy: das absichtliche Erzeugen oder Vortäuschen körperlicher oder psychischer Zeichen oder Symptome bei einer anderen Person, die unter der Aufsicht des Betroffenen steht, mit dem indirekten Ziel, die Krankenrolle einzunehmen (siehe Anhang B in DSM-IV für Vorgeschlagene Forschungskriterien).

Dissoziative Störungen

- ### 300.12 (F44.0) Dissoziative Amnesie (*vormals* Psychogene Amnesie)

A. Das vorherrschende Störungsbild zeigt sich in einer oder mehreren Episoden, in denen eine Unfähigkeit besteht, sich an wichtige persönliche Informationen zu erinnern, die zumeist traumatischer oder belastender Natur sind; diese ist zu umfassend, um durch gewöhnliche Vergeßlichkeit erklärt zu werden.

B. Die Störung tritt nicht ausschließlich im Verlauf einer Dissoziativen Identitätsstörung, Dissoziativen Fugue, Posttraumatischen Belastungsstörung, Akuten Belastungsstörung oder Somatisierungsstörung auf und geht nicht zurück auf die direkte körperliche Wirkung einer Substanz (z. B. Droge, Medikament) oder eines neurologischen oder anderen medizinischen Krankheitsfaktors (z. B. eine Amnestische Störung Aufgrund eines Schädel-Hirn-Traumas).

C. Die Symptome verursachen in klinisch bedeutsamer Weise Leiden oder Beeinträchtigungen in sozialen, beruflichen oder anderen wichtigen Funktionsbereichen.

- ### 300.13 (F44.1) Dissoziative Fugue (vormals Psychogene Fugue)

A. Das vorherrschende Störungsbild ist ein plötzliches, unerwartetes Weggehen von zu Hause oder vom gewohnten Arbeitsplatz, verbunden mit der Unfähigkeit, sich an seine Vergangenheit zu erinnern.

B. Verwirrung über die eigene Identität oder die Annahme einer neuen Identität (teilweise oder vollständig).

C. Die Störung tritt nicht ausschließlich im Verlauf einer Dissoziativen Identitätsstörung auf und geht nicht auf die direkte körperliche Wirkung einer Substanz (z. B. Droge, Medikament) oder eines medizinischen Krankheitsfaktors zurück (z. B. Temporallappen-Epilepsie).

D. Die Symptome verursachen in klinisch bedeutsamer Weise Leiden oder Beeinträchtigungen in sozialen, beruflichen oder anderen wichtigen Funktionsbereichen.

● **300.14 (F44.81) Dissoziative Identitätsstörung**
   (*vormals* Multiple Persönlichkeitsstörung)

A. Die Anwesenheit von zwei oder mehr unterscheidbaren Identitäten oder Persönlichkeitszuständen (jeweils mit einem eigenen, relativ überdauernden Muster der Wahrnehmung von, der Beziehung zur und dem Denken über die Umgebung und das Selbst).

B. Mindestens zwei dieser Identitäten oder Persönlichkeitszustände übernehmen wiederholt die Kontrolle über das Verhalten der Person.

C. Eine Unfähigkeit, sich an wichtige persönliche Informationen zu erinnern, die zu umfassend ist, um durch gewöhnliche Vergeßlichkeit erklärt zu werden.

D. Die Störung geht nicht auf die direkte körperliche Wirkung einer Substanz (z. B. Blackouts oder ungeordnetes Verhalten während einer Alkoholintoxikation) oder eines medizinischen Krankheitsfaktors zurück (z. B. komplex-partielle Anfälle). **Beachte:** Bei Kindern sind die Symptome nicht durch imaginierte Spielkameraden oder andere Phantasiespiele zu erklären.

● **300.6 (F48.1) Depersonalisationsstörung**

A. Andauernde oder wiederkehrende Erfahrungen, sich von den eigenen geistigen Prozessen oder vom eigenen Körper losgelöst oder sich wie ein außenstehender Beobachter der eigenen geistigen Prozesse oder des eigenen Körpers zu fühlen (z. B. sich fühlen, als sei man in einem Traum).

B. Während der Depersonalisationserfahrung bleibt die Realitätsprüfung intakt.

C. Die Depersonalisation verursacht in klinisch bedeutsamer Weise Leiden oder Beeinträchtigungen in sozialen, beruflichen oder anderen wichtigen Funktionsbereichen.

D. Das Depersonalisationserleben tritt nicht ausschließlich im Verlauf einer anderen psychischen Störung auf wie Schizophrenie, Panikstörung, Akute Belastungsstörung oder eine andere Dissoziative Störung, und geht nicht auf die direkte körperliche Wirkung einer Substanz (z. B. Droge, Medikament) oder eines medizinischen Krankheitsfaktors zurück (z. B. Temporallappen-Epilepsie).

- **300.15 (F44.9) Nicht Näher Bezeichnete Dissoziative Störung**

Diese Kategorie ist für Störungen gedacht, bei denen das vorherrschende Merkmal ein dissoziatives Symptom ist (d. h. eine Unterbrechung von integrativen Funktionen des Bewußtseins, des Gedächtnisses, der Identität oder der Wahrnehmung der Umgebung), das nicht die Kriterien für irgendeine spezifische Dissoziative Störung erfüllt. Beispiele sind u. a.:

1. Fälle, die einer Dissoziativen Identitätsstörung ähneln, die jedoch nicht sämtliche Kriterien für diese Störung erfüllen. Beispiele sind a) es existieren nicht zwei oder mehr abgrenzbare Persönlichkeitszustände oder b) Amnesie für wichtige persönliche Informationen tritt nicht auf.
2. Derealisation bei Erwachsenen, die nicht von Depersonalisation begleitet wird.
3. Zustände von Dissoziation bei Personen, die einem langen und intensiven Prozeß von Zwangsmaßnahmen zur Veränderung von Einstellungen ausgesetzt waren (z. B. „Gehirnwäsche", Gedankenbeeinflussung oder Indoktrination in Gefangenschaft).
4. Dissoziative Trance-Störung (F44.3): einzelne oder wiederkehrende Störungen des Bewußtseins, der Identität oder des Gedächtnisses, die in bestimmten Gebieten oder Kulturen verbreitet sind. Dissoziative Trance beinhaltet eine eingeschränkte Bewußtheit von unmittelbaren Umgebungsbedingungen oder stereotypes Verhalten oder Bewegungen, die erfahren werden als seien sie außerhalb der eigenen Kontrolle. Besessenheitstrance beinhaltet das Ersetzen der normalen Erfahrung persönlicher Identität durch eine neue Identität, die auf den Einfluß eines Geistes, einer Macht, einer Gottheit oder einer anderen

Person zurückgeführt wird und mit stereotypen „unwillkürlichen" Bewegungen oder Amnesie verbunden ist. Beispiele sind *Amok* (Indonesien), *Bebainan* (Indonesien), *Latah* (Malaysia), *Pibloktoq* (Arktis), *Ataque de nervios* (Lateinamerika) und Besessenheit (Indien). Die Dissoziative oder Trance-Störung ist kein normaler Teil akzeptierter kollektiver, kultureller oder religiöser Praktiken (siehe Anhang B in DSM-IV für Vorgeschlagene Forschungskriterien).

5. Bewußtseinsverlust, Stupor oder Koma, die nicht auf eine körperliche Erkrankung zurückgeführt werden können.

6. Ganser-Syndrom (F44.80): das Geben von annäherungsweise richtigen Antworten auf Fragen (z. B. „2 plus 2 ist 5", wenn dies nicht mit einer Dissoziativen Amnesie oder Dissoziativen Fugue einhergeht.

Sexuelle und Geschlechtsidentitätsstörungen

Dieses Kapitel enthält Kriterienlisten für Sexuelle Funktionsstörungen, Paraphilien und die Geschlechtsidentitätsstörung.

Sexuelle Funktionsstörungen

Spezifische Subtypen, die auf alle primären Sexuellen Funktionsstörungen anwendbar sind, finden sich auf Seite 217. Diese Subtypen können zur Beschreibung des Beginns, Kontexts und ätiologischer Faktoren herangezogen werden.

Störungen der Sexuellen Appetenz

- **302.71 (F52.0) Störung mit Verminderter Sexueller Appetenz**

A. Anhaltender oder wiederkehrender Mangel an (oder Fehlen von) sexuellen Phantasien und des Verlangens nach sexueller Aktivität. Der Untersucher beurteilt den Mangel oder das Fehlen unter Berücksichtigung von Faktoren, die die sexuelle Funktionsfähigkeit beeinflussen, wie Lebensalter und Lebensumstände der Person.

B. Das Störungsbild verursacht deutliches Leiden oder zwischenmenschliche Schwierigkeiten.

C. Die sexuelle Funktionsstörung kann nicht besser durch eine andere Störung auf Achse I (ausgenommen eine andere Sexuelle Funktionsstörung) erklärt werden und geht nicht ausschließlich auf die direkte körperliche Wirkung einer Substanz (z. B. Droge, Medikament) oder eines medizinischen Krankheitsfaktors zurück.

● 302.79 (F52.10) Störung mit Sexueller Aversion

A. Anhaltende oder wiederkehrende extreme Aversion gegenüber und Vermeidung von jeglichem (oder fast jeglichem) genitalen Kontakt mit einem Sexualpartner.

B. Das Störungsbild verursacht deutliches Leiden oder zwischenmenschliche Schwierigkeiten.

C. Die sexuelle Funktionsstörung kann nicht besser durch eine andere Störung auf Achse I (ausgenommen eine andere Sexuelle Funktionsstörung) erklärt werden.

Störungen der Sexuellen Erregung

● 302.72 (F52.2) Störung der Sexuellen Erregung bei der Frau

A. Anhaltende oder wiederkehrende Unfähigkeit, Lubrikation und Anschwellung der äußeren Genitale als Zeichen genitaler Erregung zu erlangen oder bis zur Beendigung der sexuellen Aktivität aufrecht zu erhalten.

B. Das Störungsbild verursacht deutliches Leiden oder zwischenmenschliche Schwierigkeiten.

C. Die sexuelle Funktionsstörung kann nicht besser durch eine andere Störung auf Achse I (ausgenommen eine andere Sexuelle Funktionsstörung) erklärt werden und geht nicht ausschließlich auf die direkte körperliche Wirkung einer Substanz (z. B. Droge, Medikament) oder eines medizinischen Krankheitsfaktors zurück.

● 302.72 (F52.2) Erektionsstörung beim Mann

A. Anhaltende oder wiederkehrende Unfähigkeit, eine adäquate Erektion zu erlangen oder bis zur Beendigung der sexuellen Aktivität aufrecht zu erhalten.

B. Das Störungsbild verursacht deutliches Leiden oder zwischenmenschliche Schwierigkeiten.

C. Die sexuelle Funktionsstörung kann nicht besser durch eine andere Störung auf Achse I (ausgenommen eine andere Sexuelle Funktionsstörung) erklärt werden und geht nicht ausschließlich auf die direkte körperliche Wirkung einer Substanz (z. B. Droge, Medikament) oder eines medizinischen Krankheitsfaktors zurück.

Orgasmusstörungen

- **302.73 (F52.3) Weibliche Orgasmusstörung**
  (*vormals* **Gehemmter Orgasmus bei der Frau**)

A. Eine anhaltende oder wiederkehrende Verzögerung oder ein Fehlen des Orgasmus nach einer normalen sexuellen Erregungsphase. Frauen zeigen eine große Variabilität hinsichtlich Art oder Intensität der Stimulation, die zum Orgasmus führt. Die Diagnose einer Weiblichen Orgasmusstörung sollte auf der klinischen Einschätzung basieren, daß die Orgasmusfähigkeit der betreffenden Frau geringer ist als für ihr Alter, ihre sexuellen Erfahrungen und die Art der vorangegangenen sexuellen Stimulation zu erwarten wäre.
B. Das Störungsbild verursacht deutliches Leiden oder zwischenmenschliche Schwierigkeiten.
C. Die Orgasmusstörung kann nicht besser durch eine andere Störung auf Achse I (ausgenommen eine andere Sexuelle Funktionsstörung) erklärt werden und geht nicht ausschließlich auf die direkte körperliche Wirkung einer Substanz (z. B. Droge, Medikament) oder eines medizinischen Krankheitsfaktors zurück.

- **302.74 (F52.3) Männliche Orgasmusstörung**
  (*vormals* **Gehemmter Orgasmus beim Mann**)

A. Eine anhaltende oder wiederkehrende Verzögerung oder ein Fehlen des Orgasmus nach einer normalen sexuellen Erregungsphase während einer sexuellen Aktivität, die der Untersucher unter Berücksichtigung des Lebensalters der Person hinsichtlich Intensität, Dauer und Art als adäquat ansieht.

B. Das Störungsbild verursacht deutliches Leiden oder zwischenmenschliche Schwierigkeiten.

C. Die Orgasmusstörung kann nicht besser durch eine andere Störung auf Achse I (ausgenommen eine andere Sexuelle Funktionsstörung) erklärt werden und geht nicht ausschließlich auf die direkte körperliche Wirkung einer Substanz (z. B. Droge, Medikament) oder eines medizinischen Krankheitsfaktors zurück.

● 302.75 (F52.4) Ejaculatio Praecox

A. Anhaltendes oder wiederkehrendes Auftreten einer Ejakulation bei minimaler sexueller Stimulation vor, bei oder kurz nach der Penetration und bevor die Person es wünscht. Der Untersucher muß Faktoren berücksichtigen, welche die Länge der Erregungsphase beeinflussen, wie das Alter des Betroffenen, die Unvertrautheit mit dem Sexualpartner oder mit der Situation sowie die aktuelle Häufigkeit sexueller Aktivitäten.

B. Das Störungsbild verursacht deutliches Leiden oder zwischenmenschliche Schwierigkeiten.

C. Die Ejaculatio praecox geht nicht ausschließlich auf die direkte Wirkung einer Substanz zurück (z. B. Opiatentzug).

Störungen mit Sexuell Bedingten Schmerzen

● 302.76 (F52.6) Dyspareunie (Nicht Aufgrund eines Medizinischen Krankheitsfaktors)

A. Wiederkehrende oder anhaltende genitale Schmerzen in Verbindung mit dem Geschlechtsverkehr, entweder bei einem Mann oder bei einer Frau.

B. Das Störungsbild verursacht deutliches Leiden oder zwischenmenschliche Schwierigkeiten.

C. Das Störungsbild ist nicht ausschließlich durch Vaginismus oder eine zu geringe Lubrikation verursacht, läßt sich nicht besser durch eine andere Störung auf Achse I (ausgenommen eine andere Sexuelle Funktionsstörung) erklären und geht nicht ausschließlich auf die direkte körperliche Wirkung einer Substanz (z. B. Droge, Medikament) oder eines medizinischen Krankheitsfaktors zurück.

- **306.51 (F52.5) Vaginismus (Nicht Aufgrund eines Medizinischen Krankheitsfaktors)**

A. Wiederkehrende oder anhaltende unwillkürliche Spasmen der Muskulatur des äußeren Drittels der Vagina, die den Geschlechtsverkehr beeinträchtigen.

B. Das Störungsbild verursacht deutliches Leiden oder zwischenmenschliche Schwierigkeiten.

C. Das Störungsbild kann nicht besser durch eine andere Störung auf Achse I (z. B. Somatisierungsstörung) erklärt werden und geht nicht ausschließlich auf die direkte körperliche Wirkung eines medizinischen Krankheitsfaktors zurück.

Subtypen

Die folgenden Subtypen können allen primären Sexuellen Funktionsstörungen hinzugefügt werden:

Einer der folgenden Subtypen kann herangezogen werden, um die Art des Beginns der Sexuellen Funktionsstörung anzuzeigen;
- **Lebenslanger Typus:** wenn die Sexuelle Funktionsstörung mit Beginn der sexuellen Funktionsfähigkeit aufgetreten ist.
- **Erworbener Typus:** wenn die Sexuelle Funktionsstörung sich nach einer Zeit normaler Funktionsfähigkeit entwickelt hat.

Einer der folgenden Subtypen kann herangezogen werden, um den Kontext zu beschreiben, in dem die Sexuelle Funktionsstörung auftritt:
- **Generalisierter Typus:** wenn die sexuelle Funktionsstörung nicht auf bestimmte Arten der Stimulation, bestimmte Situationen oder Partner begrenzt ist.
- **Situativer Typus:** wenn die sexuelle Funktionsstörung nur in bestimmten Situationen, bei bestimmten Partnern oder Arten

der Stimulation auftritt. Obwohl in den meisten Fällen die Funktionsstörungen während der sexuellen Aktivität mit einem Partner auftreten, kann es manchmal auch zweckmäßig sein, Funktionsstörungen zu erfassen, die bei der Masturbation auftreten.

Einer der folgenden Subtypen kann herangezogen werden, um ätiologische Faktoren im Zusammenhang mit der Sexuellen Funktionsstörung zu benennen:

— **Aufgrund Psychischer Faktoren**: wenn man zu dem Urteil kommt, daß psychische Faktoren bei Beginn, Schweregrad, Exazerbation oder Aufrechterhaltung der Sexuellen Funktionsstörung die Hauptrolle spielen und medizinische Krankheitsfaktoren oder Substanzen für die Ätiologie der Sexuellen Funktionsstörung keine Rolle spielen.

— **Aufgrund Kombinierter Faktoren**: wenn man zu dem Urteil kommt, daß 1) psychische Faktoren bei Beginn, Schweregrad, Exazerbation oder Aufrechterhaltung der Sexuellen Funktionsstörung die Hauptrolle spielen und 2) ein medizinischer Krankheitsfaktor oder eine Substanz gleichfalls beteiligt sind, aber nicht als verursachend für die Sexuelle Funktionsstörung anzusehen sind. Wenn ein medizinischer Krankheitsfaktor oder eine Substanzeinnahme (einschl. Medikamentennebenwirkungen) als verursachend für die Sexuelle Funktionsstörung angesehen werden, wird Sexuelle Funktionsstörung aufgrund eines Medizinischen Krankheitsfaktors (siehe S. 218) und/oder Substanzinduzierte Sexuelle Funktionsstörung (siehe S. 220) diagnostiziert.

● **Sexuelle Funktionsstörung Aufgrund von...**
[Benenne den Medizinischen Krankheitsfaktor]

A. Eine klinisch bedeutsame sexuelle Funktionsstörung, die zu deutlichem Leiden oder zwischenmenschlichen Schwierigkeiten führt, steht im Vordergrund des klinischen Bildes.

B. Vorgeschichte, Laborbefunde oder körperliche Untersuchung haben Nachweise erbracht, daß die Funktionsstörung vollständig durch die direkte körperliche Wirkung eines medizinischen Krankheitsfaktors erklärt werden kann.

C. Das Störungsbild kann nicht besser durch eine andere psychische Störung (z. B. eine Major Depression) erklärt werden.

Wähle Code und Bezeichnung aufgrund der im Vordergrund stehenden sexuellen Funktionsstörung:

— 625.8 (N94.8) **Störung mit Verminderter Sexueller Appetenz bei der Frau Aufgrund von...** *[Benenne den Medizinischen Krankheitsfaktor]:* Wenn der Mangel oder das Fehlen sexueller Appetenz das im Vordergrund stehende Merkmal ist.

— 608.89 (N50.8) **Störung mit Verminderter Sexueller Appetenz beim Mann Aufgrund von...** *[Benenne den Medizinischen Krankheitsfaktor]:* Wenn der Mangel oder das Fehlen sexueller Appetenz das im Vordergrund stehende Merkmal ist.

— 607.84 (N48.4) **Erektionsstörung beim Mann Aufgrund von...** *[Benenne den Medizinischen Krankheitsfaktor]:* Wenn eine Erektionsstörung beim Mann das im Vordergrund stehende Merkmal ist.

— 625.0 (N94.1) **Dyspareunie bei der Frau Aufgrund von...** *[Benenne den Medizinischen Krankheitsfaktor]:* Wenn Schmerzen in Verbindung mit Geschlechtsverkehr das im Vordergrund stehende Merkmal sind.

— 608.89 (N50.8) **Dyspareunie beim Mann Aufgrund von...** *[Benenne den Medizinischen Krankheitsfaktor]:* Wenn Schmerzen in Verbindung mit Geschlechtsverkehr das im Vordergrund stehende Merkmal sind.

— 625.8 (N94.8) **Andere Sexuelle Funktionsstörung bei der Frau Aufgrund von...** *[Benenne den Medizinischen Krankheitsfaktor]:* Wenn andere Merkmale (z. B. eine Orgasmusstörung) im Vordergrund stehen oder keines vorherrscht.

— 608.89 (N50.8) **Andere Sexuelle Funktionsstörung beim Mann Aufgrund von...** *[Benenne den Medizinischen Krankheitsfaktor]:* Wenn andere Merkmale (z. B. eine Orgasmusstörung) im Vordergrund stehen oder keines vorherrscht.

Codierhinweis: Anzugeben ist der Name des medizinischen Krankheitsfaktors auf Achse I (z. B. 607.84 Erektionsstörung beim Mann Aufgrund eines Diabetes Mellitus; codiere auch den medizinischen Krankheitsfaktor auf Achse III (siehe Anhang G für die Codierungen).

● Substanzinduzierte Sexuelle Funktionsstörung

A. Eine klinisch bedeutsame sexuelle Funktionsstörung, die zu deutlichem Leiden oder zwischenmenschlichen Schwierigkeiten führt, steht im Vordergrund des klinischen Bildes.

B. Vorgeschichte, körperliche Untersuchung oder Laborbefunde haben Nachweise dafür erbracht, daß die sexuelle Funktionsstörung vollständig durch eine Substanzeinnahme erklärt wird, was sich entweder durch (1) oder durch (2) manifestiert:

   1. die Symptome nach Kriterium A sind während oder innerhalb eines Monats nach einer Substanzintoxikation entstanden,

   2. die eingenommenen Medikamente stehen in ätiologischem Zusammenhang mit dem Störungsbild.

C. Das Störungsbild kann nicht besser durch eine Sexuelle Funktionsstörung erklärt werden, die nicht substanzinduziert ist. Folgende Merkmale können darauf hinweisen, daß die Symptome besser durch eine Sexuelle Funktionsstörung erklärt werden können, die nicht substanzinduziert ist: die Symptome sind vor dem Beginn des Substanzgebrauches oder der Substanzabhängigkeit (oder der Medikamenteneinnahme) aufgetreten; die Symptome persistieren für eine beträchtliche Zeit (d. h. über einen Monat) im Anschluß an das Ende der Intoxikation oder sind viel ausgeprägter als in Anbetracht der Art, Menge oder der Dauer des Substanzgebrauches zu erwarten wäre; oder es gibt Hinweise für das Vorhandensein einer unabhängigen, nicht-substanzinduzierten Sexuellen Funktionsstörung (z. B. wiederholte nicht-substanzinduzierte Episoden in der Vorgeschichte).

Beachte: Diese Diagnose soll nur dann anstelle der Diagnose einer Substanzintoxikation gestellt werden, wenn die sexuelle Funktionsstörung deutlich über diejenigen Symptome hinausgeht, die üblicherweise mit dem Intoxikationssyndrom verbunden sind und wenn die Funktionsstörung schwer genug ist, um für sich allein genommen klinische Beachtung zu rechtfertigen.

Codiere [Spezifische Substanz]-Induzierte Sexuelle Funktionsstörung:

— (291.8 (F10.8) Alkohol; 292.89 (F15.8) Amphetamin [oder Amphetaminähnliche Substanz]; 292.89 (F14.8) Kokain; 292.89 (F11.8) Opiat; 292.89 (F13.8) Sedativum, Hypnotikum oder Anxiolytikum; 292.89 (F19.8) Andere [oder Unbekannte] Substanz).

Codierhinweis: Siehe S. 105 für Codierungsregeln.

Bestimme, ob:
— **Mit Beeinträchtigter Appetenz:** wenn eine mangelhafte oder fehlende sexuelle Appetenz vorherrschendes Merkmal ist
— **Mit Beeinträchtigter Erregung:** wenn eine verminderte sexuelle Erregung (z. B. Erektionsstörung oder verminderte Lubrikation) vorherrschendes Merkmal ist
— **Mit Beeinträchtigtem Orgasmus:** wenn eine Orgasmusbeeinträchtigung vorherrschendes Merkmal ist
— **Mit Sexuell Bedingten Schmerzen:** wenn Schmerzen beim Geschlechtsverkehr vorherrschendes Merkmal ist

Bestimme, ob:
— **Mit Beginn Während der Intoxikation:** Wenn die Kriterien für eine Intoxikation durch die Substanz erfüllt sind und die Symptome sich während des Intoxikationssyndroms entwickelt haben.

● **302.70 (F52.9) Nicht Näher Bezeichnete Sexuelle Funktionsstörung**

Diese Kategorie enthält Sexuelle Funktionsstörungen, welche nicht die Kriterien für eine spezifische Sexuelle Funktionsstörung erfüllen. Beispiele schließen ein

1. keine (oder beträchtlich verminderte) subjektiven erotischen Gefühle bei ansonsten normalem Ablauf von Erregung und Orgasmus,
2. Situationen, für die der Untersucher zu dem Schluß gekommen ist, daß eine sexuelle Funktionsstörung vorliegt, aber nicht in der Lage ist festzustellen, ob diese primär, aufgrund eines medizinischen Krankheitsfaktors oder substanzinduziert aufgetreten ist.

Paraphilien

• 302.4 (F65.2) Exhibitionismus

A. Über einen Zeitraum von mindestens 6 Monaten wiederkehrende intensive sexuell erregende Phantasien, sexuell dranghafte Bedürfnisse oder Verhaltensweisen, die das Zur-Schau-Stellen der eigenen Genitalien gegenüber einem nichtsahnenden Fremden beinhalten.

B. Die Phantasien, sexuell dranghaften Bedürfnisse oder Verhaltensweisen verursachen in klinisch bedeutsamer Weise Leiden oder Beeinträchtigungen in sozialen, beruflichen oder anderen wichtigen Funktionsbereichen.

• 302.81 (F65.0) Fetischismus

A. Über einen Zeitraum von mindestens 6 Monaten wiederkehrende intensive sexuell erregende Phantasien, sexuell dranghafte Bedürfnisse oder Verhaltensweisen, die den Gebrauch von unbelebten Objekten (z. B. weibliche Unterwäsche) beinhalten.

B. Die Phantasien, sexuell dranghaften Bedürfnisse oder Verhaltensweisen verursachen in klinisch bedeutsamer Weise Leiden oder Beeinträchtigungen in sozialen, beruflichen oder anderen wichtigen Funktionsbereichen.

C. Die fetischistischen Objekte beschränken sich nicht auf Teile der weiblichen Kleidung, die zum Tragen der Kleidung des anderen Geschlechts verwendet werden (wie beim Transvestitischen Fetischismus) oder auf Geräte, die zum Zwecke der genitalen Stimulation hergestellt wurden (z. B. ein Vibrator).

• 302.89 (F65.8) Frotteurismus

A. Über einen Zeitraum von mindestens 6 Monaten wiederkehrende intensive sexuell erregende Phantasien, sexuell dranghafte Bedürfnisse oder Verhaltensweisen, die das Berühren und Sich-Reiben an einer nicht einwilligenden Person beinhalten.

B. Die Phantasien, sexuell dranghaften Bedürfnisse oder Verhaltensweisen verursachen in klinisch bedeutsamer Weise Leiden oder Beeinträchtigungen in sozialen, beruflichen oder anderen wichtigen Funktionsbereichen.

- **302.2 (F65.4) Pädophilie**

A. Über einen Zeitraum von mindestens 6 Monaten wiederkehrende intensive sexuell erregende Phantasien, sexuell dranghafte Bedürfnisse oder Verhaltensweisen, die sexuelle Handlungen mit einem präpubertären Kind oder Kindern (in der Regel 13 Jahre oder jünger) beinhalten.
B. Die Phantasien, sexuell dranghaften Bedürfnisse oder Verhaltensweisen verursachen in klinisch bedeutsamer Weise Leiden oder Beeinträchtigungen in sozialen, beruflichen oder anderen wichtigen Funktionsbereichen.
C. Die Person ist mindestens 16 Jahre alt und mindestens 5 Jahre älter als das Kind oder die Kinder nach Kriterium A.

Beachte: Spätadoleszente, die sich in einer fortdauernden sexuellen Beziehung mit einem 12–13jährigen Partner befinden, sind nicht einzubeziehen.

Bestimme, ob:
— **Sexuell Orientiert auf Jungen**
— **Sexuell Orientiert auf Mädchen**
— **Sexuell Orientiert auf Jungen und Mädchen.**

Bestimme, ob:
— **Beschränkt auf Inzest**

Bestimme den Typus:
— **Ausschließlicher Typus** (nur auf Kinder orientiert)
— **Nicht Ausschließlicher Typus**

- **302.83 (F65.5) Sexueller Masochismus**

A. Über einen Zeitraum von mindestens 6 Monaten wiederkehrende intensive sexuell erregende Phantasien, sexuell dranghafte Bedürfnisse oder Verhaltensweisen, welche einen (realen, nicht simulierten) Akt der Demütigung, des Geschlagen- bzw. Gefesseltwerdens oder sonstigen Leidens beinhalten.

B. Die Phantasien, sexuell dranghaften Bedürfnisse oder Verhaltensweisen verursachen in klinisch bedeutsamer Weise Leiden oder Beeinträchtigungen in sozialen, beruflichen oder anderen wichtigen Funktionsbereichen.

- ## 302.84 (F65.5) Sexueller Sadismus

A. Über einen Zeitraum von mindestens 6 Monaten wiederkehrende intensive sexuell erregende Phantasien, sexuell dranghafte Bedürfnisse oder Verhaltensweisen, welche (reale, nicht simulierte) Handlungen beinhalten, in denen das psychische oder physische Leiden (einschließlich Demütigung) des Opfers für die Person sexuell erregend ist.
B. Die Phantasien, sexuell dranghaften Bedürfnisse oder Verhaltensweisen verursachen in klinisch bedeutsamer Weise Leiden oder Beeinträchtigungen in sozialen, beruflichen oder anderen wichtigen Funktionsbereichen.

- ## 302.3 (F65.1) Transvestitischer Fetischismus

A. Über einen Zeitraum von mindestens 6 Monaten wiederkehrende intensive sexuell erregende Phantasien, sexuell dranghafte Bedürfnisse oder Verhaltensweisen, welche das Tragen der Kleidung des anderen Geschlechts beinhalten.
B. Die Phantasien, sexuell dranghaften Bedürfnisse oder Verhaltensweisen verursachen in klinisch bedeutsamer Weise Leiden oder Beeinträchtigungen in sozialen, beruflichen oder anderen wichtigen Funktionsbereichen.

Bestimme, ob:
— **Mit Geschlechtsdysphorie**: Falls die Person ein anhaltendes Unbehagen über die eigene Geschlechtsrolle oder -identität aufweist.

- ## 302.82 (F65.3) Voyeurismus

A. Über einen Zeitraum von mindestens 6 Monaten wiederkehrende intensive sexuell erregende Phantasien, sexuell dranghafte

Bedürfnisse oder Verhaltensweisen, welche die Beobachtung einer nichtsahnenden Person, die nackt ist, sich gerade entkleidet oder sexuelle Handlungen ausführt, beinhalten.

B. Die Phantasien, sexuell dranghaften Bedürfnisse oder Verhaltensweisen verursachen in klinisch bedeutsamer Weise Leiden oder Beeinträchtigungen in sozialen, beruflichen oder anderen wichtigen Funktionsbereichen.

- **302.9 (F65.9) Nicht Näher Bezeichnete Paraphilie**

Diese Kategorie wurde aufgenommen, um Paraphilien codieren zu können, welche nicht die Kriterien für eine der spezifischen Kategorien erfüllen. Beispiele beinhalten, ohne darauf beschränkt zu sein: Telefonische Scatologie (obszöne Telefonanrufe), Nekrophilie (Leichen), Partialismus (ausschließliches Interesse an einem Körperteil), Zoophilie (Tiere), Koprophilie (Fäkalien), Klysmaphilie (Klistierspritzen) und Urophilie (Urin).

Geschlechtsidentitätsstörungen

- **Geschlechtsidentitätsstörung**

A. Eine starkes und andauerndes Zugehörigkeitsgefühl zum anderen Geschlecht (d. h. nicht lediglich das Verlangen nach irgendwelchen kulturellen Vorteilen, die als mit der Zugehörigkeit zum anderen Geschlecht verbunden empfunden werden). Bei Kindern manifestiert sich das Störungsbild durch vier (oder mehr) der folgenden Merkmale:

1. wiederholt geäußertes Verlangen oder Bestehen darauf, dem anderen Geschlecht anzugehören,

2. bei Jungen Neigung zum Tragen der Kleidung des anderen Geschlechts oder Imitation weiblicher Aufmachung; bei Mädchen das Bestehen darauf, nur eine dem männlichen Stereotyp entsprechende Bekleidung zu tragen,

3. starke und andauernde Neigung zum Auftreten als Angehöriger des anderen Geschlechts in Phantasie- und Rollen-

spielen oder anhaltende Phantasien über die eigene Zugehörigkeit zum anderen Geschlecht,

4. intensives Verlangen nach Teilnahme an Spielen und Freizeitbeschäftigungen, die für das andere Geschlecht typisch sind,

5. ausgeprägte Bevorzugung von Spielgefährten des anderen Geschlechts.

Bei Jugendlichen und Erwachsenen manifestiert sich das Störungsbild durch Symptome wie geäußertes Verlangen nach Zugehörigkeit zum anderen Geschlecht, häufiges Auftreten als Angehöriger des anderen Geschlechts, das Verlangen, wie ein Angehöriger des anderen Geschlechts zu leben oder behandelt zu werden oder die Überzeugung, die typischen Gefühle und Reaktionsweisen des anderen Geschlechtes aufzuweisen.

B. Anhaltendes Unbehagen im Geburtsgeschlecht oder Gefühl der Person, daß die Geschlechtsrolle des eigenen Geschlechts für sie nicht die richtige ist.

Bei Kindern ist das Störungsbild durch eines der folgenden Merkmale gekennzeichnet: Bei Jungen die Behauptung, daß der Penis oder die Hoden abstoßend seien oder verschwinden werden, oder die Behauptung, daß es besser wäre, keinen Penis zu haben, oder eine Aversion gegen Rauf- und Tobespiele und eine Ablehnung von typischem Jungenspielzeug, Jungenspielen und Jungenbeschäftigungen; bei Mädchen Ablehnung des Urinierens im Sitzen, die Behauptung, daß sie einen Penis haben oder ihnen ein solcher wachsen wird, oder die Behauptung, daß sie keine Brust bekommen möchten oder nicht menstruieren möchten, oder eine ausgeprägte Aversion gegen normative weibliche Bekleidung.

Bei Jugendlichen und Erwachsenen manifestiert sich das Störungsbild durch Symptome wie das Eingenommensein von Gedanken darüber, die primären und sekundären Geschlechtsmerkmale loszuwerden (z. B. Nachsuchen um Hormone, Operation oder andere Maßnahmen, welche körperlich die Geschlechtsmerkmale so verändern, daß das Aussehen des anderen Geschlechts simuliert wird) oder der Glaube, im falschen Geschlecht geboren zu sein.

C. Das Störungsbild ist nicht von einem somatischen Intersex-Syndrom begleitet.

D. Das Störungsbild verursacht in klinisch bedeutsamer Weise Leiden oder Beeinträchtigungen in sozialen, beruflichen oder anderen wichtigen Funktionsbereichen.

Codiere basierend auf dem aktuellen Alter:
— 302.6 (F64.2) Geschlechtsidentitätsstörung bei Kindern
— 302.85 (F64.0) Geschlechtsidentitätsstörung bei Jugendlichen oder Erwachsenen.

Bestimme, ob (für Personen nach Abschluß der sexuellen Entwicklung):
— Sexuell Orientiert auf Männer
— Sexuell Orientiert auf Frauen
— Sexuell Orientiert auf beide Geschlechter
— Sexuell Orientiert weder auf Männer noch auf Frauen.

● **302.6 (F64.9) Nicht Näher Bezeichnete Geschlechtsidentitätsstörung**

Diese Kategorie wurde aufgenommen, um Störungen der Geschlechtsidentität zu codieren, die nicht als eine spezifische Geschlechtsidentitätsstörung zu klassifizieren sind. Beispiele umfassen

1. Intersex-Syndrome (z. B. Androgenresistenz-Syndrom oder Adrenogenitales Syndrom) und begleitende Geschlechtsdysphorie,
2. vorübergehende belastungsbedingte Neigung zum Tragen der Kleidung des anderen Geschlechts,
3. andauernde Vereinnahmung durch Gedanken über Kastration oder Penektomie ohne ein Verlangen danach, die Geschlechtsmerkmale des anderen Geschlechts zu erlangen.

● **302.9 (F52.9) Nicht Näher Bezeichnete Sexuelle Störung**

Diese Kategorie wurde aufgenommen, um eine sexuelle Auffälligkeit zu codieren, welche nicht die Kriterien für eine spezifische Sexuelle Störung erfüllt und weder eine Sexuelle Funktionsstörung noch eine Paraphilie ist. Beispiele umfassen

1. ausgeprägtes Gefühl des Ungenügens bezüglich des Sexualaktes oder andere Persönlichkeitszüge im Zusammenhang mit selbstauferlegten Maßstäben für Männlichkeit oder Weiblichkeit,
2. Leiden an einem Muster von wiederholten sexuellen Beziehungen einschließlich der wechselhaften Abfolge von Partnern, die von der Person nur als Dinge, die man benutzt, erlebt werden,
3. andauerndes und ausgeprägtes Leiden an der sexuellen Orientierung.

Eßstörungen

- **307.1 (F50.00; F50.01) Anorexia Nervosa**

A. Weigerung, das Minimum des für Alter und Körpergröße normalen Körpergewichts zu halten (z. B. der Gewichtsverlust führt dauerhaft zu einem Körpergewicht von weniger als 85 % des zu erwartenden Gewichts; oder das Ausbleiben einer während der Wachstumsperiode zu erwartenden Gewichtszunahme führt zu einem Körpergewicht von weniger als 85 % des zu erwartenden Gewichts).

B. Ausgeprägte Ängste vor einer Gewichtszunahme oder davor, dick zu werden, trotz bestehenden Untergewichts.

C. Störung in der Wahrnehmung der eigenen Figur und des Körpergewichts, übertriebener Einfluß des Körpergewichts oder der Figur auf die Selbstbewertung oder Leugnen des Schweregrades des gegenwärtigen geringen Körpergewichts.

D. Bei postmenarchalen Frauen das Vorliegen einer Amenorrhoe, d. h. das Ausbleiben von mindestens drei aufeinanderfolgenden Menstruationszyklen (Amenorrhoe wird auch dann angenommen, wenn bei einer Frau die Periode nur nach Verabreichung von Hormonen, z. B. Östrogen, eintritt).

Bestimme den Typus:
- **Restriktiver Typus (F50.00):** Während der aktuellen Episode der Anorexia Nervosa hat die Person keine regelmäßigen „Freßanfälle" gehabt oder hat kein „Purging"-Verhalten (das heißt selbstinduziertes Erbrechen oder Mißbrauch von Laxantien, Diuretika oder Klistieren) gezeigt.
- **„Binge-Eating/Purging"-Typus (F50.01):** Während der aktuellen Episode der Anorexia Nervosa hat die Person regelmäßig Freßanfälle gehabt und hat Purgingverhalten (das heißt selbstinduziertes Erbrechen oder Mißbrauch von Laxantien, Diuretika oder Klistieren) gezeigt.

● 307.51 (F50.2) Bulimia Nervosa

A. Wiederholte Episoden von „Freßattacken". Eine „Freßattak-ken"-Episode ist gekennzeichnet durch beide der folgenden Merkmale:
1. Verzehr einer Nahrungsmenge in einem bestimmten Zeitraum (z. B. innerhalb eines Zeitraums von 2 Stunden), wobei diese Nahrungsmenge erheblich größer ist, als die Menge, die die meisten Menschen in einem vergleichbaren Zeitraum und unter vergleichbaren Bedingungen essen würden.
2. Das Gefühl, während der Episode die Kontrolle über das Eßverhalten zu verlieren (z. B. das Gefühl, weder mit dem Essen aufhören zu können, noch Kontrolle über Art und Menge der Nahrung zu haben).
B. Wiederholte Anwendung von unangemessenen, einer Gewichtszunahme gegensteuernden Maßnahmen, wie z. B. selbstinduziertes Erbrechen, Mißbrauch von Laxantien, Diuretika, Klistieren oder anderen Arzneimitteln, Fasten oder übermäßige körperliche Betätigung.
C. Die „Freßattacken" und das unangemessene Kompensationsverhalten kommen drei Monate lang im Durchschnitt mindestens zweimal pro Woche vor.
D. Figur und Körpergewicht haben einen übermäßigen Einfluß auf die Selbstbewertung.
E. Die Störung tritt nicht ausschließlich im Verlauf von Episoden einer Anorexia Nervosa auf.

Bestimme den Typus:
— „Purging"-Typus: Die Person induziert während der aktuellen Episode der Bulimia Nervosa regelmäßig Erbrechen oder mißbraucht Laxantien, Diuretika oder Klistiere.
— „Nicht-Purging"-Typus: Die Person hat während der aktuellen Episode der Bulimia Nervosa andere unangemessene, einer Gewichtszunahme gegensteuernde Maßnahmen gezeigt wie beispielsweise Fasten oder übermäßige körperliche Betätigung, hat aber nicht regelmäßig Erbrechen induziert oder Laxantien, Diuretika oder Klistiere mißbraucht.

- **307.50 Nicht Näher Bezeichnete Eßstörung**

Die Kategorie Nicht Näher Bezeichnete Eßstörung dient der Einordnung von Eßstörungen, die die Kriterien für eine spezifische Eßstörung nicht erfüllen. Beispiele sind:

1. Bei einer Frau sind sämtliche Kriterien der Anorexia Nervosa erfüllt, außer daß die Frau regelmäßig Menstruationen hat (**F50.1**).
2. Sämtliche Kriterien der Anorexia Nervosa sind erfüllt, nur liegt das Körpergewicht der Person trotz erheblichen Gewichtsverlustes noch im Normalbereich (**F50.1**).
3. Sämtliche Kriterien der Bulimia Nervosa sind erfüllt, jedoch sind die „Freßattacken" und das unangemessene Kompensationsverhalten weniger häufig als zweimal pro Woche für eine Dauer von weniger als drei Monaten (**F50.3**).
4. Die regelmäßige Anwendung unangemessener, einer Gewichtszunahme gegensteuernder Maßnahmen durch eine normalgewichtige Person nach dem Verzehr kleiner Nahrungsmengen (z. B. selbstinduziertes Erbrechen nach dem Verzehr von zwei Keksen) (**F50.3**).
5. Wiederholtes Kauen und Ausspucken großer Nahrungsmengen, ohne sie herunterzuschlucken (**F50.8**).
6. „Binge-Eating Störung": Wiederholte Episoden von „Freßattacken" ohne die für Bulimia Nervosa charakteristischen regelmäßigen, einer Gewichtszunahme gegensteuernden Maßnahmen (siehe Anhang B in DSM-IV für Vorgeschlagene Forschungskriterien) (**F50.9**).

Schlafstörungen

Dyssomnien

- ### 307.42 (F51.0) Primäre Insomnie

A. Die im Vordergrund stehende Beschwerde besteht in Ein- und Durchschlafschwierigkeiten oder in nicht erholsamem Schlaf seit mindestens einem Monat.

B. Die Schlafstörung (oder die damit verbundene Tagesmüdigkeit) verursacht in klinisch bedeutsamer Weise Leiden oder Beeinträchtigungen in sozialen, beruflichen oder anderen wichtigen Funktionsbereichen.

C. Das Störungsbild tritt nicht ausschließlich im Verlauf einer Narkolepsie, einer Atmungsgebundenen Schlafstörung, einer Schlafstörung mit Störung des Zirkadianen Rhythmus oder einer Parasomnie auf.

D. Das Störungsbild tritt nicht ausschließlich im Verlauf einer anderen psychischen Störung auf (z. B. Major Depression, Generalisierte Angststörung, Delir).

E. Das Störungsbild geht nicht auf die direkte körperliche Wirkung einer Substanz (z. B. Droge, Medikament) oder eines medizinischen Krankheitsfaktors zurück.

- ### 307.44 (F51.1) Primäre Hypersomnie

A. Die im Vordergrund stehende Beschwerde ist übermäßige Schläfrigkeit seit mindestens einem Monat (oder weniger, wenn rezidivierend), die sich entweder durch verlängerte Schlafepisoden oder durch fast täglich auftretende Schlafepisoden am Tage äußert.

B. Die übermäßige Schläfrigkeit verursacht in klinisch bedeutsamer Weise Leiden oder Beeinträchtigungen in sozialen, beruflichen oder anderen wichtigen Funktionsbereichen.

C. Die übermäßige Schläfrigkeit kann nicht besser durch eine Insomnie erklärt werden, tritt nicht ausschließlich im Verlauf einer anderen Schlafstörung auf (z. B. Narkolepsie, Atmungsgebundene Schlafstörung, Schlafstörung des Zirkadianen Rhythmus oder Parasomnie) und kann nicht durch eine unzureichende Schlafdauer erklärt werden.

D. Die Störung tritt nicht ausschließlich im Verlauf einer anderen psychischen Störung auf.

E. Das Störungsbild geht nicht auf die direkte körperliche Wirkung einer Substanz (z. B. Droge, Medikament) oder eines medizinischen Krankheitsfaktors zurück.

Bestimme, ob:
— **Rezidivierend**: wenn Perioden übermäßiger Schläfrigkeit mindestens 3 Tage anhalten und einige Male im Jahr seit wenigstens 2 Jahren auftreten.

● 347 (G47.4) Narkolepsie

A. Unwiderstehbare Attacken von erholsamem Schlaf, die über mindestens 3 Monate hinweg täglich auftreten.

B. Mindestens eins der folgenden Merkmale ist gegeben:
1. Kataplexie (d. h. kurze Episoden von plötzlichem beidseitigem Verlust des Muskeltonus, meist in Zusammenhang mit einer starken Emotion),
2. Wiederholte Einstreuungen von Elementen des Rapid Eye Movement (REM)-Schlafs in die Übergangsperiode zwischen Schlaf und Wachsein, was sich in hypnopompen oder hypnagogen Halluzinationen oder einer Schlaflähmung zu Beginn oder am Ende einer Schlafepisode ausdrückt.

C. Das Störungsbild geht nicht auf die direkte körperliche Wirkung einer Substanz (z. B. Droge, Medikament) oder eines medizinischen Krankheitsfaktors zurück.

● 780.59 (G47.3) Atmungsgebundene Schlafstörung

A. Schlafunterbrechungen, die als Folge einer schlafgebundenen Atmungserkrankung (z. B. obstruktives oder zentrales Schlaf-Apnoe-Syndrom oder zentrales alveoläres Hypoventilations-

Syndrom) beurteilt werden und die zu übermäßiger Schläfrigkeit oder Insomnie führen.

B. Das Störungsbild kann nicht besser durch eine andere psychische Erkrankung erklärt werden und geht nicht auf die direkte körperliche Wirkung einer Substanz (z. B. Droge, Medikament) oder eines anderen medizinischen Krankheitsfaktors (der nicht eine atmungsgebundene Störung ist) zurück.

Codierhinweis: codiere Atmungsgebundene Schlafstörung auch auf Achse III.

- **307.45 (F51.2) Schlafstörung mit Störung des Zirkadianen Rhythmus (*vormals* Störung des Schlaf-Wachrhythmus)**

A. Ein anhaltendes oder wiederkehrendes Muster von Schlafunterbrechungen, das zu übermäßiger Schläfrigkeit oder Insomnie führt, die aus einer Diskrepanz zwischen dem umweltbedingten Schlaf-Wach-Zeitplan der Person und ihrem eigenen zirkadianen Schlaf-Wach-Muster resultiert.

B. Das Schlafstörungsbild verursacht in klinisch bedeutsamer Weise Leiden oder Beeinträchtigungen in sozialen, beruflichen oder anderen wichtigen Funktionsbereichen.

C. Das Störungsbild tritt nicht ausschließlich im Verlauf einer anderen Schlafstörung oder psychischen Störung auf.

D. Das Störungsbild geht nicht auf die direkte körperliche Wirkung einer Substanz (z. B. Droge, Medikament) oder eines medizinischen Krankheitsfaktors zurück.

Bestimme den Typus:
— **Typus mit Verzögerter Schlafphase:** ein durchgängiges Muster von verspätetem Schlafbeginn und späten Aufwachzeiten, das mit der Unfähigkeit, zu erwünschten früheren Zeiten einzuschlafen und aufzuwachen einhergeht.
— **Jet-Lag-Typus:** Schläfrigkeit und Wachheit, die zu unangemessenen Tageszeiten relativ zur lokalen Zeit auftreten und sich nach wiederholten Reisen durch mehr als eine Zeitzone ergeben.
— **Schichtarbeits-Typus:** Insomnie während der Hauptschlafperiode oder übermäßige Schläfrigkeit während der Hauptwach-

periode verbunden mit nächtlicher Schichtarbeit oder häufig wechselnder Schichtarbeit.

— Unspezifischer Typus

● 307.47 (F51.9) Nicht Näher Bezeichnete Dyssomnie

Die Kategorie Nicht Näher Bezeichnete Dyssomnie gilt für Insomnien, Hypersomnien oder Störungen des Zirkadianen Rhythmus, die die Kriterien für keine spezifische Dyssomnie erfüllen. Beispiele sind:

1. Beschwerden über klinisch bedeutsame Insomnie oder Hypersomnie, die auf Umweltfaktoren zurückzuführen sind (z. B. Lärm, Licht, ständige Störungen).
2. Übermäßige Schläfrigkeit, die fortlaufendem Schlafentzug zuzuschreiben ist.
3. Idiopathisches „Restless-Legs-Syndrom": Unangenehme Empfindungen (z. B. Unbehagen, Kribbelgefühle, Unruhe), die zu dem intensiven Drang führen, die Beine zu bewegen. Diese Empfindungen setzen typischerweise abends vor dem Schlafbeginn ein und werden durch Bewegung der Beine oder Umhergehen zeitweilig gemildert, um direkt wieder zu beginnen, wenn die Beine unbewegt sind. Die Empfindungen können den Schlafbeginn hinauszögern oder die Person aus dem Schlaf erwachen lassen.
4. Idiopathische, periodische Extremitätenbewegungen („nächtlicher Myoklonus"): wiederholte niedrigamplitudige, kurze Extremitätenzuckungen, besonders in den unteren Extremitäten. Diese Bewegungen beginnen kurz vor dem Einschlafen und nehmen während der Stadien 3 oder 4 des Non-REM-Schlafs und während des REM-Schlafes ab. Die Bewegungen treten gewöhnlich im Rhythmus von 20–60 Sekunden auf, was wiederholtes kurzes Aufwachen zur Folge hat. Die Personen sind sich der tatsächlichen Bewegungen im allgemeinen nicht bewußt, können jedoch über Insomnie, häufiges Erwachen oder Tagesschläfrigkeit klagen, wenn die Anzahl der Bewegungen sehr groß ist.
5. Situationen, in denen der Untersucher zu dem Schluß gekommen ist, daß eine Dyssomnie vorliegt, jedoch nicht bestimmen

kann, ob sie primärer Art ist oder durch einen medizinischen Krankheitsfaktor bzw. durch eine Substanz induziert ist.

Parasomnien

- ### 307.47 (F51.5) Schlafstörung mit Alpträumen (*vormals* Schlafstörung mit Angstträumen)

A. Wiederholtes Erwachen aus der Hauptschlafphase oder aus „Nickerchen" mit detaillierter Erinnerung an ausgedehnte und extrem furchterregende Träume, die üblicherweise eine Bedrohung des Überlebens, der Sicherheit oder des Selbstwertes beinhalten. Im allgemeinen tritt das Erwachen in der zweiten Hälfte der Schlafperiode auf.

B. Die Person ist beim Erwachen aus dem furchterregenden Traum rasch orientiert und wach (im Gegensatz zur Verwirrung und Desorientiertheit beim Pavor Nocturnus oder bei einigen Formen von Epilepsie).

C. Die Traumerfahrung oder die durch das Erwachen bedingte Schlafstörung verursacht in klinisch bedeutsamer Weise Leiden oder Beeinträchtigungen in sozialen, beruflichen oder anderen wichtigen Funktionsbereichen.

D. Die Alpträume treten nicht ausschließlich im Verlauf einer anderen psychischen Störung (z. B. Delir, Posttraumatische Belastungsstörung) auf und gehen nicht auf die direkte körperliche Wirkung einer Substanz (z. B. Droge, Medikament) oder eines medizinischen Krankheitsfaktors zurück.

- ### 307.46 (F51.4) Pavor Nocturnus

A. Wiederholte Episoden von plötzlichem Hochschrecken aus dem Schlaf, die gewöhnlich im ersten Drittel der Hauptschlafperiode auftreten und mit einem panischen Schrei beginnen.

B. Starke Angst und Anzeichen vegetativen Arousals wie Tachykardie, schnelles Atmen und Schwitzen während jeder Episode.

C. Fast keine Reaktion auf die Bemühungen anderer, den Betroffenen während der Episode zu beruhigen.

D. Es wird kein detaillierter Traum erinnert, und es besteht eine Amnesie für die Episode.

E. Die Episoden verursachen in klinisch bedeutsamer Weise Leiden oder Beeinträchtigungen in sozialen, beruflichen oder anderen wichtigen Funktionsbereichen.

F. Das Störungsbild geht nicht auf die direkte körperliche Wirkung einer Substanz (z. B. Droge oder Medikament) oder eines medizinischen Krankheitsfaktors zurück.

● **307.46 (F51.3) Schlafstörung mit Schlafwandeln**

A. Wiederholte Episoden von Aufstehen aus dem Bett und Umhergehen im Schlaf, die in der Regel während des 1.Drittels der Hauptschlafphase auftreten.

B. Während des Schlafwandelns hat die Person ein ausdrucksloses, starres Gesicht, reagiert kaum auf Bemühungen anderer, mit ihr zu kommunizieren und kann nur mit größter Schwierigkeit geweckt werden.

C. Beim Aufwachen (entweder aus der Schlafwandel-Episode oder am nächsten Morgen) hat die Person eine Amnesie für die Episode.

D. Innerhalb weniger Minuten nach dem Aufwachen aus einer Schlafwandel-Episode besteht keine Beeinträchtigung der geistigen Funktionen oder des Verhaltens mehr (wenn auch anfänglich ein kurzer Zeitraum von Verwirrtheit oder Desorientiertheit auftreten kann).

E. Das Schlafwandeln verursacht in klinisch bedeutsamer Weise Leiden oder Beeinträchtigungen in sozialen, beruflichen oder anderen wichtigen Funktionsbereichen.

F. Das Störungsbild geht nicht auf die direkte körperliche Wirkung einer Substanz (z. B. Droge, Medikament) oder eines medizinischen Krankheitsfaktors zurück.

● **307.47 (F51.8) Nicht Näher Bezeichnete Parasomnie**

Die Kategorie Nicht Näher Bezeichnete Parasomnien ist Störungsbildern vorbehalten, die mit abweichenden Verhaltens- oder physiologischen Ereignissen während des Schlafs oder im Übergang vom Schlafen zum Wachsein einhergehen, die jedoch nicht die Kriterien einer spezifischeren Parasomnie erfüllen. Dazu gehören:

1. REM-Schlaf-Verhaltensstörung: Motorische Aktivität, oft gewaltsamer Art, die während der REM-Schlafphase auftritt. Im Gegensatz zum Schlafwandeln treten solche Episoden meist später in der Nacht auf und gehen mit einer lebhaften Traumerinnerung einher.

2. Schlafparalyse: Unfähigkeit, willkürliche Bewegungen während des Übergangs vom Wachsein zum Schlafen auszuführen. Die Episoden können zum Schlafbeginn (hypnagog) oder beim Aufwachen (hypnopomp) auftreten. Die Episoden sind meist mit extremer Angst, in manchen Fällen sogar mit Todesangst verbunden. Schlafparalyse tritt häufig als Begleitsymptom der Narkolepsie auf und sollte in solchen Fällen nicht gesondert codiert werden.

3. Fälle, in denen der Untersucher das Vorliegen einer Parasomnie erkennt, jedoch nicht festlegen kann, ob es sich um eine primäre handelt, ob sie im Zusammenhang mit einem medizinischen Krankheitsfaktor steht oder ob sie durch eine Substanz induziert wurde.

Schlafstörungen im Zusammenhang mit einer Anderen Psychischen Störung

- **Diagnostische Kriterien für 307.42 (F51.0)**
  Insomnie in Zusammenhang mit ...
  [Benenne die Achse I- oder Achse II-Störung]

A. Die Hauptbeschwerden sind Ein- oder Durchschlafschwierigkeiten oder nicht erholsamer Schlaf für mindestens einen Monat in Verbindung mit Müdigkeit während des Tages oder eingeschränkter Leistungsfähigkeit am Tage.

B. Die Schlafstörung (oder die Folgeerscheinungen am Tage) verursacht in klinisch bedeutsamer Weise Leiden oder Beeinträchtigungen in sozialen, beruflichen oder anderen wichtigen Funktionsbereichen.

C. Man kommt zu dem Urteil, daß die Insomnie in Zusammenhang mit einer anderen auf Achse I oder Achse II codierten Störung (z. B. Major Depression, Generalisierte Angststörung, Anpassungsstörung mit Angst) steht, sie ist jedoch schwer genug, um für sich allein genommen klinische Beachtung zu rechtfertigen.

D. Das Störungsbild kann nicht durch eine andere Schlafstörung (z. B. Narkolepsie, Atmungsgebundene Schlafstörung, eine Parasomnie) besser erklärt werden.

E. Das Störungsbild geht nicht auf die direkte körperliche Wirkung einer Substanz (z. B. Droge, Medikament) oder eines medizinischen Krankheitsfaktors zurück.

● **307.44 (F51.1) Hypersomnie in Zusammenhang mit**
  ... *[Benenne die Achse I- oder Achse II-Störung]*

A. Die Hauptbeschwerde ist übermäßige Schläfrigkeit für mindestens einen Monat, die sich entweder durch verlängerte Schlafepisoden oder durch fast täglich auftretende Schlafepisoden während des Tages deutlich bemerkbar macht.

B. Die übermäßige Schläfrigkeit verursacht in klinisch bedeutsamer Weise Leiden oder Beeinträchtigungen in sozialen, beruflichen oder anderen wichtigen Funktionsbereichen.

C. Man kommt zu dem Urteil, daß die Hypersomnie in Zusammenhang mit einer anderen auf Achse I oder Achse II codierten Störung (z. B. Major Depression, Dysthyme Störung) steht, sie ist jedoch schwer genug, um für sich allein genommen klinische Beachtung zu rechtfertigen.

D. Das Störungsbild kann nicht besser durch eine andere Schlafstörung (z. B. Narkolepsie, Atmungsgebundene Schlafstörung, eine Parasomnie) oder durch eine unzureichende Menge an Schlaf erklärt werden.

E. Das Störungsbild geht nicht auf die direkte körperliche Wirkung einer Substanz (z. B. Droge, Medikament) oder eines medizinischen Krankheitsfaktors zurück.

Andere Schlafstörungen

- **780.xx (G47.x) Schlafstörung Aufgrund von ...**
  [Benenne den Medizinischen Krankheitsfaktor]

A. Eine vorherrschende Beeinträchtigung des Schlafes, die schwer genug ist, um für sich allein genommen klinische Beachtung zu rechtfertigen.

B. Es gibt Hinweise aus Anamnese, körperlicher Untersuchung oder Laborbefunden, daß das Schlafstörungsbild die direkte körperliche Folge eines medizinischen Krankheitsfaktors ist.

C. Die Störung kann nicht durch eine andere psychische Störung (z. B. eine Anpassungsstörung, bei der der Belastungsfaktor eine schwerwiegende organische Erkrankung ist) besser erklärt werden.

D. Die Störung tritt nicht ausschließlich im Verlauf eines Delirs auf.

E. Die Störung erfüllt nicht die Kriterien für eine Atmungsgebundene Schlafstörung oder Narkolepsie.

F. Die Schlafstörung verursacht in klinisch bedeutsamer Weise Leiden oder Beeinträchtigungen in sozialen, beruflichen oder anderen wichtigen Funktionsbereichen.

Bestimme den Typus:

— **.52 (.0) Insomnie-Typus:** Wenn die vorherrschende Schlafstörung Insomnie ist.

— **.54 (.1) Hypersomnie-Typus:** Wenn die vorherrschende Schlafstörung Hypersomnie ist.

— **.59 (.8) Parasomnie-Typus:** Wenn die vorherrschende Schlafstörung eine Parasomnie ist.

— **.59 (.8) Mischtypus:** Bei Vorliegen von mehr als einer Schlafstörung, von denen keine vorherrscht.

Codierhinweis: Der medizinische Krankheitsfaktor ist auf Achse I zu erfassen, z. B. 780.52 Schlafstörung Aufgrund einer Chronisch-Obstruktiven Lungenerkrankung, Insomnie-Typus. Der medizinische Krankheitsfaktor ist auch auf Achse III zu erfassen (Codierung siehe Anhang G).

● Substanzinduzierte Schlafstörung

A. Eine ausgeprägte Schlafstörung, die schwer genug ist, um für sich allein genommen klinische Beachtung zu rechtfertigen.

B. Es gibt Hinweise aus Anamnese, körperlicher Untersuchung oder Laborbefunden für (1) oder (2):

    1. Die Symptome aus Kriterium A entwickelten sich während einer Intoxikation oder eines Entzuges oder innerhalb eines Monats danach.

    2. Die Medikamenteneinnahme steht in ätiologischem Zusammenhang mit der Schlafstörung.

C. Das Störungsbild kann nicht durch eine Schlafstörung, die nicht substanzinduziert ist, besser erklärt werden. Hinweise darauf, daß die Symptome durch eine Schlafstörung, die nicht substanzinduziert ist, besser erklärt werden können, können folgendes einschließen: Die Symptome gehen dem Substanzgebrauch (oder der Medikamenteneinnahme) voraus, die Symptome dauern über einen beträchtlichen Zeitraum (z. B. etwa einen Monat) über das Ende des akuten Entzuges oder der schweren Intoxikation hinaus an, oder sie gehen erheblich über das hinaus, das aufgrund von Art und Menge der eingenommenen Substanz oder der Anwendungsdauer zu erwarten wäre, oder es gibt andere Hinweise für das Vorhandensein einer unabhängigen, nicht substanzinduzierten Schlafstörung (z. B. rezidivierende, nicht substanzgebundene Episoden in der Anamnese).

D. Das Störungsbild tritt nicht ausschließlich im Verlauf eines Delirs auf.

E. Das Schlafstörungsbild verursacht in klinisch bedeutsamer Weise Leiden oder Beeinträchtigungen in sozialen, beruflichen oder anderen wichtigen Funktionsbereichen.

Beachte: Diese Diagnose sollte nur dann anstelle der Diagnose einer Substanzintoxikation oder eines Substanzentzuges gestellt werden, wenn die Schlafsymptome über diejenigen hinausgehen, die normalerweise mit dem Intoxikations- oder Entzugssyndrom einhergehen, und wenn die Symptome schwer genug sind, um für sich allein genommen klinische Beachtung zu rechtfertigen.

Codiere [Spezifische Substanz-]induzierte Schlafstörung:
— (291.8 (F10.8) Alkohol, 292.89 (F15.8) Amphetamin, 292.89
(F15.8) Koffein, 292.89 (F14.8) Kokain, 292.89 (F11.8) Opiat; 292.89 (F13.8) Sedativum, Hypnotikum oder Anxiolytikum; 292.89 (F19.8) Andere [oder Unbekannte] Substanz.

Codierhinweis: siehe S. 105 für Codierungsregeln

Bestimme den Typus:
— **Insomnie-Typus:** Wenn das vorherrschende Schlafstörungsbild
eine Insomnie ist.
— **Hypersomnie-Typus:** Wenn das vorherrschende Schlafstörungsbild eine Hypersomnie ist.
— **Parasomnie-Typus:** Wenn das vorherrschende Schlafstörungsbild eine Parasomnie ist.
— **Gemischter Typus:** Wenn mehr als ein Schlafstörungsbild vorliegt und keines vorherrscht.

Bestimme, ob (siehe Tabelle auf Seite 97 bzgl. der Anwendbarkeit
für die Substanz):
— **Mit Beginn Während der Intoxikation:** Wenn die Kriterien
für eine Intoxikation mit der Substanz erfüllt sind und die
Symptome sich während des Intoxikationssyndroms entwikkeln.
— **Mit Beginn Während des Entzuges:** Wenn die Kriterien für
einen Entzug von der Substanz erfüllt sind und die Symptome
sich während oder kurz nach einem Entzugssyndrom entwikkeln.

Störungen der Impulskontrolle, Nicht Andernorts Klassifiziert

- **312.34 (F63.8) Intermittierende Explosible Störung**

A. Mehrere umschriebene Episoden des Versagens, aggressiven Impulsen zu widerstehen, die zu schweren Gewalttätigkeiten oder zu Zerstörung von Eigentum führen.

B. Das Ausmaß der Aggressivität, das während der Episoden gezeigt wird, steht in grobem Mißverhältnis zu irgendeinem auslösenden psychosozialen Belastungsfaktor.

C. Die aggressiven Episoden können nicht besser durch eine andere psychische Störung erklärt werden (z. B. Antisoziale Persönlichkeitsstörung, Borderline Persönlichkeitsstörung, eine Psychotische Störung, eine Manische Episode, Störung des Sozialverhaltens oder Aufmerksamkeitsdefizit-/Hyperaktivitätsstörung) und gehen nicht auf die direkte körperliche Wirkung einer Substanz (z. B. Droge, Medikament) oder eines medizinischen Krankheitsfaktors (z. B. Kopfverletzung, Alzheimersche Krankheit) zurück.

- **312.32 (F63.2) Kleptomanie**

A. Wiederholtes Versagen, Impulsen zum Stehlen von Gegenständen zu widerstehen, die weder zum persönlichen Gebrauch noch wegen ihres Geldwertes benötigt werden.

B. Zunehmendes Gefühl von Spannung unmittelbar vor Begehen des Diebstahls.

C. Vergnügen, Befriedigung oder Entspannung beim Begehen des Diebstahls.

D. Das Stehlen wird nicht begangen, um Wut oder Rache auszudrücken und erfolgt nicht als Reaktion auf Wahnphänomene oder Halluzinationen.

E. Das Stehlen kann nicht besser durch eine Störung des Sozialverhaltens, eine Manischen Episode oder eine Antisoziale Persönlichkeitsstörung erklärt werden.

● 312.33 (F63.1) Pyromanie

A. Gewolltes und absichtsvolles Feuerlegen bei mehr als einer Gelegenheit.

B. Spannungsgefühl oder affektive Erregung vor der Handlung.

C. Faszination, Interesse, Neugier und Anziehung in Hinblick auf Feuer und damit zusammenhängende Situationen (z. B. entsprechende Utensilien, Gebräuche, Folgen).

D. Vergnügen, Befriedigung oder Entspannung beim Feuerlegen, beim Zuschauen oder beim Beteiligtsein an den Folgen.

E. Das Feuerlegen geschieht nicht wegen des finanziellen Profits, als Ausdruck einer soziopolitischen Ideologie, zum Verdecken einer Straftat, um Wut oder Rache auszudrücken, um die Lebensumstände zu verbessern, als Reaktion auf Wahnphänomene oder Halluzinationen oder infolge verminderter Urteilsfähigkeit (z. B. bei Demenz, Geistiger Behinderung oder Substanzintoxikation).

F. Das Feuerlegen kann nicht besser durch eine Störung des Sozialverhaltens, eine Manische Episode oder eine Antisoziale Persönlichkeitsstörung erklärt werden.

● 312.31 (F63.0) Pathologisches Spielen

A. Andauerndes und wiederkehrendes fehlangepaßtes Spielverhalten, was sich in mindestens fünf der folgenden Merkmale ausdrückt:

1. ist stark eingenommen vom Glücksspiel (z. B. starkes Beschäftigtsein mit gedanklichem Nacherleben vergangener Spielerfahrungen, mit Verhindern oder Planen der nächsten Spielunternehmungen, Nachdenken über Wege, Geld zum Spielen zu beschaffen),

2. muß mit immer höheren Einsätzen spielen, um die gewünschte Erregung zu erreichen,

3. hat wiederholt erfolglose Versuche unternommen, das Spielen zu kontrollieren, einzuschränken oder aufzugeben,

4. ist unruhig und gereizt beim Versuch, das Spielen einzuschränken oder aufzugeben,

5. spielt, um Problemen zu entkommen oder um eine dysphorische Stimmung (z. B. Gefühle von Hilflosigkeit, Schuld, Angst, Depression) zu erleichtern,

6. kehrt, nachdem er/sie beim Glücksspiel Geld verloren hat, oft am nächsten Tag zurück, um den Verlust auszugleichen (dem Verlust „hinterherjagen"),

7. belügt Familienmitglieder, den Therapeuten oder andere, um das Ausmaß seiner Verstrickung in das Spielen zu vertuschen,

8. hat illegale Handlungen wie Fälschung, Betrug, Diebstahl oder Unterschlagung begangen, um das Spielen zu finanzieren,

9. hat eine wichtige Beziehung, seinen Arbeitsplatz, Ausbildungs- oder Aufstiegschancen wegen des Spielens gefährdet oder verloren,

10. verläßt sich darauf, daß andere ihm Geld bereitstellen, um die durch das Spielen verursachte hoffnungslose finanzielle Situation zu überwinden.

B. Das Spielverhalten kann nicht besser durch eine Manische Episode erklärt werden.

• 312.39 (F63.3) Trichotillomanie

A. Wiederholtes Ausreißen des eigenen Haars, was zu deutlichem Haarausfall führt.

B. Ein zunehmendes Spannungsgefühl unmittelbar vor dem Haareausreißen oder beim Versuch, der Handlung zu widerstehen.

C. Vergnügen, Befriedigung oder Entspannung während des Haareausreißens.

D. Das Verhalten kann nicht besser durch eine andere psychische Störung oder einen medizinischen Krankheitsfaktor (z. B. eine dermatologische Erkrankung) erklärt werden.

E. Die Störung verursacht in klinisch bedeutsamer Weise Leiden oder Beeinträchtigungen in sozialen, beruflichen oder anderen wichtigen Funktionsbereichen.

● 312.30 (F63.9) Nicht Näher Bezeichnete Störung der Impulskontrolle

Diese Kategorie ist für Störungen der Impulskontrolle vorgesehen, die weder die Kriterien irgendeiner spezifischen Störung der Impulskontrolle erfüllen noch die einer anderen psychischen Störung, die Merkmale einer Störung der Impulskontrolle aufweist und anderenorts im Manual beschrieben ist (z. B. Substanzabhängigkeit, eine Paraphilie).

Anpassungsstörungen

- **Anpassungsstörungen**

A. Die Entwicklung von emotionalen oder verhaltensmäßigen Symptomen als Reaktion auf einen identifizierbaren Belastungsfaktor, die innerhalb von 3 Monaten nach Beginn der Belastung auftreten.

B. Diese Symptome oder Verhaltensweisen sind insofern klinisch bedeutsam, als sie

   1. zu deutlichem Leiden führen, welches über das hinausgeht, was man bei Konfrontation mit diesem Belastungsfaktor erwarten würde,

   2. zu bedeutsamen Beeinträchtigungen in sozialen oder beruflichen (schulischen) Funktionsbereichen führen.

C. Das belastungsabhängige Störungsbild erfüllt nicht die Kriterien für eine andere spezifische Störung auf Achse I und stellt nicht nur eine Verschlechterung einer vorbestehenden Störung auf Achse I oder Achse II dar.

D. Die Symptome sind nicht Ausdruck einer Einfachen Trauer.

E. Wenn die Belastung (oder deren Folgen) beendet ist, dann dauern die Symptome nicht länger als weitere 6 Monate an.

Bestimme, ob:
- **Akut:** Wenn die Störung weniger als 6 Monate anhält.
- **Chronisch:** Wenn die Störung länger als 6 Monate andauert. Die Symptome können per Definition nicht länger als 6 Monate nach der Beendigung des Belastungsfaktors oder seiner Folgen andauern. Die Zusatzcodierung Chronisch wird daher benutzt, wenn die Störung länger als 6 Monate in Reaktion auf einen chronischen Belastungsfaktor oder auf einen Belastungsfaktor, der anhaltende Folgen hat, andauert.

Anpassungsstörungen werden entsprechend dem Subtypus codiert, der am besten die vorherrschenden Symptome charakterisiert. Die spezifischen Belastungsfaktoren können auf Achse IV codiert werden:

- **309.0 (F43.20) Mit Depressiver Stimmung:** wenn die vorherrschenden Symptome depressive Verstimmungen, Weinerlichkeit oder Gefühle von Hoffnungslosigkeit sind.
- **309.24 (F43.28) Mit Angst:** wenn die vorherrschenden Symptome Nervosität, Sorgen oder Ängstlichkeit oder bei Kindern die Angst, von einer Hauptbezugsperson getrennt zu werden sind.
- **309.28 (F43.22) Mit Angst und Depressiver Stimmung, Gemischt:** wenn eine Kombination aus Depression und Angst im Vordergrund steht.
- **309.3 (F43.24) Mit Störungen des Sozialverhaltens:** wenn die vorherrschende Symptomatik eine Störung des Sozialverhaltens ist, bei der es zur Verletzung von Rechten anderer kommt oder von wesentlichen altersgemäßen sozialen Normen und Regeln (z. B. Schuleschwänzen, Vandalismus, rücksichtsloses Fahren, Schlägereien, Mißachtung von rechtlichen Verpflichtungen).
- **309.4 (F43.25) Mit Emotionalen Störungen und Störungen des Sozialverhaltens, Gemischt:** wenn sowohl emotionale Störungen vorliegen (z. B. Depression, Angst) als auch eine Störung des Sozialverhaltens (s. obigen Subtypus).
- **309.9 (F43.9) Unspezifisch:** wenn unangepaßte Reaktionen (z. B. körperliche Beschwerden, sozialer Rückzug oder Störungen im Arbeits- oder Schulbereich) auf psychosoziale Belastungsfaktoren, die sich nicht als eine der spezifischen Subtypen der Anpassungsstörung klassifizieren lassen, im Vordergrund stehen.

Persönlichkeitsstörungen

Dies Kapitel beginnt mit einer allgemeinen Definition einer Persönlichkeitsstörung, die für jede der 10 spezifischen Persönlichkeitsstörungen gilt. Alle Persönlichkeitsstörungen werden auf Achse II codiert.

- **Allgemeine diagnostische Kriterien einer Persönlichkeitsstörung**

A. Ein überdauerndes Muster von innerem Erleben und Verhalten, das merklich von den Erwartungen der soziokulturellen Umgebung abweicht. Dieses Muster manifestiert sich in mindestens 2 der folgenden Bereiche:
   1. Kognition (also die Art, sich selbst, andere Menschen und Ereignisse wahrzunehmen und zu interpretieren),
   2. Affektivität (also die Variationsbreite, die Intensität, die Labilität und Angemessenheit emotionaler Reaktionen),
   3. Gestaltung zwischenmenschlicher Beziehungen,
   4. Impulskontrolle.
B. Das überdauernde Muster ist unflexibel und tiefgreifend in einem weiten Bereich persönlicher und sozialer Situationen.
C. Das überdauernde Muster führt in klinisch bedeutsamer Weise zu Leiden oder Beeinträchtigungen in sozialen, beruflichen oder anderen wichtigen Funktionsbereichen.
D. Das Muster ist stabil und langdauernd, und sein Beginn ist zumindest bis in die Adoleszenz oder ins frühe Erwachsenenalter zurückzuverfolgen.
E. Das überdauernde Muster läßt sich nicht besser als Manifestation oder Folge einer anderen psychischen Störung erklären.
F. Das überdauernde Muster geht nicht auf die direkte körperliche Wirkung einer Substanz (z. B. Droge, Medikament) oder eines medizinischen Krankheitsfaktors (z. B. Hirnverletzung) zurück.

Cluster A-Persönlichkeitsstörungen

- **301.00 (F60.0) Paranoide Persönlichkeitsstörung**

A. Tiefgreifendes Mißtrauen und Argwohn gegenüber anderen, so daß deren Motive als böswillig ausgelegt werden. Die Störung beginnt im frühen Erwachsenenalter und tritt in den verschiedensten Situationen auf. Mindestens 4 der folgenden Kriterien müssen erfüllt sein:

1. verdächtigt andere ohne hinreichenden Grund, ihn/sie auszunutzen, zu schädigen oder zu täuschen,
2. ist stark eingenommen von ungerechtfertigten Zweifeln an der Loyalität und Vertrauenswürdigkeit von Freunden oder Partnern,
3. vertraut sich nur zögernd anderen Menschen an, aus ungerechtfertigter Angst, die Informationen könnten in böswilliger Weise gegen ihn/sie verwandt werden,
4. liest in harmlose Bemerkungen oder Vorkommnisse eine versteckte, abwertende oder bedrohliche Bedeutung hinein,
5. ist lange nachtragend, d. h. verzeiht Kränkungen, Verletzungen oder Herabsetzungen nicht,
6. nimmt Angriffe auf die eigene Person oder das Ansehen wahr, die anderen nicht so vorkommen, und reagiert schnell zornig oder startet rasch einen Gegenangriff,
7. verdächtigt wiederholt ohne jede Berechtigung den Ehe- oder Sexualpartner der Untreue.

B. Tritt nicht ausschließlich im Verlauf einer Schizophrenie, einer Affektiven Störung mit Psychotischen Merkmalen oder einer anderen Psychotischen Störung auf und geht nicht auf die direkte körperliche Wirkung eines medizinischen Krankheitsfaktors zurück.

Beachte: Wenn die Kriterien vor dem Auftreten einer Schizophrenie erfüllt waren, ist „prämorbid" hinzuzufügen. Beispiel: „Paranoide Persönlichkeitsstörung (Prämorbid)".

● **301.20 (F60.1) Schizoide Persönlichkeitsstörung**

A. Ein tiefgreifendes Muster, das durch Distanziertheit in sozialen Beziehungen und eine eingeschränkte Bandbreite des Gefühlsausdrucks im zwischenmenschlichen Bereich gekennzeichnet ist. Die Störung beginnt im frühen Erwachsenenalter und tritt in den verschiedensten Situationen auf. Mindestens 4 der folgenden Kriterien müssen erfüllt sein:

1. hat weder den Wunsch nach engen Beziehungen noch Freude daran, einschließlich der Tatsache, Teil einer Familie zu sein,
2. wählt fast immer einzelgängerische Unternehmungen,
3. hat, wenn überhaupt, wenig Interesse an sexuellen Erfahrungen mit einem anderen Menschen,
4. wenn überhaupt, dann bereiten nur wenige Tätigkeiten Freude,
5. hat keine engen Freunde oder Vertraute, außer Verwandten ersten Grades,
6. erscheint gleichgültig gegenüber Lob und Kritik von seiten anderer,
7. zeigt emotionale Kälte, Distanziertheit oder eingeschränkte Affektivität.

B. Tritt nicht ausschließlich im Verlauf einer Schizophrenie, einer Affektiven Störung mit Psychotischen Merkmalen, einer anderen Psychotischen Störung oder einer Tiefgreifenden Entwicklungsstörung auf und geht nicht auf die direkte körperliche Wirkung eines medizinischen Krankheitsfaktors zurück.

Beachte: Falls die Kriterien vor dem Beginn einer Schizophrenie erfüllt waren, ist „Prämorbid" hinzuzufügen, z. B. „Schizoide Persönlichkeitsstörung (Prämorbid)".

● **301.22 (F21) Schizotypische Persönlichkeitsstörung**

A. Ein tiefgreifendes Muster sozialer und zwischenmenschlicher Defizite, das durch akutes Unbehagen in und mangelnde Fähigkeit zu engen Beziehungen gekennzeichnet ist. Weiterhin treten Verzerrungen der Wahrnehmung oder des Denkens und eigentümliches Verhalten auf. Die Störung beginnt im frühen Erwachsenenalter und tritt in den verschiedensten Situationen auf. Mindestens fünf der folgenden Kriterien müssen erfüllt sein:

1. Beziehungsideen (jedoch kein Beziehungswahn),
2. seltsame Überzeugungen oder magische Denkinhalte, die das Verhalten beeinflussen und nicht mit den Normen der jeweiligen subkulturellen Gruppe übereinstimmen (z. B. Aberglaube, Glaube an Hellseherei, Telepathie oder an den „sechsten Sinn"; bei Kindern und Heranwachsenden bizarre Phantasien und Beschäftigungen),
3. ungewöhnliche Wahrnehmungserfahrungen einschließlich körperbezogener Illusionen,
4. seltsame Denk- und Sprechweise (z. B. vage, umständlich, metaphorisch, übergenau, stereotyp),
5. Argwohn oder paranoide Vorstellungen,
6. inadäquater oder eingeschränkter Affekt,
7. Verhalten oder äußere Erscheinung sind seltsam, exzentrisch oder merkwürdig,
8. Mangel an engen Freunden oder Vertrauten außer Verwandten ersten Grades,
9. ausgeprägte soziale Angst, die nicht mit zunehmender Vertrautheit abnimmt und die eher mit paranoiden Befürchtungen als mit negativer Selbstbeurteilung zusammenhängt.

B. Tritt nicht ausschließlich im Verlauf einer Schizophrenie, einer Affektiven Störung mit Psychotischen Merkmalen, einer anderen Psychotischen Störung oder einer Tiefgreifenden Entwicklungsstörung auf.

Beachte: Wenn die Kriterien vor dem Beginn einer Schizophrenie erfüllt waren, ist „Prämorbid" hinzuzufügen, z. B. „Schizotypische Persönlichkeitsstörung (Prämorbid)".

Cluster B-Persönlichkeitsstörungen

● **301.7 (F60.2) Antisoziale Persönlichkeitsstörung**

A. Es besteht ein tiefgreifendes Muster von Mißachtung und Verletzung der Rechte anderer, das seit dem Alter von 15 Jahren auftritt. Mindestens 3 der folgenden Kriterien müssen erfüllt sein:

1. Versagen, sich in bezug auf gesetzmäßiges Verhalten gesellschaftlichen Normen anzupassen, was sich in wiederholtem Begehen von Handlungen äußert, die einen Grund für eine Festnahme darstellen,

2. Falscheit, die sich in wiederholtem Lügen, dem Gebrauch von Decknamen oder dem Betrügen anderer zum persönlichen Vorteil oder Vergnügen äußert,

3. Impulsivität oder Versagen, vorausschauend zu planen,

4. Reizbarkeit und Aggressivität, die sich in wiederholten Schlägereien oder Überfällen äußert,

5. rücksichtslose Mißachtung der eigenen Sicherheit bzw. der Sicherheit anderer,

6. durchgängige Verantwortungslosigkeit, die sich im wiederholten Versagen zeigt, eine dauerhafte Tätigkeit auszuüben oder finanziellen Verpflichtungen nachzukommen,

7. fehlende Reue, die sich in Gleichgültigkeit oder Rationalisierung äußert, wenn die Person andere Menschen gekränkt, mißhandelt oder bestohlen hat.

B. Die Person ist mindestens 18 Jahre alt.

C. Eine Störung des Sozialverhaltens (siehe S. 65) war bereits vor Vollendung des 15. Lebensjahres erkennbar.

D. Das Antisoziale Verhalten tritt nicht ausschließlich im Verlauf einer Schizophrenie oder einer Manischen Episode auf.

● **301.83 (F60.31) Borderline Persönlichkeitsstörung**

Ein tiefgreifendes Muster von Instabilität in zwischenmenschlichen Beziehungen, im Selbstbild und in den Affekten sowie von deutlicher Impulsivität. Die Störung beginnt im frühen Erwachsenenalter und tritt in den verschiedensten Situationen auf. Mindestens 5 der folgenden Kriterien müssen erfüllt sein:

1. verzweifeltes Bemühen, tatsächliches oder vermutetes Verlassenwerden zu vermeiden. **Beachte:** Hier werden keine suizidalen oder selbstverletzenden Handlungen berücksichtigt, die in Kriterium 5 enthalten sind,

2. ein Muster instabiler, aber intensiver zwischenmenschlicher Beziehungen, das durch einen Wechsel zwischen den Extremen der Idealisierung und Entwertung gekennzeichnet ist,

3. Identitätsstörung: ausgeprägte und andauernde Instabilität des Selbstbildes oder der Selbstwahrnehmung,

4. Impulsivität in mindestens zwei potentiell selbstschädigenden Bereichen (Geldausgaben, Sexualität, Substanzmißbrauch, rücksichtsloses Fahren, „Freßanfälle"). Beachte: Hier werden keine suizidalen oder selbstverletzenden Handlungen berücksichtigt, die in Kriterium 5 enthalten sind,

5. wiederholte suizidale Handlungen, Selbstmordandeutungen oder -drohungen oder Selbstverletzungsverhalten,

6. affektive Instabilität infolge einer ausgeprägten Reaktivität der Stimmung (z. B. hochgradige episodische Dysphorie, Reizbarkeit oder Angst, wobei diese Verstimmungen gewöhnlich einige Stunden und nur selten mehr als einige Tage andauern),

7. chronische Gefühle von Leere,

8. unangemessene, heftige Wut oder Schwierigkeiten, die Wut zu kontrollieren (z. B. häufige Wutausbrüche, andauernde Wut, wiederholte körperliche Auseinandersetzungen),

9. vorübergehende, durch Belastungen ausgelöste paranoide Vorstellungen oder schwere dissoziative Symptome.

● **301.50 (F60.4) Histrionische Persönlichkeitsstörung**

Ein tiefgreifendes Muster übermäßiger Emotionalität oder Strebens nach Aufmerksamkeit. Die Störung beginnt im frühen Erwachsenenalter und tritt in den verschiedensten Situationen auf. Mindestens 5 der folgenden Kriterien müssen erfüllt sein:

1. fühlt sich unwohl in Situationen, in denen er/sie nicht im Mittelpunkt der Aufmerksamkeit steht,

2. die Interaktion mit anderen ist oft durch ein unangemessen sexuell verführerisches oder provokantes Verhalten charakterisiert,

3. zeigt rasch wechselnden und oberflächlichen Gefühlsausdruck,

4. setzt durchweg die körperliche Erscheinung ein, um die Aufmerksamkeit auf sich zu lenken,

5. hat einen übertrieben impressionistischen, wenig detaillierten Sprachstil,

6. zeigt Selbstdramatisierung, Theatralik und übertriebenen Gefühlsausdruck,

7. ist suggestibel, d.h. leicht beeinflußbar durch andere Personen oder Umstände,

8. faßt Beziehungen enger auf, als sie tatsächlich sind.

- ## 301.81 (F60.8) Narzißtische Persönlichkeitsstörung

Ein tiefgreifendes Muster von Großartigkeit (in Phantasie oder Verhalten), Bedürfnis nach Bewunderung und Mangel an Empathie. Die Störung beginnt im frühen Erwachsenenalter und tritt in den verschiedensten Situationen auf. Mindestens 5 der folgenden Kriterien müssen erfüllt sein:

1. hat ein grandioses Gefühl der eigenen Wichtigkeit (übertreibt z.B. die eigenen Leistungen und Talente; erwartet, ohne entsprechende Leistungen als überlegen anerkannt zu werden),

2. ist stark eingenommen von Phantasien grenzenlosen Erfolgs, Macht, Glanz, Schönheit oder idealer Liebe,

3. glaubt von sich, „besonders" und einzigartig zu sein und nur von anderen besonderen oder angesehenen Personen (oder Institutionen) verstanden zu werden oder nur mit diesen verkehren zu können,

4. verlangt nach übermäßiger Bewunderung,

5. legt ein Anspruchsdenken an den Tag, d.h. übertriebene Erwartungen an eine besonders bevorzugte Behandlung oder automatisches Eingehen auf die eigenen Erwartungen,

6. ist in zwischenmenschlichen Beziehungen ausbeuterisch, d.h. zieht Nutzen aus anderen, um die eigenen Ziele zu erreichen,

7. zeigt einen Mangel an Empathie: ist nicht willens, die Gefühle und Bedürfnisse anderer zu erkennen oder sich mit ihnen zu identifizieren,

8. ist häufig neidisch auf andere oder glaubt, andere seien neidisch auf ihn/sie,

9. zeigt arrogante, überhebliche Verhaltensweisen oder Haltungen.

Cluster C-Persönlichkeitsstörungen

● **301.82 (F60.6) Vermeidend-Selbstunsichere Persönlichkeitsstörung**

Ein tiefgreifendes Muster von sozialer Gehemmtheit, Insuffizienzgefühlen und Überempfindlichkeit gegenüber negativer Beurteilung. Die Störung beginnt im frühen Erwachsenenalter und tritt in den verschiedensten Situationen auf. Mindestens 4 der folgenden Kriterien müssen erfüllt sein:

1. vermeidet aus Angst vor Kritik, Mißbilligung oder Zurückweisung berufliche Aktivitäten, die engere zwischenmenschliche Kontakte mit sich bringen,
2. läßt sich nur widerwillig mit Menschen ein, sofern er/sie sich nicht sicher ist, daß er/sie gemocht wird,
3. zeigt Zurückhaltung in intimeren Beziehungen, aus Angst beschämt oder lächerlich gemacht zu werden,
4. ist stark davon eingenommen, in sozialen Situationen kritisiert oder abgelehnt zu werden,
5. ist aufgrund von Gefühlen der eigenen Unzulänglichkeit in neuen zwischenmenschlichen Situationen gehemmt,
6. hält sich für gesellschaftlich unbeholfen, persönlich unattraktiv oder anderen gegenüber unterlegen,
7. nimmt außergewöhnlich ungern persönliche Risiken auf sich oder irgendwelche neuen Unternehmungen in Angriff, weil dies sich als beschämend erweisen könnte.

● **301.6 (F60.7) Dependente Persönlichkeitsstörung**

Ein tiefgreifendes und überstarkes Bedürfnis, versorgt zu werden, das zu unterwürfigem und anklammerndem Verhalten und Trennungsängsten führt. Die Störung beginnt im frühen Erwachsenenalter und tritt in den verschiedensten Situationen auf. Mindestens 5 der folgenden Kriterien müssen erfüllt sein:

1. hat Schwierigkeiten, alltägliche Entscheidungen zu treffen, ohne ausgiebig den Rat und die Bestätigung anderer einzuholen,
2. benötigt andere, damit diese die Verantwortung für seine/ihre wichtigsten Lebensbereiche übernehmen,

3. hat Schwierigkeiten, anderen Menschen gegenüber eine andere Meinung zu vertreten, aus Angst, Unterstützung und Zustimmung zu verlieren. **Beachte:** hier bleiben realistische Ängste vor Bestrafung unberücksichtigt,

4. hat Schwierigkeiten, Unternehmungen selbst zu beginnen oder Dinge unabhängig durchzuführen (eher aufgrund von mangelndem Vertrauen in die eigene Urteilskraft oder die eigenen Fähigkeiten als aus mangelnder Motivation oder Tatkraft),

5. tut alles Erdenkliche, um die Versorgung und Zuwendung anderer zu erhalten bis hin zur freiwilligen Übernahme unangenehmer Tätigkeiten,

6. fühlt sich alleine unwohl oder hilflos aus übertriebener Angst, nicht für sich selbst sorgen zu können,

7. sucht dringend eine andere Beziehung als Quelle der Fürsorge und Unterstützung, wenn eine enge Beziehung endet,

8. ist in unrealistischer Weise von Ängsten eingenommen, verlassen zu werden und für sich selbst sorgen zu müssen.

- ● **301.4 (F60.5) Zwanghafte Persönlichkeitsstörung**

Ein tiefgreifendes Muster von starker Beschäftigung mit Ordnung, Perfektion und psychischer sowie zwischenmenschlicher Kontrolle auf Kosten von Flexibilität, Aufgeschlossenheit und Effizienz. Die Störung beginnt im frühen Erwachsenenalter und zeigt sich in verschiedenen Situationen. Mindestens 4 der folgenden Kriterien müssen zutreffen:

1. beschäftigt sich übermäßig mit Details, Regeln, Listen, Ordnung, Organisation oder Plänen, so daß der wesentliche Gesichtspunkt der Aktivität dabei verlorengeht,

2. zeigt einen Perfektionismus, der die Aufgabenerfüllung behindert (z. B. kann ein Vorhaben nicht beendet werden, da die eigenen überstrengen Normen nicht erfüllt werden),

3. verschreibt sich übermäßig der Arbeit und Produktivität unter Ausschluß von Freizeitaktivitäten und Freundschaften (nicht auf offensichtliche finanzielle Notwendigkeit zurückzuführen),

4. ist übermäßig gewissenhaft, skrupulös und rigide in Fragen von Moral, Ethik und Werten (nicht auf kulturelle und religiöse Orientierung zurückzuführen),

5. ist nicht in der Lage, verschlissene oder wertlose Dinge weg-
   zuwerfen, selbst wenn sie nicht einmal Gefühlswert besitzen,
6. delegiert nur widerwillig Aufgaben an andere oder arbeitet nur
   ungern mit anderen zusammen, wenn diese nicht genau die
   eigene Arbeitsweise übernehmen,
7. ist geizig sich selbst und anderen gegenüber; Geld muß im
   Hinblick auf befürchtete künftige Katastrophen gehortet werden,
8. zeigt Rigidität und Halsstarrigkeit.

● 301.9 (F60.9) Nicht Näher Bezeichnete Persönlichkeitsstörung

Diese Kategorie umfaßt Störungen der Persönlichkeitsfunktionen,
die nicht die Kriterien einer spezifischen Persönlichkeitsstörung
erfüllen. Ein Beispiel ist das Vorhandensein von Merkmalen mehr
als einer spezifischen Persönlichkeitsstörung, welche die Kriterien
für eine einzelne Persönlichkeitsstörung nicht vollständig erfüllen
(„gemischte Persönlichkeit"), die jedoch zusammengefaßt in klinisch bedeutsamer Weise Leiden und Beeinträchtigungen in mindestens einem wichtigen Funktionsbereich (z. B. sozial oder be-
ruflich) verursachen. Diese Kategorie kann auch benutzt werden,
wenn dem Untersucher eine spezifische Persönlichkeitsstörung
diagnostisch zutreffend erscheint, die nicht in der vorliegenden
Klassifikation enthalten ist, beispielsweise die depressive Persönlichkeitsstörung und die passiv-aggressive Persönlichkeitsstörung
(siehe Anhang B in DSM-IV für Vorgeschlagene Forschungskriterien).

Andere Klinisch Relevante Probleme

Dieses Kapitel umfaßt andere relevante Erkrankungen oder Probleme, die im Vordergrund der klinischen Aufmerksamkeit stehen können. Sie können mit den zuvor aufgelisteten psychischen Störungen wie folgt zusammenhängen: 1) das Problem steht im Mittelpunkt der Diagnostik oder Behandlung, ohne daß die Person eine psychische Störung hat (z. B. ein Partnerschaftskonflikt, bei dem keiner der beteiligten Personen die Kriterien für eine psychische Störung erfüllt; in diesem Fall wird nur der Partnerschaftskonflikt codiert); 2) die Person hat unabhängig vom Problem eine psychische Störung (z. B. ein Partnerschaftskonflikt und einer der beteiligten Partner hat zufällig eine spezifische Phobie; in diesem Fall kann beides codiert werden); 3) die Person hat eine psychische Störung, die im Zusammenhang mit dem Problem steht; dieses ist jedoch schwer genug, um für sich allein genommen klinische Beachtung zu rechtfertigen (z. B. ein Partnerschaftskonflikt, der ausreichend problematisch ist, um im Mittelpunkt der Behandlung zu stehen, und der mit einer Major Depression bei einem der Partner einhergeht; in diesem Fall kann beides codiert werden). Die Zustände und Probleme in diesem Kapitel werden auf Achse I codiert.

Psychische Faktoren, die Medizinische Krankheitsfaktoren Beeinflussen

- **316 (F54) ...** *[Spezifischer Psychischer Faktor]*, **der ...** *[Benenne den Medizinischen Krankheitsfaktor]* **Beeinflußt**

A. Ein medizinischer Krankheitsfaktor (codiert auf Achse III) ist vorhanden.

B. Psychische Faktoren beeinflussen in ungünstiger Weise den medizinischen Krankheitsfaktor auf eine der folgenden Arten:

1. die Faktoren beeinflussen den Verlauf des medizinischen Krankheitsfaktors, was aus einem engen zeitlichen Zusam-

menhang zwischen den psychischen Faktoren und der Entwicklung, Exazerbation oder der verzögerten Genesung des medizinischen Krankheitsfaktors geschlossen werden kann,

2. die Faktoren beeinträchtigen die Behandlung des medizinischen Krankheitsfaktors,

3. die Faktoren stellen ein zusätzliches Gesundheitsrisiko für die Person dar,

4. körperliche Streßreaktionen lösen Symptome eines medizinischen Krankheitsfaktors aus oder verschlimmern diese.

Wähle die Bezeichnung entsprechend der Art der psychischen Faktoren (wenn mehr als ein Faktor vorhanden ist, benenne den ausgeprägtesten):

— **Psychische Störung, die** ... *[Benenne den Medizinischen Krankheitsfaktor]* Beeinflußt (z. B. eine Achse I-Störung wie die Major Depression verzögert die Genesung eines Herzinfarkts),

— **Psychische Symptome, die** ... *[Benenne den Medizinischen Krankheitsfaktor]* Beeinflussen (z. B. depressive Symptome verzögern den postoperativen Verlauf; Angstsymptomatik, die ein Asthma verschlimmert),

— **Persönlichkeitsmerkmale oder Bewältigungsstile, die** ... *[Benenne den Medizinischen Krankheitsfaktor]* Beeinflussen (z. B. Verleugnung der Notwendigkeit einer Operation bei einem Krebspatienten; Typ-A-Verhalten, das zu einer kardiovaskulären Erkrankung beiträgt),

— **Gesundheitsgefährdendes Verhalten, das** ... *[Benenne den Medizinischen Krankheitsfaktor]* Beeinflußt (z. B. übermäßiges Essen, Bewegungsmangel, risikobehaftete Sexualpraktiken),

— **Körperliche Streßreaktion, die** ... *[Benenne den Medizinischen Krankheitsfaktor]* Beeinflußt (z. B. streßbedingte Verschlimmerungen eines Ulcus, einer Hypertonie, einer Arrhythmie oder eines Spannungskopfschmerzes),

— **Andere oder Unspezifische Psychische Faktoren, die** ... *[Benenne den Medizinischen Krankheitsfaktor]* Beeinflussen (z. B. zwischenmenschliche, kulturelle oder religiöse Faktoren).

Medikamenteninduzierte Bewegungsstörungen

Die folgenden Medikamenteninduzierten Bewegungsstörungen sind aufgeführt wegen ihrer Bedeutung 1) für die medikamentöse Behandlung von psychischen Störungen oder medizinischen Krankheitsfaktoren und 2) für die Differentialdiagnose zu Achse I-Störungen (z. B. Angststörung versus Neuroleptikainduzierte Akathisie; Katatonie versus Malignes Neuroleptisches Syndrom). Obwohl diese Störungen als „medikamenteninduziert" bezeichnet werden, bereitet es oft Probleme, eine kausale Beziehung zwischen der Medikation und der Entwicklung der Bewegungsstörung festzustellen, besonders weil einige dieser Bewegungsstörungen auch ohne Medikation auftreten. Der Begriff Neuroleptikum wird in diesem Manual in einem weiten Sinne gebraucht und bezieht sich auf alle Medikamente mit dopaminantagonistischen Eigenschaften. Diese umfassen die sog. „typischen" antipsychotischen Wirkstoffe (z. B. Chlorpromazin, Haloperidol, Fluphenazin), „atypische" antipsychotische Wirkstoffe (z. B. Clozapin) und Medikamente, die Dopamin-Rezeptoren blockieren, die jedoch zur Behandlung von Symptomen wie Übelkeit und Gastroparese eingesetzt werden (z. B. Prochlorperazin, Promethazin, Trimethobenzamid, Thiethylperazin und Metoclopramid) und Amoxapin, das als Antidepressivum auf dem Markt ist. Medikamenteninduzierte Bewegungsstörungen werden auf Achse I codiert.

- ## 332.1 (G21.1) Neuroleptikainduzierter Parkinsonismus

Parkinson-Tremor, Muskelrigidität oder Akinese, die innerhalb weniger Wochen nach Beginn oder Erhöhung einer Neuroleptika-Dosis aufgetreten sind (oder nach Reduktion einer Medikation zur Behandlung extrapyramidaler Symptome) (siehe Anhang B in DSM-IV für Vorgeschlagene Forschungskriterien).

- ## 333.92 (G21.0) Malignes Neuroleptisches Syndrom

Schwere Muskelrigidität, erhöhte Temperatur und andere damit zusammenhängende Befunde (z. B. Schweißausbrüche, Dyspha-

gie, Inkontinenz, Wechsel der Bewußtseinslage von Verwirrtheit
bis Koma, Mutismus, erhöhter oder labiler Blutdruck, erhöhte
CPK), die sich in Verbindung mit einer neuroleptischen Medikation entwickeln (siehe Anhang B in DSM-IV für Vorgeschlagene
Forschungskriterien).

● **333.7 (G24.0) Neuroleptikainduzierte Akute Dystonie**

Abnorme Position oder Verkrampfungen der Kopfmuskulatur, der
Muskulatur des Halses, der Gliedmaßen oder des Rumpfes, die
sich innerhalb weniger Tage nach dem Beginn oder der Erhöhung
der Dosis einer neuroleptischen Medikation entwickeln (oder
nach der Reduktion einer Medikation zur Behandlung von extra-
pyramidalen Symptomen) (siehe Anhang B in DSM-IV für Vorgeschlagene Forschungkriterien).

● **333.99 (G21.1) Neuroleptikainduzierte Akute Akathisie**

Subjektive Klagen über Ruhelosigkeit, die von beobachtbaren Bewegungen (z. B. unruhige Bewegungen der Beine, Trippeln von
einem Fuß auf den anderen, ständiges Umhergehen, Unfähigkeit,
zu sitzen oder still zu stehen) begleitet sind, die sich innerhalb
weniger Tage nach dem Beginn oder der Erhöhung der Dosis
einer neuroleptischen Medikation (oder nach Reduktion einer
Medikation zur Behandlung extrapyramidaler Symptome) entwikkeln (siehe Anhang B in DSM-IV für Vorgeschlagene Forschungskriterien).

● **333.82 (G24.0) Neuroleptikainduzierte
Tardive Dyskinesie**

Unwillkürliche, choreiforme, athetoide oder rhythmische Bewegungen (von mindestens einigen Wochen Dauer) der Zunge, der
Kiefer oder der Extremitäten, die sich im Zusammenhang mit
einer neuroleptischen Medikation über einen Zeitraum von mindestens einigen Monaten (bei älteren Personen kann dieser Zeitraum auch kürzer sein) entwickeln (siehe Anhang B in DSM-IV
für Vorgeschlagene Forschungskriterien).

- **333.1 (G25.1) Medikamenteninduzierter Haltetremor**

Feines Zittern, das auftritt, wenn der Patient versucht, eine bestimmte Haltung einzunehmen, und das sich im Zusammenhang mit einer Medikamenteneinnahme (z. B. Lithium, Antidepressiva, Valproinsäure) entwickelt (siehe Anhang B für Vorgeschlagene Forschungskriterien).

- **333.90 (G25.9) Nicht Näher Bezeichnete Medikamenteninduzierte Bewegungsstörung**

Diese Kategorie dient zur Kennzeichnung von Medikamenteninduzierten Bewegungsstörungen, die durch die oben genannten spezifischen Störungen nicht erfaßt werden. Beispiele sind 1) Parkinsonismus, akute Akathisie, akute Dystonie oder dyskinetische Bewegungen, die mit einer anderen Medikation als Neuroleptika in Zusammenhang stehen; 2) ein Störungsbild, das einem malignen neuroleptischen Syndrom ähnelt und mit einer anderen als einer neuroleptischen Medikation in Zusammenhang steht; oder 3) tardive Dystonie.

Andere Medikamenteninduzierte Störungen

- **995.2 (T88.7) Nicht Näher Bezeichnete Ungünstige Wirkungen einer Medikation**

Diese Kategorie kann verwendet werden, um Nebenwirkungen einer Medikation (andere als Bewegungsstörungen) zu codieren, wenn diese im Vordergrund der klinischen Aufmerksamkeit stehen. Beispiele sind schwere Hypertonie, Herzrhythmusstörungen und Priapismus.

Zwischenmenschliche Probleme

Der Abschnitt Zwischenmenschliche Probleme umfaßt Interaktionsmuster zwischen zwei Personen oder innerhalb einer Gruppe, die entweder zu einer klinisch bedeutsamen Beeinträchtigung der Funktionsfähigkeit oder zu Symptomen bei einem oder mehreren Mitgliedern oder zu Funktionsbeeinträchtigungen der Gruppe selbst führen. Da die im folgenden aufgeführten zwischenmenschlichen Probleme häufig im Vordergrund der klinischen Aufmerksamkeit stehen, wurden sie in DSM-IV aufgenommen. Diese Probleme können zum einen eine psychische Störung oder einen medizinischen Krankheitsfaktor bei einem oder mehreren Mitgliedern der Gruppe verschlimmern oder die Behandlung erschweren, sie können zum anderen auch das Ergebnis einer psychischen Störung oder eines medizinischen Krankheitsfaktors sein. Sie können unabhängig von anderen bestehenden klinischen Problemen sein oder auch alleine, ohne andere Auffälligkeiten, auftreten. Wenn diese Probleme den Schwerpunkt der klinischen Aufmerksamkeit bilden, so sollten sie auf Achse I aufgeführt werden. Sind sie vorhanden, stehen aber nicht im Vordergrund der klinischen Aufmerksamkeit, können sie auf Achse IV codiert werden. Die entsprechende Kategorie wird für alle Mitglieder der Gruppe, die wegen dieses Problemes behandelt werden, verwendet.

- ## V61.9 (Z63.7) Zwischenmenschliches Problem im Zusammenhang mit einer Psychischen Störung oder einem Medizinischen Krankheitsfaktor

Diese Kategorie sollte verwendet werden, wenn im Vordergrund der klinischen Aufmerksamkeit ein gestörtes Interaktionsmuster steht, das mit einer psychischen Störung oder einem medizinischen Krankheitsfaktor bei einem Familienmitglied einhergeht.

- ## V61.20 (Z63.8) Eltern-Kind-Problem

Diese Kategorie sollte verwendet werden, wenn im Vordergrund der klinischen Aufmerksamkeit ein Interaktionsmuster zwischen Eltern und Kind steht (z. B. gestörte Kommunikation, überprotektives Verhalten, unangemessene Disziplinierung), das mit einer klinisch bedeutsamen Beeinträchtigung der individuellen oder familiären Funktionen einhergeht oder im Zusammenhang mit der

Entwicklung klinisch bedeutsamer Symptome bei den Eltern oder dem Kind steht.

• V61.1 (Z63.0) Partnerschaftsproblem

Diese Kategorie sollte verwendet werden, wenn im Vordergrund der klinischen Aufmerksamkeit ein Interaktionsmuster zwischen den (Ehe-)Partnern steht, das durch verschiedene Arten gestörter Kommunikation charakterisiert ist (z. B. Kritik, unrealistische Erwartungen, Rückzug eines Partners) und mit einer klinisch bedeutsamen Beeinträchtigung der individuellen oder familiären Funktionen einhergeht oder im Zusammenhang mit der Entwicklung von Symptomen bei einem oder beiden Partnern steht.

• V61.8 (F93.3) Problem zwischen Geschwistern

Diese Kategorie sollte verwendet werden, wenn im Vordergrund der klinischen Aufmerksamkeit ein Interaktionsmuster zwischen Geschwistern steht, das mit klinisch bedeutsamen Beeinträchtigungen der individuellen oder familiären Funktionen einhergeht oder im Zusammenhang mit der Entwicklung von Symptomen bei einem oder mehreren Geschwistern steht.

• V62.81 (Z63.9) Nicht Näher Bezeichnetes Zwischenmenschliches Problem

Diese Kategorie sollte verwendet werden, wenn im Vordergrund der klinischen Aufmerksamkeit zwischenmenschliche Probleme stehen, die nicht den oben beschriebenen spezifischen Problemen zuzuordnen sind (z. B. Schwierigkeiten mit Mitarbeitern).

Probleme im Zusammenhang mit Mißbrauch oder Vernachlässigung

Die in diesem Abschnitt enthaltenen Kategorien sollten verwendet werden, wenn im Vordergrund der klinischen Aufmerksamkeit eine schwere Mißhandlung einer Person in Form körperlicher Mißhandlung oder sexuellen Mißbrauchs oder die Vernachlässigung eines Kindes steht. Die entsprechende V-Codierung findet Anwendung, wenn sich die klinische Aufmerksamkeit auf den oder die Verursacher des Mißbrauchs oder der Vernachlässigung richtet. Wenn das Opfer des Mißbrauchs oder der Vernachlässigung beurteilt oder behandelt wird, codiere (je nach Art des Mißbrauchs) 995.52, 995.53 oder 995.54 für Kinder und 995.81 oder 995.83 für Erwachsene.

• V61.21 (T74.1) Körperliche Mißhandlung eines Kindes

Diese Kategorie sollte verwendet werden, wenn im Vordergrund der klinischen Aufmerksamkeit eine körperliche Mißhandlung eines Kindes steht.

Codierhinweis: *codiere* **995.54,** *wenn das Opfer im Mittelpunkt der klinischen Aufmerksamkeit steht.*

• V61.21 (T74.2) Sexueller Mißbrauch eines Kindes

Diese Kategorie sollte verwendet werden, wenn im Vordergrund der klinischen Aufmerksamkeit ein sexueller Mißbrauch eines Kindes steht.

Codierhinweis: *codiere* **995.53,** *wenn das Opfer im Mittelpunkt der klinischen Aufmerksamkeit steht.*

• V61.21 (T74.0) Vernachlässigung eines Kindes

Diese Kategorie sollte verwendet werden, wenn im Vordergrund der klinischen Aufmerksamkeit die Vernachlässigung eines Kindes steht.

Codierhinweis: *codiere* **995.52,** *wenn das Opfer im Mittelpunkt der klinischen Aufmerksamkeit steht.*

● **(T74.1) Körperliche Mißhandlung
eines Erwachsenen**

Diese Kategorie sollte verwendet werden, wenn im Vordergrund der klinischen Aufmerksamkeit eine körperliche Mißhandlung (z. B. Gewalt in der Ehe, Mißhandlung eines älteren Familienmitglieds) eines Erwachsenen steht.

Codierhinweis: *codiere*
— **V61.12** *wenn der Täter im Vordergrund der klinischen Aufmerksamkeit steht und die Mißhandlung innerhalb einer Partnerschaft erfolgte,*
— **V62.83** *wenn der Täter im Vordergrund der klinischen Aufmerksamkeit steht und die Mißhandlung nicht innerhalb einer Partnerschaft erfolgte,*
— **995.81** *wenn das Opfer im Vordergrund der klinischen Aufmerksamkeit steht.*

● **(T74.2) Sexueller Mißbrauch eines Erwachsenen**

Diese Kategorie sollte verwendet werden, wenn im Vordergrund der klinischen Aufmerksamkeit ein sexueller Mißbrauch (z. B. erzwungene sexuelle Handlungen, Vergewaltigung) eines Erwachsenen steht.

Codierhinweis: *codiere*
— **V61.12** *wenn der Täter im Vordergrund der klinischen Aufmerksamkeit steht und der Mißbrauch innerhalb einer Partnerschaft erfolgte,*
— **V62.83** *wenn der Täter im Vordergrund der klinischen Aufmerksamkeit steht und der Mißbrauch nicht innerhalb einer Partnerschaft erfolgte,*
— **995.83** *wenn das Opfer im Vordergrund der klinischen Aufmerksamkeit steht.*

Weitere Klinisch Relevante Probleme

● **V15.81 (Z91.1) Nichtbefolgen**
von Behandlungsanweisungen

Diese Kategorie kann verwendet werden, wenn im Vordergrund der klinischen Aufmerksamkeit das Nichtbefolgen wichtiger Aspekte der Behandlung einer psychischen Störung oder eines medizinischen Krankheitsfaktors steht. Die Gründe für das Nichtbefolgen können sein: Beschwerden aufgrund der Behandlung (z. B. Medikamentennebenwirkungen); Kosten der Behandlung; Entscheidungen bzgl. der Vor- und Nachteile der vorgeschlagenen Behandlung aufgrund persönlicher Werturteile oder religiöser oder kultureller Anschauungen; problematische Persönlichkeitszüge oder Bewältigungsstile (z. B. Verleugnung der Erkrankung); das Vorhandensein einer psychischen Störung (z. B. Schizophrenie, Selbstunsichere Persönlichkeitsstörung). Diese Kategorie sollte nur verwendet werden, wenn das Problem schwer genug ist, um für sich allein genommen klinische Beachtung zu rechtfertigen.

● **V65.2 (Z76.5) Simulation**

Das Hauptmerkmal der Simulation besteht im absichtlichen Erzeugen falscher oder stark übertriebener körperlicher oder psychischer Symptome und ist durch externe Anreize motiviert, z. B. Vermeidung des Militärdienstes, Vermeidung von Arbeit, Erhalt finanzieller Entschädigung, Entgehen gerichtlicher Verfolgung oder Beschaffung von Drogen. Unter bestimmten Umständen kann Simulation auch angepaßtes Verhalten darstellen, so zum Beispiel das Vortäuschen einer Erkrankung in Kriegsgefangenschaft.

Simulation ist besonders dann zu vermuten, wenn eine Kombination der folgenden Merkmale auftritt:
1. Die Symptomdarbietung steht in forensischem Kontext (z. B. wenn die Person von einem Anwalt zur Untersuchung geschickt wird).

2. Deutliche Diskrepanz zwischen der von der Person berichteten Belastung oder Behinderung und den objektiven Befunden.
3. Mangel an Kooperation bei den diagnostischen Untersuchungen und den verordneten Behandlungsmaßnahmen.
4. Das Vorhandensein einer Antisozialen Persönlichkeitsstörung.

Simulation unterscheidet sich von der Vorgetäuschten Störung darin, daß bei der Simulation die Motivation für die Symptomdarbietung in äußeren Anreizen liegt, während es bei der Vorgetäuschten Störung solche nicht gibt. Der Hinweis auf ein intrapsychisches Bedürfnis, die Krankenrolle beizubehalten, deutet auf eine Vorgetäuschte Störung hin.

Die Simulation unterscheidet sich von der Konversionsstörung oder anderen Somatoformen Störungen durch das absichtliche Erzeugen von Symptomen und durch den offensichtlichen externen Anreiz. Bei der Simulation kann im Gegensatz zur Konversionsstörung eine Symptomlinderung durch Suggestion oder Hypnose selten erreicht werden.

- **V71.01 (Z72.8) Antisoziales Verhalten im Erwachsenenalter**

Diese Kategorie kann verwendet werden, wenn im Vordergrund der klinischen Aufmerksamkeit antisoziales Verhalten im Erwachsenenalter steht, das nicht durch eine psychische Störung bedingt ist (z. B. Störung des Sozialverhaltens, Antisoziale Persönlichkeitsstörung oder eine Störung der Impulskontrolle). Als Beispiele sind das Verhalten mancher professioneller Diebe, Gangster oder Dealer zu nennen.

- **V71.02 (Z72.8) Antisoziales Verhalten in der Kindheit oder Adoleszenz**

Diese Kategorie kann verwendet werden, wenn im Vordergrund der klinischen Aufmerksamkeit antisoziales Verhalten bei einem Kind oder Heranwachsenden steht, das nicht durch eine psychische Störung bedingt ist (z. B. Störung des Sozialverhaltens oder eine Störung der Impulskontrolle). Beispiele hierfür sind einzelne antisoziale Handlungen (nicht ein Muster antisozialen Verhaltens).

• V62.89 (R41.8) Grenzbereich der Intellektuellen Leistungsfähigkeit

Diese Kategorie kann verwendet werden, wenn das im Vordergrund der klinischen Aufmerksamkeit stehende Problem im Zusammenhang mit einer im Grenzbereich liegenden intellektuellen Leistungsfähigkeit (IQ 71–84) zu sehen ist. Die Differentialdiagnose zwischen dem „Grenzbereich der intellektuellen Leistungsfähigkeit" und „Geistiger Behinderung" (IQ kleiner oder gleich 70) ist besonders schwierig, wenn gleichzeitig bestimmte psychische Störungen vorliegen (z. B. Schizophrenie).

Codierhinweis: auf Achse II zu codieren

• 780.9 (R41.8) Altersbedingter Kognitiver Abbau

Diese Kategorie kann verwendet werden, wenn im Vordergrund der klinischen Aufmerksamkeit ein objektivierbarer Abbau des kognitiven Leistungsniveaus infolge des Alterungsprozesses steht, der innerhalb der normalen, altersentsprechenden Grenzen der betroffenen Person liegt. Menschen mit diesem Zustandsbild berichten meist über Probleme, Namen oder Verabredungen zu behalten, oder können Schwierigkeiten beim Lösen komplexer Probleme haben. Diese Kategorie sollte nur dann erwogen werden, wenn ausgeschlossen wurde, daß die kognitive Beeinträchtigung nicht einer spezifischen psychischen oder neurologischen Störung zugeschrieben werden kann.

• V62.82 (Z63.4) Einfache Trauer

Diese Kategorie kann verwendet werden, wenn im Vordergrund der klinischen Aufmerksamkeit die Reaktion auf den Tod eines geliebten Menschen steht. Als Teil der Reaktion auf den Verlust können manche trauernde Personen Symptome entwickeln, die charakteristisch für eine Episode einer Major Depression sind (z. B. Gefühle von Traurigkeit und damit verbundene Symptome wie Schlafstörungen, Appetitminderung und Gewichtsverlust). Die trauernde Person betrachtet typischerweise die depressive Stimmung als „normal", obwohl sie möglicherweise professionelle Hilfe aufsucht, um Symptome wie Schlaflosigkeit und Appetitlosigkeit zu lindern. Dauer und Ausdrucksform einer „normalen" Trauer sind in verschiedenen kulturellen Gruppen sehr unterschiedlich. Die Diagnose einer Major Depression wird im allgemeinen nicht vergeben, es sei denn, die Symptome sind auch 2 Monate nach dem Verlust noch vorhanden. Das Vorhandensein folgender Symptome spricht ebenfalls eher für eine Major Depression als für eine Einfache Trauer: 1) Schuldgefühle, die sich nicht auf Handlungen beziehen, die der Überlebende zum Zeitpunkt des Todes getan oder nicht getan hat; 2) Gedanken an den Tod, außer solche Gedanken des Überlebenden, daß er besser auch tot wäre oder daß er mit der verstorbenen Person zusammen hätte sterben sollen; 3) krankhafte Beschäftigung mit Gefühlen von Wertlosigkeit; 4) deutliche psychomotorische Verlangsamung; 5) verlängerte und ausgeprägte Funktionsbeeinträchtigungen und 6) andere halluzinatorische Erlebnisse als der Eindruck, die Stimme des Verstorbenen zu hören oder vorübergehend sein Gesicht zu sehen.

• V62.3 (Z55.8) Schwierigkeiten in Schule oder Studium

Diese Kategorie kann verwendet werden, wenn im Vordergrund der klinischen Aufmerksamkeit Schwierigkeiten in Schule oder Studium stehen, die entweder nicht auf eine psychische Störung zurückzuführen sind, oder, wenn doch, schwer genug sind, um für sich allein genommen klinische Beachtung zu rechtfertigen. Ein Beispiel hierfür wären eine größere Anzahl mangelhafter Noten oder bedeutsamer Leistungsmängel bei einer Person mit ausreichenden intellektuellen Fähigkeiten, bei der keine Lernstörung, Kommunikationsstörung oder irgendeine andere psychische Störung vorliegt, die die Schwierigkeiten bedingen könnte.

● V62.2 (Z56.7) Berufsproblem

Diese Kategorie kann verwendet werden, wenn im Vordergrund der klinischen Aufmerksamkeit ein Berufsproblem steht, das entweder nicht durch eine psychische Störung bedingt ist oder, wenn doch, schwer genug ist, um für sich allein genommen klinische Beachtung zu rechtfertigen. Beispiele hierfür sind Unzufriedenheit im Beruf und Unsicherheit im Hinblick auf die Berufswahl.

● (F93.8) Identitätsproblem

Diese Kategorie kann verwendet werden, wenn im Vordergrund der klinischen Aufmerksamkeit Fragen bezüglich der Identität stehen, wie z. B. langfristige Ziele, Berufswahl, Beziehungsmuster, sexuelle Orientierung und sexuelles Verhalten, Wertvorstellungen und Gruppenzugehörigkeiten.

● V62.89 (Z71.8) Religiöses oder Spirituelles Problem

Diese Kategorie kann verwendet werden, wenn im Vordergrund der klinischen Aufmerksamkeit ein religiöses oder spirituelles Problem steht. Beispiele sind belastende Erfahrungen, die den Verlust oder das Infragestellen von Glaubensvorstellungen nach sich ziehen, Probleme im Zusammenhang mit der Konvertierung zu einem anderen Glauben oder das Infragestellen spiritueller Werte, auch unabhängig von einer organisierten Kirche oder religiösen Institution.

● V62.4 (Z60.3) Kulturelles Anpassungsproblem

Diese Kategorie kann verwendet werden, wenn im Vordergrund der klinischen Aufmerksamkeit ein Problem im Zusammenhang mit der Anpassung an eine andere Kultur steht (z. B. nach einer Ein- oder Auswanderung).

• V62.89 (Z60.0) Problem einer Lebensphase

Diese Kategorie kann verwendet werden, wenn im Vordergrund der klinischen Aufmerksamkeit ein Problem steht, das im Zusammenhang mit einer bestimmten Entwicklungsphase oder anderen Lebensumständen zu sehen ist und entweder nicht durch eine psychische Störung bedingt ist oder, wenn doch, schwer genug ist, um für sich allein genommen klinische Beachtung zu rechtfertigen. Beispiele sind Probleme im Zusammenhang mit dem Schulbeginn, Verlassen des Elternhauses, Beginn einer neuen Berufslaufbahn und Veränderungen durch Heirat, Scheidung oder Berentung.

Zusätzliche Codierungen

- **300.9 (F99) Unspezifische Psychische Störung (nicht-psychotisch)**

Diese Codierung kann in verschiedenen Situationen angemessen sein:
1. wenn eine spezifische psychische Störung vorliegt, die in der DSM-IV Klassifikation nicht enthalten ist,
2. wenn keine der vorhandenen Nicht Näher Bezeichnet-Kategorien angemessen ist,
3. wenn das Vorliegen einer nicht-psychotischen psychischen Störung angenommen wird, aber nicht genügend Informationen erhältlich sind, um eine der vorhandenen Kategorien zu diagnostizieren.

In einigen Fällen kann bei zusätzlichen Informationen die Diagnose in die einer spezifischen Störung geändert werden.

- **V71.09 (Z03.2) Keine Diagnose oder kein Zustand auf Achse I**

Wenn auf Achse I keine Diagnose oder kein Zustand vorhanden sind, sollte dies benannt werden. Eine Diagnose auf Achse II kann bestehen oder auch nicht.

- **799.9 (R69) Diagnose oder Zustand auf Achse I Zurückgestellt**

Wenn nur ungenügende Informationen vorliegen, um eine diagnostische Entscheidung über eine Achse I-Diagnose zu treffen, sollte dies als Diagnose auf Achse I Zurückgestellt benannt werden.

● **V71.09 (Z03.2) Keine Diagnose auf Achse II**

Wenn keine Achse II-Diagnose besteht (z. B. keine Persönlichkeitsstörung), sollte dies benannt werden. Eine Achse I-Diagnose kann vorhanden sein oder auch nicht.

● **799.9 (R46.8) Diagnose auf Achse II Zurückgestellt**

Wenn keine ausreichenden Informationen vorliegen, um eine diagnostische Entscheidung über eine Achse II-Diagnose zu treffen, sollte dies als Diagnose auf Achse II Zurückgestellt benannt werden.

Liste der Anhänge in DSM-IV

Anhang E
Alphabetische Liste
der DSM-IV-Diagnosen

NNB = Nicht Näher Bezeichnet

293.83	Affektive Störung Aufgrund von...
	[Benenne den Medizinischen Krankheitsfaktor]
296.90	Affektive Störung, NNB
300.22	Agoraphobie ohne Panikstörung in der Vorgeschichte
308.3	Akute Belastungsstörung
	Alkohol -
303.90	Abhängigkeit
305.00	Mißbrauch
303.00	Intoxikation
291.8	Entzug
291.0	Intoxikationsdelir
291.0	Entzugsdelir
291.2	Persistierende Alkoholinduzierte Demenz
291.1	Persistierende Alkoholinduzierte Amnestische Störung
	-induzierte Psychotische Störung
291.5	Mit Wahn
291.3	Mit Halluzinationen
291.8	-induzierte Affektive Störung
291.8	-induzierte Angststörung
291.8	-induzierte Sexuelle Funktionsstörung
291.8	-induzierte Schlafstörung
291.9	Störung im Zusammenhang mit Alkohol, NNB
780.9	Altersbedingter Kognitiver Abbau
294.0	Amnestische Störung Aufgrund von ...
	[Benenne den Medizinischen Krankheitsfaktor]
294.8	Amnestische Störung, NNB
	Amphetamin (oder amphetaminähnliche Substanz) -
304.40	Abhängigkeit
305.70	Mißbrauch
292.89	Intoxikation
292.0	Entzug
292.81	Intoxikationsdelir

	-induzierte Psychotische Störung
292.11	Mit Wahn
292.12	Mit Halluzinationen
292.84	-induzierte Affektive Störung
292.89	-induzierte Angststörung
292.89	-induzierte Sexuelle Funktionsstörung
292.89	-induzierte Schlafstörung
292.9	Störung im Zusammenhang mit Amphetamin, NNB

Andere (oder Unbekannte) Substanz -

304.90	Abhängigkeit
305.90	Mißbrauch
292.89	Intoxikation
292.0	Entzug
292.81	-Induziertes Delir
292.82	Persistierende Induzierte Demenz
292.83	Persistierende Induzierte Amnestische Störung
	-Induzierte Psychotische Störung
292.11	Mit Wahn
292.12	Mit Halluzinationen
292.84	-Induzierte Affektive Störung
292.89	-Induzierte Angststörung
292.89	-Induzierte Sexuelle Funktionsstörung
292.89	-Induzierte Schlafstörung
292.9	Störung im Zusammenhang mit Anderer (oder Unbekannter) Substanz, NNB
625.8	Andere Sexuelle Funktionsstörung bei der Frau Aufgrund von... *[Benenne den Medizinischen Krankheitsfaktor]*
608.89	Andere Sexuelle Funktionsstörung beim Mann Aufgrund von... *[Benenne den Medizinischen Krankheitsfaktor]*
293.89	Angststörung Aufgrund von ... *[Benenne den Medizinischen Krankheitsfaktor]*
300.00	Angststörung, NNB
307.1	Anorexia Nervosa
	Anpassungsstörung
309.0	Mit Depressiver Stimmung
309.24	Mit Angst
309.28	Mit Angst und Depressiver Stimmung, Gemischt
309.3	Mit Störungen des Sozialverhaltens

309.4   Mit Emotionalen Störungen und Störungen des So-
           zialverhaltens, Gemischt
309.9   Unspezifisch
301.7   Antisoziale Persönlichkeitsstörung
V71.01   Antisoziales Verhalten im Erwachsenenalter
V71.02   Antisoziales Verhalten in der Kindheit oder Adoleszenz
299.80   Asperger-Störung
780.59   Atmungsgebundene Schlafstörung
         Aufmerksamkeitsdefizit-/Hyperaktivitätsstörung
314.01   Mischtypus
314.00   Vorwiegend Unaufmerksamer Typus
314.01   Vorwiegend Hyperaktiv-Impulsiver Typus
314.9   Aufmerksamkeitsdefizit-/Hyperaktivitätsstörung, NNB
299.00   Autistische Störung
V62.2   Berufsproblem
         Bipolar I Störung, Einzelne Manische Episode
296.06   Vollremittiert
296.05   Teilremittiert
296.01   Leicht
296.02   Mittelschwer
296.03   Schwer ohne Psychotische Merkmale
296.04   Schwer mit Psychotischen Merkmalen
296.00   Unspezifisch
         Bipolar I Störung, Letzte Episode Depressiv
296.56   Vollremittiert
296.55   Teilremittiert
296.51   Leicht
296.52   Mittelschwer
296.53   Schwer ohne Psychotische Merkmale
296.54   Schwer mit Psychotischen Merkmalen
296.50   Unspezifisch
         Bipolar I Störung, Letzte Episode Gemischt
296.66   Vollremittiert
296.65   Teilremittiert
296.61   Leicht
296.62   Mittelschwer
296.63   Schwer ohne Psychotische Merkmale
296.64   Schwer mit Psychotischen Merkmalen
296.60   Unspezifisch

315.31 Expressive Sprachstörung
302.81 Fetischismus
302.89 Frotteurismus
307.59 Fütterstörung im Säuglings- oder Kleinkindalter
319 Geistige Behinderung mit Unspezifischem Schweregrad
297.3 Gemeinsame Psychotische Störung
300.02 Generalisierte Angststörung
V62.89 Grenzbereich der Intellektuellen Leistungsfähigkeit
       Halluzinogen-
304.50   Abhängigkeit
305.30   Mißbrauch
292.89   Intoxikation
292.89   Persistierende Wahrnehmungsstörung im Zusammenhang mit Halluzinogenen (Flashbacks)
292.81   Intoxikationsdelir
       -induzierte Psychotische Störung
292.11   Mit Wahn
292.12   Mit Halluzinationen
292.84   -induzierte Affektive Störung
292.89   -induzierte Angststörung
292.9   Störung im Zusammenhang mit Halluzinogenen, NNB
301.50 Histrionische Persönlichkeitsstörung
307.44 Hypersomnie im Zusammenhang mit ... *[Benenne die Achse I- oder Achse II-Störung]*
300.7 Hypochondrie
313.82 Identitätsproblem
312.30 Impulskontrollstörung, NNB
       Inhalantien-
304.60   Abhängigkeit
305.90   Mißbrauch
292.89   Intoxikation
292.81   Intoxikationsdelir
292.82   Persistierende Inhalantieninduzierte Demenz
       -induzierte Psychotische Störung
292.11   Mit Wahn
292.12   Mit Halluzinationen
292.84   -induzierte Affektive Störung
292.89   -induzierte Angststörung

	-induzierte Psychotische Störung
292.11	Mit Wahn
292.12	Mit Halluzinationen
292.84	-induzierte Affektive Störung
292.89	-induzierte Sexuelle Funktionsstörung
292.89	-induzierte Schlafstörung
292.9	Störung im Zusammenhang mit Opiaten, NNB
302.2	Pädophilie
300.21	Panikstörung mit Agoraphobie
300.01	Panikstörung ohne Agoraphobie
301.0	Paranoide Persönlichkeitsstörung
302.9	Paraphilie, NNB
307.47	Parasomnie, NNB
V61.1	Partnerschaftsproblem
312.31	Pathologisches Spielen
307.46	Pavor Nocturnus
301.9	Persönlichkeitsstörung, NNB
310.1	Persönlichkeitsveränderung Aufgrund von... *[Benenne den Medizinischen Krankheitsfaktor]*
	Phencyclidin (oder Phencyclidinähnliche Substanz)-
304.90	Abhängigkeit
305.90	Mißbrauch
292.89	Intoxikation
292.81	Intoxikationsdelir
	-induzierte Psychotische Störung
292.11	Mit Wahn
292.12	Mit Halluzinationen
292.84	-induzierte Affektive Störung
292.89	-induzierte Angststörung
292.9	Störung im Zusammenhang mit Phencyclidin, NNB
315.39	Phonologische Störung
307.52	Pica
304.80	Polytoxikomanie
309.81	Posttraumatische Belastungsstörung
307.44	Primäre Hypersomnie
307.42	Primäre Insomnie
V62.89	Problem einer Lebensphase
V61.8	Problem zwischen Geschwistern
293.9	Psychische Störung, NNB

304.10	Abhängigkeit
305.40	Mißbrauch
292.89	Intoxikation
292.0	Entzug
292.81	Intoxikationsdelir
292.81	Entzugsdelir
292.82	Persistierende -induzierte Demenz
292.83	Persistierende -induzierte Amnestische Störung
	-induzierte Psychotische Störung
292.11	Mit Wahn
292.12	Mit Halluzinationen
292.84	-induzierte Affektive Störung
292.89	-induzierte Angststörung
292.89	-induzierte Sexuelle Funktionsstörung
292.89	-induzierte Schlafstörung
292.9	Störung im Zusammenhang mit Sedativa, Hypnotika oder Anxiolytika, NNB
313.23	Selektiver Mutismus
302.70	Sexuelle Funktionsstörung, NNB
302.9	Sexuelle Störung, NNB
302.83	Sexueller Masochismus
V61.1	Sexueller Mißbrauch eines Erwachsenen
V61.21	Sexueller Mißbrauch eines Kindes
302.84	Sexueller Sadismus
V65.2	Simulation
300.81	Somatisierungsstörung
300.81	Somatoforme Störung, NNB
312.9	Sozial Störendes Verhalten, NNB
300.23	Soziale Phobie
300.29	Spezifische Phobie
316	... *[spezifischer Psychischer Faktor]*, der... *[Benenne den Medizinischen Krankheitsfaktor]* Beeinflußt
307.3	Stereotype Bewegungsstörung
	Störung der Geschlechtsidentität
302.6	Bei Kindern
302.85	Bei Jugendlichen oder Erwachsenen
302.6	Störung der Geschlechtsidentität, NNB
302.72	Störung der Sexuellen Erregung bei der Frau
315.2	Störung des Schriftlichen Ausdrucks

312.8   Störung des Sozialverhaltens
313.9   Störung im Kleinkindalter, in der Kindheit oder Adoleszenz, NNB
313.81   Störung mit Oppositionellem Trotzverhalten
302.79   Störung mit Sexueller Aversion
309.21   Störung mit Trennungsangst
302.71   Störung mit Verminderter Sexueller Appetenz
625.8   Störung mit Verminderter Sexueller Appetenz bei der Frau Aufgrund von... *[Benenne den Medizinischen Krankheitsfaktor]*
608.89   Störung mit Verminderter Sexueller Appetenz beim Mann Aufgrund von... *[Benenne den Medizinischen Krankheitsfaktor]*
307.0   Stottern
307.20   Ticstörung, NNB
299.80   Tiefgreifende Entwicklungsstörung, NNB (einschließlich Atypischer Autismus)
307.23   Tourette-Störung
302.3   Transvestitischer Fetischismus
312.39   Trichotillomanie
300.81   Undifferenzierte Somatoforme Störung
995.2   Ungünstige Wirkungen einer Medikation, NNB
300.9   Unspezifische Psychische Störung (nichtpsychotisch)
306.51   Vaginismus (nicht Aufgrund eines Medizinischen Krankheitsfaktors)
         Vaskuläre Demenz
290.40   Unkompliziert
290.41   Mit Delir
290.42   Mit Wahn
290.43   Mit Depressiver Verstimmung
301.82   Vermeidend-Selbstunsichere Persönlichkeitsstörung
V61.21   Vernachlässigung eines Kindes
         Vorgetäuschte Störung
300.16   Mit Vorwiegend Psychischen Zeichen und Symptomen
300.19   Mit Vorwiegend Körperlichen Zeichen und Symptomen
300.19   Mit sowohl Psychischen wie Körperlichen Zeichen und Symptomen
300.19   Vorgetäuschte Störung, NNB
307.21   Vorübergehende Ticstörung

ICD-10 und ICD-9-CM-
Codierungen für ausgewählte medizinische
Krankheitsfaktoren und medikamenteninduzierte
Störungen

ICD-10-Codierungen

Bestimmte infektiöse und parasitäre Krankheiten (A00–B99)

A50   Kongenitale Syphilis
A50.4   späte kongenitale Neurosyphilis (juvenile Neurosyphilis)
A52   Spätsyphilis
A52.1   symptomatische Neurosyphilis
        einschließlich: Tabes dorsalis
A81   Slow-Virus-Infektionen des Zentralnervensystems
A81.0   Creutzfeldt-Jakob-Krankheit
A81.1   subakute sklerosierende Panenzephalitis
A81.2   Progressive multifokale Leukenzephalopathie
B22   **durch die Human-Immundefizienz-Virus-(HIV)-Krank-
heit ausgelöste sonstige näher bezeichnete Krankheiten**
B22.0   durch HIV-Krankheit ausgelöste Enzephalopathie
        einschließlich: Demenz bei HIV-Krankheit

Neubildungen (C00–D48)

C70   bösartige Neubildung der Meningen
C71   bösartige Neubildung des Gehirns
C72   **bösartige Neubildung des Rückenmarks, der Hirnner-
ven und anderer Teile des zentralen Nervensystems**
D33   gutartige Neubildung des Gehirns und anderer Teile des
Zentralnervensystems
D42   Neubildung unsicherer Dignität und fraglicher me-
ningealer Beteiligung
D43   Neubildung unsicherer Dignität und fraglicher Beteili-
gung des Gehirns und des Zentralnervensystems

Endokrine, Ernährungs- und Stoffwechselerkrankungen (E00–E90)

E00   angeborenes Jodmangelsyndrom
E01   jodmangelbedingte Schilddrüsenerkrankungen und verwandte Zustände

E02	subklinische Jodmangelhypothyreose
E03	sonstige Hypothyreoseformen
E03.2	Hypothyreose durch Arzneimittel und sonstige äußere Substanzen
E03.4	Myxödemkoma
E05	Thyreotoxikose (Hyperthyreoidismus)
E15	nichtdiabetischer hypoglykämischer Schock
E22	Überfunktion der Hypophyse
E22.0	Akromegalie und hypophysärer Riesenwuchs
E22.1	Hyperprolaktinämie
	einschließlich: medikamenteninduzierte Hyperprolaktinämie
E23	Unterfunktion und sonstige Störungen der Hypophyse
E24	Cushing-Syndrom
E30	Pubertätsstörungen, nicht andernorts klassifizierbar
E30.0	verzögerte Pubertät
E30.1	vorzeitige Pubertät
E34	sonstige endokrine Störungen
E34.3	Minderwuchs, nicht andernorts klassifizierbar
E51	Thiaminmangel
E51.2	Wernicke-Enzephalopathie
E64	Folgen von Mangelernährung und sonstigen alimentären Mangelzuständen
E66	Fettsucht
E70	Störungen des Stoffwechsels aromatischer Aminosäuren
E70.0	klassische Phenylketonurie
E71	Störungen des Stoffwechsels verzweigter Aminosäuren und des Fettsäurestoffwechsels
E71.0	Ahornsirupkrankheit
E74	sonstige Störungen des Kohlehydratstoffwechsels
E80	Störungen des Porphyrin- und Bilirubinstoffwechsels

Krankheiten des Nervensystems (G00–G99)

G00	bakterielle Meningitis, nicht andernorts klassifizierbar
	einschließlich: Hämophilusmeningitis
	Pneumokokkenmeningitis
	Streptokokkenmeningitis
	Staphylokokkenmeningitis
	sonstige bakterielle Meningitis

G02	Meningitis bei andernorts klassifizierten infektiösen und parasitären Krankheiten
G03	Meningitis durch sonstige und nicht näher bezeichnete Ursachen
G04	Enzephalitis, Myelitis und Enzephalomyelitis
G06	intrakranielle und intraspinale Abszesse und Granulome
G06.2	extraduraler und subduraler Abszeß, nicht näher bezeichnet
G10	Huntington-Krankheit
G11	hereditäre Ataxie
G20	Parkinson-Krankheit
G21	sekundärer Parkinsonismus
G21.0	malignes neuroleptisches Syndrom
G21.1	sonstiger arzneimittelinduzierter sekundärer Parkinsonismus
G21.2	sekundärer Parkinsonismus durch sonstige äußere Substanzen
G21.3	postenzephalitisches Parkinson-Syndrom
G24	Dystonie *einschließlich:* Dyskinesie
G24.0	Arzneimittelinduzierte Dystonie und Dyskinesie
G24.3	Torticollis spasticus
G24.8	sonstige Dystonie *einschließlich:* Dyskinesia tarda
G25.–	sonstige extrapyramidale und Bewegungsstörungen *einschließlich:* arzneimittelinduzierter Tremor Myoklonus Chorea Tics Restless-legs-Syndrom
G30	Alzheimer-Krankheit
G30.0	Alzheimer-Krankheit mit frühem Beginn
G30.1	Alzheimer-Krankheit mit spätem Beginn
G30.8	sonstige näher bezeichnete Alzheimer-Krankheit
G30.9	Alzheimer-Krankheit, nicht näher bezeichnet
G31	sonstige degenerative Krankheiten des Nervensystems, nicht andernorts klassifizierbar
G31.0	umschriebene Hirnathropie *einschließlich:* Pick-Krankheit

G31.1   sonstige senile Degenerationen des Gehirns, nicht andernorts klassifizierbar

G31.2   Degenerationen des Nervensystems durch Alkohol
einschließlich:
alkoholbedingte:
zerebellare Ataxie
zerebellare Degeneration
zerebrale Degeneration und Enzephalopathie
Dysfunktion des autonomen Nervensystems

G31.8   sonstige näher bezeichnete degenerative Krankheiten des Nervensystems
einschließlich: Degeneration der grauen Hirnsubstanz (Alpers-Syndrom)
subakute nekrotisierende Enzephalopathie (Leigh)

G31.9   Degeneration des Nervensystems, nicht näher bezeichnet

G32   sonstige degenerative Krankheiten des Nervensystems bei andernorts klassifizierten Krankheitsbildern

G35   Multiple Sklerose

G37   sonstige demyelinisierende Krankheiten des Zentralnervensystems

G37.0   diffuse Sklerose
einschließlich: Enzephalitis periaxialis Schilder-Krankheit

G40   Epilepsien

G40.0   lokalisationsbezogene (fokale)(partielle) idiopathische Epilepsie und epileptische Syndrome mit lokalisationsbezogenen Anfällen
einschließlich: benigne Epilepsie des Kindesalters mit temporo-zentralen Spikes im EEG

G40.1   lokalisationsbezogene (fokale)(partielle) symptomatische Epilepsien und epileptische Syndrome mit einfachen Partialanfällen
einschließlich: Anfälle ohne Störungen des Bewußtseins

G40.2   lokalisationsbezogene (fokale)(partielle) symptomatische Epilepsien und epileptische Syndrome mit komplexen Partialanfällen
einschließlich: Anfälle mit Störungen des Bewußtseins meist mit Automatismen

G40.3   generalisierte idiopathische Epilepsie und epileptische Syndrome

G40.4   sonstige generalisierte Epilepsie und epileptische Syndrome
einschließlich: Blitz-Nick-Salaam-Anfälle

G40.5   spezielle epileptische Syndrome
einschließlich: epileptische Anfälle in Verbindung mit Alkohol, Drogen und Schlafentzug

G40.6   Grand-mal-Anfälle, nicht näher bezeichnet, mit oder ohne Petit-mal-Anfälle

G40.7   Petit-mal-Anfälle, nicht näher bezeichnet, ohne Grand-mal-Anfälle

G41.–   Status epilepticus

G43.–   Migräne

G44.–   sonstige Kopfschmerzen

G45.–   transitorische zerebrale ischämische Attacken und verwandte Syndrome

G47   Schlafstörungen

G47.2   Störungen des Schlaf-Wachrhythmus

G47.3   Schlafapnoe

G47.4   Narkolepsie und Kataplexie

G70   Myasthenia gravis und sonstige Krankheiten im Bereich der neuromuskulären Synapse

G70.0   Myasthenia gravis

G91.–   Hydrocephalus

G92   toxische Enzephalopathie

G93   sonstige Krankheiten des Gehirns, nicht andernorts klassifizierbar

G93.1   anoxische Hirnschädigung, nicht andernorts klassifizierbar

G93.3   postvirales Erschöpfungssyndrom
einschließlich: benigne myalgische Enzephalomyelitis

G93.4   Enzephalopathie, nicht näher bezeichnet

G97   Krankheiten des Nervensystems nach Operationen und medizinischen Maßnahmen, nicht andernorts klassifizierbar

G97.0   Liquorfistel nach Punktion

Krankheiten des Auges und der Augenanhangsgebilde (H00–H59)

H40   Glaukom

H41.6   Glaukom nach Arzneimittelverabreichung

Krankheiten des Ohres und des Mastoids (H60–H95)
H93   sonstige Störungen des Ohres, nicht andernorts klassifi-
        zierbar
H93.1   Tinnitus

Krankheiten des Kreislaufsystems (I00–I99)
I10   essentielle (primäre) Hypertonie
I60.–   **Subarachnoidalblutung**
I61.–   intrazerebrale Blutung
I62   sonstige nichttraumatische intrakranielle Blutung
I62.0   subdurale Blutung (akut, nichttraumatisch)
I62.1   nichttraumatische extradurale Blutung
I63.–   Zerebralinfarkt
I64   Apoplexie, nicht näher als Blutung oder Infarkt bezeichnet
I65.–   Verschluß und Stenose präzerebraler Arterien ohne re-
        sultierenden Zerebralinfarkt
I66.–   Verschluß und Stenose zerebraler Arterien ohne resultie-
        renden Zerebralinfarkt
I67   sonstige zerebrovaskuläre Krankheiten
I67.2   zerebrale Arteriosklerose
I67.3   progressive vaskuläre Leukenzephalopathie
        einschließlich: Morbus Binswanger
I67.4   hypertoniebedingte Enzephalopathie
I69.–   Folgen zerebrovaskulärer Krankheiten
I95   Hypotonie
I95.2   Hypotonie durch Arzneimittel

Krankheiten des respiratorischen Systems (J00–J99)
J10   Grippe durch nachgewiesene Influenzaviren
J10.8   Grippe mit sonstigen Manifestationen, Viren nachgewiesen
= J11   Grippe, Viren nicht nachgewiesen
J11.8   Grippe mit sonstigen Manifestationen, Viren nicht nach-
        gewiesen
J42   chronische Bronchitis, nicht näher bezeichnet
J43.–   Emphysem
J45.–   **Asthma**

Krankheiten des Verdauungssystems (K00–K93)
K25   Ulcus ventriculi
K26   Ulcus duodoni

K27   Ulcus pepticum, Lokalisation nicht näher bezeichnet
K29   Gastritis und Duodenitis
K29.2 Alkoholgastritis
K30   Dyspepsie
K58.– Reizkolon (Colon irritabile)
K59.– sonstige funktionelle Darmstörungen
K70.– alkoholische Lebererkrankung
K71.– toxische Lebererkrankung
       einschließlich: arzneimittelinduzierte Lebererkrankung
K86   sonstige Krankheiten des Pankreas
K86.0 alkoholinduzierte chronische Pankreatitis

Krankheiten der Kutis und der Subkutis (L00–L99)
L20.– Dermatitis atopica
L98   sonstige Krankheiten der Kutis und der Subkutis, nicht andernorts klassifizierbar
L98.1 Dermatitis factitia
       einschließlich: neurotische Exkoriation

Krankheiten des Muskel-Skelett-Systems und des Bindegewebes (M00–M99)
M32.   systemischer Lupus erythematodes
M54.– Rückenschmerzen

Krankheiten des Urogenitalsystems (N00–N99)
N48   sonstige Krankheiten des Penis
N48.3 Priapismus
N48.4 Impotenz mit organischer Ursache
N91.– ausgebliebene, zu schwache oder zu seltene Menstruation
N94   Schmerzen und sonstige Symptome der weiblichen Genitalorgane sowie Symptome im Zusammenhang mit dem Menstruationszyklus
N94.3 Prämenstruelles Syndrom
N94.4 primäre Dysmenorrhoe
N94.5 sekundäre Dysmenorrhoe
N94.6 nicht näher bezeichnete Dysmenorrhoe
N95   Störungen vor, während und nach der Menopause
N95.1 Störungen im Zusammenhang mit der Menopause und dem Klimakterium der Frau
N95.3 Zustandsbilder bei artifizieller Menopause

Schwangerschaft, Geburt und Wochenbett (O00–O99)

O04   Abort aus medizinischer Indikation

O35   Betreuung der Mutter bei festgestellter oder vermuteter Anomalie oder Schädigung des Feten

O35.4   Betreuung der Mutter bei (vermuteter) Schädigung des Feten durch Alkohol

O35.5   Betreuung der Mutter bei (vermuteter) Schädigung des Feten durch Arzneimittel oder Drogen

O99   sonstige Krankheiten der Mutter, die andernorts klassifizierbar sind, die jedoch Schwangerschaft, Wehen, Entbindung und Wochenbett komplizieren

O99.3   psychische Störungen und Krankheiten des Nervensystems, die Schwangerschaft, Entbindung und Wochenbett komplizieren

     einschließlich: Störungen und Krankheiten aus den Kapiteln F00-F99 und G00-G99

Angeborene Mißbildungen, Deformationen und Chromosomenaberrationen (Q00–Q99)

Q02   Mikrozephalie

Q03.–   Hydrocephalus congenitus

Q04.–   sonstige angeborene Mißbildungen des Gehirns

Q05.–   Spina bifida

Q75.–   sonstige angeborene Mißbildungen der Schädel- und Gesichtsschädelknochen

Q85   Phakomatosen, nicht andernorts klassifizierbar

Q85.0   Neurofibromatose (nicht maligne)

Q85.1   tuberöse Sklerose

Q86   angeborene Mißbildungen durch unbekannte exogene Schadstoffe, nicht andernorts klassifizierbar (Q86.0)

Q90   Down-Syndrom

Q90.0   Trisomie 21, meiotische Nondisjunction

Q90.1   Trisomie 21, Mosaik (mitotische Nondisjunction)

Q90.2   Trisomie 21, Chromosomentranslokation

Q90.9   Down-Syndrom, nicht näher bezeichnet

Q91.–   Edwards-Syndrom und Patau-Syndrom

Q93   Monosomien und Deletionen von Autosomen, nicht andernorts klassifiziert

Q93.4   Deletion des kurzen Armes des Chromosomen 5

einschließlich: Cri-du-chat-Syndrom
Q96.–   Turner-Syndrom
Q97.–   sonstige Aberrationen der Gonosomen weiblichen Phänotyps, nicht andernorts klassifizierbar
Q98   sonstige Aberrationen der Gonosomen männlichen Phänotyps, nicht andernorts klassifizierbar
Q98.0   Klinefelter-Syndrom, Karyotyp 47, XXY
Q98.1   Klinefelter-Syndrom, männlicher Phänotyp mit mehr als zwei X-Chromosomen
Q98.2   Klinefelter-Syndrom, männlicher Phänotyp mit Karyotyp 46, XX
Q98.4   Klinefelter-Syndrom, nicht näher bezeichnet
Q99   sonstige Chromosomenaberrationen, nicht andernorts klassifizierbar

Symptome, Zeichen und abnorme klinische und Laborbefunde, nicht andernorts klassifiziert (R00–R99)

R55   Synkope und Kollaps
R56   Krampfanfälle, nicht andernorts klassifizierbar
R56.0   Fieberkrämpfe
R56.8   Krampfanfälle, sonstige und nicht näher bezeichnete
R62   Verzögerung der zu erwartenden normalen physiologischen Entwicklung
R62.0   verzögertes Eintreten bestimmter Entwicklungsstufen
R62.8   sonstige Verzögerungen der zu erwartenden physiologischen Entwicklung
R62.9   Verzögerung der zu erwartenden physiologischen Entwicklung, nicht näher bezeichnet
R63   Symptome, die die Nahrungs- und Flüssigkeitsaufnahme betreffen
R63.0   Anorexie
R63.1   Polydipsie
R63.4   abnorme Gewichtsabnahme
R63.5   abnorme Gewichtszunahme
R78.–   Nachweis von Drogen und sonstigen Substanzen, die normalerweise nicht im Blut vorhanden sind
einschließlich: Alkohol (R78.0)
                     Opiate (R78.1)
                     Kokain (R78.2)

Halluzinogene (R78.3)

sonstige suchterzeugende Substanzen (R78.4)

psychotrope Medikamente (R78.5)

pathologischer Lithiumspiegel (R78.8)

R83 abnorme Befunde im Liquor cerebrospinalis

R90.– abnorme Befunde bei diagnostischen bildgebenden Verfahren des Zentralnervensystems

R94 abnorme Ergebnisse von Funktionsprüfungen

R94.0 abnorme Ergebnisse von Funktionsprüfungen des Zentralnervensystems

einschließlich: abnormes Elektroenzephalogramm

Verletzungen, Vergiftungen und sonstige Folgen äußerer Ursachen (S00–T98)

S06 Intrakranielle Verletzungen

S06.0 Kontusio

S06.1 traumatisches Hirnödem

S06.2 diffuse Hirnverletzung

S06.3 fokale Hirnverletzung

S06.4 epidurale Blutung

S06.5 traumatische subdurale Blutung

S06.6 traumatische subarachnoidale Blutung

S06.7 intrakranielle Verletzung mit langdauerndem Koma

Äußere Ursachen für Morbidität und Mortalität (V01–Y98)
Vorsätzliche Selbstbeschädigung (X60-X84)

einschließlich: vorsätzlich selbstzugefügte Vergiftung und Verletzung; Suizid

X60 vorsätzliche Selbstvergiftung durch und Exposition gegenüber nicht opiathaltigen Analgetika, Antipyretika und Antirheumatika

X61 vorsätzliche Selbstvergiftung durch und Exposition gegenüber Antikonvulsiva, Hypnotika, Antiparkinsonmitteln und psychotropen Substanzen, nicht andernorts klassifizierbar

einschließlich: Antidepressiva

Barbiturate

Neuroleptika

Psychostimulantien

X62 vorsätzliche Selbstvergiftung durch und Exposition gegenüber Narkotika und Psychodysleptika (Halluzinogene), nicht andernorts klassifizierbar

einschließlich: Cannabis und Cannabinoide
Kokain
Codein
Heroin
Lysergide (LSD)
Methadon
Mescalin
Morphium
Opiate und Opioide

X63 vorsätzliche Selbstvergiftung durch und Exposition gegenüber sonstigen Arzneimitteln und Substanzen mit Wirkung auf das autonome Nervensystem

X64 vorsätzliche Selbstvergiftung durch und Exposition gegenüber sonstigen und nicht näher bezeichneten Arzneimitteln und biologisch aktiven Stoffen

X65 vorsätzliche Selbstvergiftung durch und Exposition gegenüber Alkohol

X66 vorsätzliche Selbstvergiftung durch und Exposition gegenüber Erdölprodukten, sonstigen Lösungsmitteln und deren Dämpfe

X67 vorsätzliche Selbstvergiftung durch und Exposition gegenüber sonstigen Gasen und Dämpfen

einschließlich: Kohlenmonoxid
Gebrauchsgase

X68 vorsätzliche Selbstvergiftung durch und Exposition gegenüber Insektiziden, Herbiziden und sonstigen Schädlingsbekämpfungsmitteln

X69 vorsätzliche Selbstvergiftung durch und Exposition gegenüber sonstigen und nicht näher bezeichneten Chemikalien und Giftstoffen

einschließlich: aromatische Ätzgifte
Säuren
Ätzalkalien

X70 vorsätzliche Selbstbeschädigung durch Erhängen, Erdrosseln und Ersticken

X71	vorsätzliche Selbstbeschädigung durch Ertrinken und Untergehen
X72	vorsätzliche Selbstbeschädigung durch Faustfeuerwaffen
X73	vorsätzliche Selbstbeschädigung durch Gewehr, Schrotflinte und schwere Feuerwaffe
X74	vorsätzliche Selbstbeschädigung durch sonstige nicht näher bezeichnete Feuerwaffe
X75	vorsätzliche Selbstbeschädigung durch Explosivstoffe
X76	vorsätzliche Selbstbeschädigung durch Feuer und Flammen
X77	vorsätzliche Selbstbeschädigung durch Wasserdampf, heiße Dämpfe und heiße Gegenstände
X78	vorsätzliche Selbstbeschädigung durch scharfen Gegenstand
X79	vorsätzliche Selbstbeschädigung durch stumpfen Gegenstand
X80	vorsätzliche Selbstbeschädigung durch Sturz aus der Höhe
X81	**vorsätzliche Selbstbeschädigung durch Sprung oder Sichlegen vor einen sich bewegenden Gegenstand**
X82	vorsätzliche Selbstbeschädigung durch Unfall mit einem Kraftfahrzeug
X83	vorsätzliche Selbstbeschädigung auf sonstige näher bezeichnete Art und Weise
	einschließlich: Unfall mit einem Luftfahrzeug
	Stromtod
	ätzende Substanzen, ausgenommen Vergiftung
X84	vorsätzliche Selbstbeschädigung auf nicht näher bezeichnete Weise

Tätlicher Angriff (X85–Y09)

einschließlich: Tötung; Verletzungen, die auf jegliche Art und Weise durch eine sonstige Person in Verletzungs- oder Tötungsabsicht zugefügt wurden

X93	tätlicher Angriff mit Faustfeuerwaffe
X99	tätlicher Angriff mit einem scharfen Gegenstand
Y00	tätlicher Angriff mit einem stumpfen Gegenstand
Y04	tätlicher Angriff mit körperlicher Gewalt
Y05	sexueller Mißbrauch mittels körperlicher Gewalt

Y06.– Vernachlässigung und Im-Stich-Lassen

Y07.– sonstige Mißhandlungssyndrome

einschließlich: seelische Grausamkeit

körperlicher Mißbrauch

sexueller Mißbrauch

Folterung

Arzneimittel, Drogen und biologisch aktiv Stoffe, die bei therapeutischer Verwendung schädliche Wirkungen verursachen (Y40–Y59)

Y46 Antikonvulsiva und Antiparkinsonmittel

Y46.7 Antiparkinsonmittel

Y47.– Sedativa, Hypnotika und Tranquillizer

Y49 psychotrope Substanzen, nicht andernorts klassifiziert

Y49.0 trizyklische und tetrazyklische Antidepressiva

Y49.1 monoaminooxidasehemmende Antidepressiva

Y49.2 sonstige und nicht näher bezeichnete Antidepressiva

Y49.3 Antipsychotika und Neuroleptika auf Phenothiazinbasis

Y49.4 Butyrophenon- und Thioxanthen-Neuroleptika

Y49.5 sonstige Antipsychotika und Neuroleptika

Y49.6 Psychodysleptika (Halluzinogene)

Y49.7 Psychostimulantien mit Mißbrauchspotential

Y49.8 sonstige psychotrope Substanzen, nicht andernorts klassifizierbar

Y49.9 nicht näher bezeichnete psychotrope Substanzen

Y50.– Stimulantien des Zentralnervensystems, nicht andernorts klassifizierbar

Y51.– vorwiegend auf das autonome Nervensystem wirkende Arzneimittel

Y57.– sonstige und nicht näher bezeichnete Drogen und Alkohol

Faktoren, die den Gesundheitszustand beeinflussen und zur Inanspruchnahme von Gesundheitsdiensten führen (Z00–Z99)

Z00 allgemeine Untersuchung von Personen ohne Beschwerden oder angegebene Diagnose

Z00.4 allgemeine psychiatrische Untersuchung, nicht andernorts klassifizierbar

Z02 Untersuchung aus administrativen Gründen

Z02.3 Musterungsuntersuchung

Z02.4 Untersuchung zwecks Erlangung des Führerscheins

Z02.6 Untersuchung zu Versicherungszwecken

Z02.7 zur Ausstellung einer medizinischen Bescheinigung

Z03 ärztliche Beobachtung und Begutachtung von Verdachtsfällen

Z03.2 Beobachtung bei Verdacht auf psychische Krankheit, Verhaltensstörung oder bestimmte Entwicklungsstörungen
einschließlich: dissoziales Verhalten
Brandstiftung
Ladendiebstahl
ohne manifeste psychische Störung

Z04 Untersuchung und Beobachtung aus sonstigen Gründen
einschließlich: Untersuchung aus gerichtsmedizinischen Gründen

Z04.6 behördlich angeordnete allgemeine psychiatrische Untersuchung

Z50 Behandlung unter Anwendung von Rehabilitationsmaßnahmen

Z50.2 Rehabilitation nach Alkoholabhängigkeit

Z50.3 Rehabilitation nach Abhängigkeit von psychotropen Substanzen

Z50.4 Psychotherapie, nicht andernorts klassifizierbar

Z50.7 Beschäftigungstherapie und sprachliche Rehabilitation, nicht andernorts klassifizierbar

Z50.8 Behandlung unter Anwendung sonstiger näher bezeichneter Rehabilitationsmaßnahmen
einschließlich: Rehabilitation nach schädlichem Gebrauch von Tabak
Einübung von Tätigkeiten des täglichen Lebens

Z53 Rekonvaleszenz

Z53.3 Rekonvaleszenz nach Psychotherapie

Z55.– Probleme in Verbindung mit Ausbildung und Beruf

Z56.– Probleme in Verbindung mit Berufstätigkeit und Arbeitslosigkeit

Z59.– Probleme in Verbindung mit Wohnbedingungen und ökonomischen Verhältnissen

Z60 Probleme in Verbindung mit der sozialen Umgebung

Z60.0 Anpassungsprobleme bei Veränderung der Lebensumstände

Z60.1   atypische familiäre Situation
Z60.2   Alleinleben
Z60.3   Schwierigkeiten bei der kulturellen Eingewöhnung
Z60.4   soziale Zurückweisung und Ablehnung
Z60.5   Zielscheibe feindlicher Diskriminierung und Verfolgung
Z60.8   sonstige näher bezeichnete Probleme verbunden mit der sozialen Umgebung
Z61   Probleme durch negative Kindheitserlebnisse
Z61.0   Verlust eines nahen Angehörigen in der Kindheit
Z61.1   Herauslösen aus dem Elternhaus in der Kindheit
Z61.2   negativ veränderte Struktur der Familienbeziehungen in der Kindheit
Z61.3   Ereignisse in der Kindheit, die den Verlust des Selbstwertgefühls zur Folge haben
Z61.4   Probleme bei sexuellem Mißbrauch in der Kindheit durch eine Person innerhalb der engeren Familie
Z61.5   Probleme bei sexuellem Mißbrauch in der Kindheit durch eine Person außerhalb der engeren Familie
Z61.6   Probleme bei körperlicher Mißhandlung eines Kindes
Z61.7   persönliches ängstigendes Erlebnis in der Kindheit
Z61.8   sonstige näher bezeichnete negative Kindheitserlebnisse
Z62   sonstige Probleme bei der Erziehung
Z62.0   ungenügende elterliche Überwachung und Kontrolle
Z62.1   elterliche Überfürsorglichkeit
Z62.2   Heimerziehung
Z62.3   Feindseligkeit gegenüber dem Kind und ständige Schuldzuweisung an das Kind
Z62.4   emotionale Vernachlässigung eines Kindes
Z62.5   sonstige Probleme im Zusammenhang mit Vernachlässigung der Erziehung
Z62.6   unangebrachter elterlicher Druck und sonstige abnorme Erziehungsmerkmale
Z62.8   sonstige näher bezeichnete Probleme bei der Erziehung
Z63   sonstige Probleme in der primären Bezugsgruppe, einschließlich familiärer Umstände
Z63.0   Probleme in der Beziehung zum (Ehe)partner
Z63.1   Probleme in der Beziehung zu den Eltern oder zu angeheirateten Verwandten
Z63.2   ungenügende familiäre Unterstützung

Z63.3   Abwesenheit eines Familienangehörigen

Z63.4   Verschwinden oder Tod eines Familienangehörigen

Z63.5   Familienzerrüttung durch Trennung oder Scheidung

Z63.6   Verwandter, der häusliche Betreuung benötigt

Z63.7   sonstige belastende Lebensumstände, die Familie und Haushalt negativ beeinflussen

Z63.8   sonstige näher bezeichnete Probleme in der primären Bezugsgruppe

Z64   Probleme bei bestimmten psychosozialen Umständen

Z64.0   Probleme bei unerwünschter Schwangerschaft

Z64.2   Nachsuchen um und Akzeptieren körperlicher, chemischer und Ernährungsmaßnahmen, die bekanntermaßen gefährlich und schädlich sind

Z64.3   Nachsuchen um und Akzeptieren von verhaltenspsychologischen Maßnahmen, die bekanntermaßen gefährlich und schädlich sind

Z64.4   Dissonanzen mit Beratungspersonen
  einschließlich: Bewährungshelfer
          Sozialarbeiter

Z65   Probleme bei sonstigen psychosozialen Umständen

Z65.0   Zivil- oder strafrechtliche Verurteilung ohne Haftstrafe

Z65.1   Haftstrafe oder Inhaftierung

Z65.2   Entlassung aus dem Gefängnis

Z65.3   sonstige gesetzliche Maßnahmen
  einschließlich: Verhaftung
          Sorgerechts- oder Unterhaltsverfahren
          Strafverfolgung

Z65.4   Opfer von Verbrechen oder Terrorismus (einschl. Folterung)

Z65.5   Betroffensein von Katastrophen, Krieg oder sonstigen Feindseligkeiten

Z70   Beratungsersuchen im Hinblick auf Sexualeinstellung, -verhalten und -orientierung

Z71   Personen, die Gesundheitsdienste zum Zwecke sonstiger Beratung und medizinischer Konsultation in Anspruch nehmen, nicht andernorts klassifizierbar

Z71.4   Beratung und Überwachung bei Alkoholmißbrauch

Z71.5   Beratung und Überwachung bei Mißbrauch psychotroper Substanzen

Z71.6   Beratung bei schädlichem Gebrauch von Tabak

Z72	Probleme bei der Lebensführung
Z72.0	Rauchen
Z72.1	Alkoholgenuß
Z72.2	Gebrauch psychotroper Substanzen
Z72.3	Mangel an körperlicher Bewegung
Z72.4	ungeeignete Ernährungsweise und Eßgewohnheiten
Z72.5	riskantes Sexualverhalten
Z72.6	Teilnahme an Glücksspielen und Wetten
Z72.8	sonstige näher bezeichnete Probleme bei der Lebensführung
	einschließlich: selbstschädigendes Verhalten
Z73	Probleme verbunden mit Schwierigkeiten bei der Lebensbewältigung
Z73.0	Erschöpfungssyndrom (Burn-out-Syndrom)
Z73.1	akzentuierte Persönlichkeitszüge
	einschließlich: Typ-A-Verhalten
Z73.2	Mangel an Entspannung oder Freizeit
Z73.3	Belastung, nicht andernorts klassifizierbar
Z73.4	unzulängliche soziale Fähigkeiten, nicht andernorts klassifizierbar
Z73.5	sozialer Rollenkonflikt, nicht andernorts klassifizierbar
Z75	Probleme mit medizinischen Betreuungsmöglichkeiten und sonstiger Gesundheitsbetreuung
Z75.1	Person, die auf Aufnahme in eine andere geeignete Betreuungseinrichtung wartet
Z75.2	sonstige Wartezeit auf eine Untersuchung oder Behandlung
Z75.5	Betreuung einer pflegebedürftigen Person während des Urlaubs von Angehörigen
Z76	Personen, die Gesundheitsdienste aus anderen Gründen in Anspruch nehmen
Z76.0	Ausstellung wiederholter Verordnung
Z75.5	Person, die Krankheit vortäuscht (Simulant)
	einschließlich: Personen, die eine Krankheit aus offensichtlicher Motivation vortäuschen
Z81	In der Familienanamnese Hinweise auf psychische und Verhaltensstörungen
Z81.0	in der Familienanamnese Hinweise auf Intelligenzminderung

Z81.1   in der Familienanamnese Hinweise auf schädlichen Gebrauch von Alkohol

Z81.3   in der Familienanamnese Hinweise auf schädlichen Gebrauch psychotroper Substanzen

Z81.8   in der Familienanamnese Hinweise auf andere psychische und Verhaltensstörungen

Z82   in der Familienanamnese Hinweise auf bestimmte Behinderungen und chronische, behindernde Krankheiten

Z82.0   in der Familienanamnese Hinweise auf Epilepsie und andere Krankheiten des Nervensystems

Z85.–   in der Eigenanamnese bösartige Neubildungen

Z86   in der Eigenanamnese bestimmte sonstige Krankheiten

Z86.0   sonstige Neubildungen

Z86.4   Mißbrauch psychotroper Substanzen

Z86.5   sonstige psychische und Verhaltensstörungen

Z86.6   Krankheiten des Nervensystems und der Sinnesorgane

Z87   in der Eigenanamnese sonstige Erkrankungen und Bedingungen

Z87.7   angeborene Mißbildungen, Deformitäten und Chromosomenaberrationen

Z91   in der Eigenanamnese Risikofaktoren, nicht andernorts klassifizierbar

Z91.1   Nichtbefolgung ärztlicher Anordnungen

Z91.4   psychisches Trauma, nicht andernorts klassifizierbar

Z91.5   Selbstbeschädigung
einschließlich: parasuizidale Handlungen
Selbstvergiftung
Suizidversuch

ICD-9-CM-Codierungen

HIV-Infektion

042   HIV-Infektion in Verbindung mit bestimmten anderen Erkrankungen

043   HIV-Infektion, die bestimmte andere Erkrankungen verursacht (AIDS-related complex)

044   Andere Infektionen durch HIV

042.0   AIDS mit bestimmten Infektionen

042.1   AIDS mit bestimmten anderen Infektionen

042.2	AIDS mit bestimmtem bösartigem Neoplasma
042.9	AIDS, n. n. bez.
043.0	Lymphadenopathie durch AIDS-related complex
043.1	ZNS befallen durch HIV-Infektion
043.2	Sonstige Störungen mit Beteiligung der Immunmechanismen im Zusammenhang mit AIDS-related complex
043.3	Bestimmte andere durch AIDS-related complex verursachte Erkrankungen
043.9	AIDS-related complex, n. n. bez.
044.0	Bestimmte andere durch eine HIV-Infektion verursachte akute Infektionen
044.9	HIV-Infektion, n. n. bez.

Infektionskrankheiten

006.9	Amoebiasis
112.5	Candidosis disseminata
112.3	Candidosis der Haut und Nägel
112.4	Candidosis der Lunge
112.0	Candidosis des Mundes (Soor)
112.2	Candidosis des Urogenitaltrakts
112.9	Candidosis n. n. bez. Sitz
112.1	Candidosis der Vulva und Vagina
099.41	Chlamydia trachomatis
001.9	Cholera, n. n. bez.
078.1	Condyloma acuminatum (Viruswarzen)
079.2	Coxsackievirusinfektion
041.83	Emphysembazillus (Gasbrand)
041.4	Escherichia coli-Infektion
081.9	Fleckfieber
041.3	Friedländerbakterien-Infektion
007.1	Giardiasis (Giardia lamblia)
098.2	Gonokokkeninfektion (Gonorrhö)
487.1	Grippe, unspezifisch
487.0	Grippe mit Pneumonie
041.5	Haemophilus influenzae-Infektion
054.9	Herpes simplex
053.9	Herpes Zoster
115.9	Histoplasmie
114.9	Kokzidioidmykose

117.5   Kryptokokkose
088.81   Lyme-Borreliose
084.6   Malaria
036.9   Meningokokkeninfektion
075   Mononukleose, infektiöse
072.9   Mumps
041.81   Mykoplasmainfektion
041.2   Pneumokokkeninfektion
041.6   Proteus (mirabilis)-Infektion
041.7   Pseudomonasinfektion
082.9   Rickettsiose, durch Zecken übertragene
056.9   Röteln
004.9   Ruhr, bakterielle (Shigella)
003.9   Salmonelleninfektion
135   Sarkoidose
041.10   Staphylokokkeninfektion
041.00   Streptokokkeninfektion
097.9   Syphilis (Lues)
071   Tollwut
130.9   Toxoplasmose
124   Trichinose
131.9   Trichomoniasis
002.0   Typhoides Fieber
070.1   Virushepatitis Typ A
070.3   Virushepatitis Typ B
070.51   Virushepatitis Typ C
079.99   Virusinfektion, n. n. bez.

Neoplasmen
228.02   Hämangiom des Gehirns
201.90   Morbus Hodgkin
176.9   Kaposi-Sarkom
208.01   Leukämie, akute, in Remission
208.00   Leukämie, akute
208.11   Leukämie, chronische, in Remission
208.10   Leukämie, chronische
200.10   Lymphosarkom
172.9   Malignes Melanom
225.2   Meningiom

203.00	Multiples Myelom
203.01	Multiples Myelom, in Remission
195.2	Neoplasma des Abdomens, bösartig, primär
157.9	Neoplasma der Bauchspeicheldrüse, bösartig, primär
171.9	Neoplasma des Bindegewebes, bösartig, primär
162.9	Neoplasma der Bronchien, bösartig, primär
153.9	Neoplasma des Dickdarms, bösartig, primär
197.5	Neoplasma des Dickdarms, bösartig, sekundär
152.9	Neoplasma des Dünndarms bösartig, primär
183.0	Neoplasma des Eierstocks, bösartig, primär
179	Neoplasma der Gebärmutter, bösartig, primär
191.9	Neoplasma des Gehirns, bösartig, primär
198.3	Neoplasma des Gehirns, bösartig, sekundär
225.0	Neoplasma des Gehirns, gutartig
194.0	Neoplasma der Glandulae suprarenales, bösartig, primär
188.9	Neoplasma der Harnblase, bösartig, primär
173.9	Neoplasma der Haut, bösartig, primär
186.9	Neoplasma des Hodens, bösartig, primär
170.9	Neoplasma der Knochen und Knochenmark, bösartig, primär
198.5	Neoplasma der Knochen und Knochenmark, bösartig, sekundär
155.0	Neoplasma der Leber, bösartig, primär
197.7	Neoplasma der Leber, bösartig, sekundär
162.9	Neoplasma der Lunge, bösartig, primär
197.0	Neoplasma der Lunge, bösartig, sekundär
196.9	Neoplasma der Lymphknoten, bösartig, sekundär
175.9	Neoplasma der männlichen Brust, bösartig, primär
151.9	Neoplasma des Magens, unspezifischer Bezirk, bösartig, primär
211.4	Neoplasma des Mastdarms und des Analkanals, gutartig
189.0	Neoplasma der Niere, bösartig, primar
185	Neoplasma der Prostata, bösartig, primär
154.1	Neoplasma des Rektums, bösartig, primär
193	Neoplasma der Schilddrüse, bösartig, primär
150.9	Neoplasma der Speiseröhre bösartig, primär o. n. A.
174.9	Neoplasma der weiblichen Brust, bösartig, primär
180.9	Neoplasma des Zervix uteri, bösartig, primär
237.70	Neurofibromatose (von Recklinghausen-Krankheit)

227.0 Phäochromozytom, benignes
194.0 Phäochromozytom, malignes
238.4 Polycythaemia vera

Endokrine Erkrankungen

255.2 Adrenogenitale Störung
253.0 Akromegalie und Gigantismus
255.0 Cushing-Syndrom
253.5 Diabetes insipidus
250.00 Diabetes mellitus Typ II, insulinunabhängig
250.00 Diabetes mellitus Typ I, insulinabhängig
257.9 Funktionsstörung der Hoden
256.9 Funktionsstörung der Ovarien
255.1 Hyperaldosteronismus
252.0 Hyperparathyreoidismus
252.1 Hypoparathyreoidismus
242.9 Hyperthyreoidismus
244.9 Hypothyreose, erworbene
243 Hypothyreose, kongenitale
259.2 Karzinoid-Syndrom
253.2 Minderwuchs, hypophysärer
255.4 Nebennierenrindenunterfunktion
253.2 Panhypopituitarismus
259.0 Pubertät und sexuelle Entwicklung, verzögerte
259.1 Pubertät und sexuelle Entwicklung, verfrüht
241.9 Struma, Knoten- ohne Thyreotoxikose
240.9 Struma, n. n. bez.
245.9 Thyreoiditis

Ernährungsstörungen

266.0 Ariboflavinose-Syndrom
267 Askorbinsäuremangel
265.0 Beriberi
278.0 Fettsucht
266.2 Folsäure-Mangel
261 Hunger-Marasmus
269.3 Jodmangel
269.3 Kalziummangel
260 Kwashiorkor-Syndrom
262 Protein-Energie-Mangelsyndrom, schweres

265.2	Pellagra (Niacin-Mangel)
264.9	Vitamin A-Mangel
266.1	Vitamin B_6-Mangel
266.2	Vitamin B_{12}-Mangel
268.9	Vitamin D-Mangel
269.1	Vitamin E-Mangel
269.0	Vitamin K-Mangel

Stoffwechselerkrankungen

276.3	Alkalose
277.3	Amyloidose
276.2	Azidose
271.3	Disaccharid-Intoleranz-Syndrom- und Glucose-Galakto-se-Malabsorption
276.6	Flüssigkeitsüberlastung
274.9	Gicht
275.0	Hämochromatose
275.4	Hyperkalzämie
276.7	Hyperkaliämie
276.0	Hypernatriämie
275.4	Hypokalzämie
276.8	Hypokaliämie
276.1	Hyponatriämie
277.2	Lesch-Nyhan-Syndrom
270.1	Phenylketonurie
277.1	Porphyrinurie
276.9	Störung des Elektrolytgleichgewichts
276.5	Volumenverringerung (Wasserverlust)
275.1	Wilson-Syndrom

Erkrankungen des Nervensystems

324.0	Abszeß, intrakranieller
331.0	Alzheimersche Erkrankung
436	Apoplektischer Insult
437.0	Arteriosklerose, zerebral
334.3	Ataxie, zerebellar
350.2	Atypische Gesichtsschmerzen
333.4	Chorea Huntington
851.80	Contusio cerebri
572.2	Enzephalopathie, hepatische

437.2	Encephalopathia hypertensiva
348.3	Enzephalopathie, nicht näher bezeichnete
345.70	Epilepsia partialis continua (Koshewnikoff-Syndrom)
345.10	Epilepsie, generalisierte Anfälle mit Krämpfen (grand mal)
345.40	Epilepsie, partiell mit Bewußtseinsstörungen
345.50	Epilepsie, partiell ohne Bewußtseinsstörungen
345.00	Epilepsie, generalisierte Anfälle ohne Krämpfe (petit mal)
850.9	Gehirnerschütterung
432.0	Hämorrhagie, nichttraumatische extradurale
852.40	Hämorrhagie, traumatische epidurale
431	Hämorrhagie, intrazerebrale
430	Hämorrhagie, subarachnoidale
852.00	Hämorrhagie, subarachnoidale traumatische
432.1	Hämorrhagie, subdurale nichttraumatische
852.20	Hämorrhagie, subdurale traumatische
348.5	Hirnödem
331.3	Hydrocephalus communicans
331.4	Hydrocephalus occlusus
435.9	Ischämie, transitorische
046.1	Jakob-Creutzfeldtsche Erkrankung
354.0	Karpaltunnel-Syndrom
354.4	Kausalgie
346.20	Kopfschmerz, Cluster Headache
046.0	Kuru
335.20	Lateralsklerose, amyotrophische
046.3	Leukoenzephalopathie, progressive multifokale
330.1	Lipidose, zerebrale
320.9	Meningitis durch n. n. bez. Bakterien
321.0	Meningitis durch Kryptokokken
054.72	Meningitis durch Herpes-simplex-Virus
053.0	Meningitis durch Herpes Zoster
321.10	Meningitis durch Pilzkrankheiten
094.2	Meningitis, syphilitische (luische)
047.9	Meningitis durch n. n. bez. Enteroviren
346.00	Migräne, echte (Migraine accompagnée)
346.10	Migräne, vasomotorische (common migraine)
346.90	Migräne, n. n. bez.

340	Multiple (oder Poly-)Sklerose
359.1	Muskeldystrophie: Duchenne Typ
358.0	Myasthenia gravis pseudoparalytica
337.1	Neuropathie des autonomen (peripheren) Nervensystems
351.0	Parese, Fazialis- (Bell-Lähmung)
343.9	Parese, Cerebral-
343.9	Parese, Pseudobulbär-
046.2	Panenzephalitis, subakute sklerosierende
094.1	Progressive Paralyse
332.0	Primäres Parkinson-Syndrom
331.1	Picksche Erkrankung
357.9	Polyneuropathie, n. n. bez.
348.2	Pseudotumor cerebri (benigne Hirndrucksteigerung)
345.3	Status, grand mal-
345.2	Status, petit mal-
433.1	Stenose der Arteria carotis
330.1	Tay-Sachs-Syndrom
333.1	Tremor, essentieller
350.1	Trigeminusneuralgie o.n.A.
049.9	Virusenzephalitis
434.9	Zerebraler Infarkt o.n.A.

Augenerkrankungen

365.9	Glaukom
366.9	Katarakt
372.9	Konjunktivastörungen
377.30	Neuritis optica
361.9	Netzhautablösung
379.50	Nystagmus und sonstige irreguläre Augenbewegungen
377.00	Papillenödem (Stauungspapille)
369.9	Sehverlust

Hals-, Nasen- und Ohrenerkrankungen

460	Erkältung
464.0	Kehlkopfentzündung, akute (Laryngitis)
386.00	Ménière-Symptomenkomplex
461.9	Nebenhöhlenentzündung, akute (Sinusitis)
473.9	Nebenhöhlenentzündung, chronische (Sinusitis)
382.9	Otitis media

423.9	Perikarditis
443.9	Periphere Gefäßkrankheit
451.9	Phlebitis und Thrombophlebitis
424.3	Pulmonalklappenerkrankung (nichtrheumatisch)
397.1	Pulmonalklappenerkrankung (rheumatisch)
428.0	Stauungsinsuffizienz
427.0	Tachykardie, supraventrikuläre paroxysmale
427.2	Tachykardie, paroxysmale
427.1	Tachykardie, ventrikuläre paroxysmale
424.2	Trikuspidalklappenerkrankung (nichtrheumatisch)
397.0	Trikuspidalklappenerkrankung (rheumatisch)
427.31	Vorhofflimmern
427.32	Vorhofflattern

Atemwegserkrankungen

493.20	Asthma, chronisches obstruktives
493.90	Asthma, n. n. bez.
494	Bronchiektasie
466.0	Bronchitis, akute
491.21	Bronchitis, obstruktive chronische mit Verschluß der Atemwege
491.20	Bronchitis, obstruktive chronische ohne Verschluß der Atemwege
492.8	Emphysem
277.00	Fibrose, zystische
518.81	Insuffizienz, respiratorische
513.0	Lungenabszeß
518.0	Lungenkollaps
011.9	Lungentuberkulose
511.9	Pleuritis mit Erguß o.n.A.
505	Pneumokoniose, n. n. bez.
860.4	Pneumohämothorax, traumatisch
483.0	Pneumonie durch Mycoplasma pneumoniae
481	Pneumonie durch Pneumokokken
482.30	Pneumonie durch Streptokokken
486	Pneumonie n. n. bez.
482.9	Pneumonie, n. n. bez., bakteriell
480.9	Pneumonie, Virus-
512.8	Pneumothorax, Spontan-

860.0 Pneumothorax, traumatischer
136.3 Pneumozystosis

Erkrankungen des Verdauungssystems
540.9 Appendizitis, akute
567.9 Bauchfellentzündung
575.0 Cholezystitis, akute
575.1 Cholezystitis, chronische
556 Colitis ulcerosa
555.9 Crohn-Krankheit
560.39 Darmeinklemmung (Kotstein)
560.9 Darmverschluß
009.2 Diarrhoe, infektiöse
558.9 Diarrhoe unspezifische
555.9 Enteritis, regionale
576.2 Gallengangsstriktur, erworbene
535.50 Gastritis und Gastroduodenitis
535.50 Gastroduodenitis und Gastritis
558.9 Gastroenteritis
571.1 Hepatitis, akute alkoholische
571.40 Hepatitis, chronische
573.3 Hepatitis, toxisch (einschl. drogeninduziert)
571.2 Leberzirrhose, alkoholische (Laennec-Leberzirrhose)
550.90 Leistenhernie
562.12 Kolondiverticulitis, mit Blutung
562.10 Kolondiverticulitis, unspezifisch
562.13 Kolondivertikulose, mit Blutung
562.11 Kolondivertikulose, unspezifisch
531.30 Magengeschwür, akutes
531.70 Magengeschwür, chronisches
578.9 Magen-Darm-Blutung
564.1 Reizdarm oder -kolon
564.0 Obstipation
530.1 Oesophagitis
530.3 Oesophagusstriktur
577.0 Pankreatitis, akute
577.1 Pankreatitis, chronische
530.1 Refluxösophagitis
530.4 Ruptur der Speiseröhre

532.30   Ulcus duodeni, akutes
532.70   Ulcus duodeni, chronisches
070.1   Virushepatitis, Typ A
070.30   Virushepatitis, Typ B
070.51   Virushepatitis, Typ C

Hauterkrankungen

704.00   Alopezie
707.0   Dekubitus, ulzeröser
693.0   Dermatitis durch eigenommene Substanzen
703.0   Eingewachsener Nagel
695.1   Erythema multiforme
701.4   Keloide
692.9   Kontaktdermatitis
696.1   Psoriasis
708.0   Urtikaria, allergische
682.9   Zellgewebsentzündung o.n.A.

Erkrankungen des Stütz-, Bewegungs- und Bindegewebssystems

716.20   Arthritis, allergische
711.90   Arthritis, infektiöse
714.0   Arthritis, rheumatisch
733.40   Aseptische Knochennekrose
710.3   Dermatomyositis
722.93   Diskopathie, lumbale intervertebrale
722.92   Diskopathie, thorakale intervertebrale
722.91   Diskopathie, zervikale intervertebrale
733.10   Fraktur, pathologische (Spontanfraktur)
710.0   Lupus erythematodes disseminatus
715.90   Osteoarthrose
730.20   Osteomyelitis
733.00   Osteoporose
710.1   Systemsklerose
737.30   Skoliose und Kyphoskoliose
710.2   Sjögren-Syndrom
720.0   Spondylitis ankylopoetica (Morbus Bechterew)

Erkrankungen des Urogenitalsystems

614.9   Beckeninfektion oder -entzündung
625.3   Dysmenorrhoe

617.9	Endometriose
218.9	Fibroid (Uterus)
596.4	Harnblasenatonie
592.1	Harnleitersteine
593.3	Harnleiterverengung
598.9	Harnröhrenverengung
599.0	Harnwegsinfekt
628.9	Infertilität, weibliche
606.9	Infertilität, Männliche
627.9	Klimakterische und postklimakterische Störung
626.9	Menstruationsstörungen und abnorme Blutungen
625.2	Mittelschmerz
580.9	Nierenentzündung, akute (Nephritis)
584.9	Niereninsuffizienz, akute
585	Niereninsuffizienz, chronische
403.91	Niereninsuffizienz, hypertonische
586	Niereninsuffizienz, unspezifisch
592.0	Nierensteine
607.3	Priapismus (schmerzhafte Erektion)
600	Prostatavergrößerung, gutartige
601.9	Prostatitis
592.9	Steine in n. n. bez. Harnorganen
618.9	Uterusprolaps
620.2	Zyste des Eierstock
595.9	Zystitis

Schwangerschafts-, Geburts- und Wochenbetterkrankungen

642.00	Eklampsie
643.0	Hyperemesis gravidarum, leicht
643.01	Hyperemesis gravidarum mit Stoffwechselstörungen
642.04	Präeklampsie, leicht
642.05	Präeklampsie, schwer

Kongenitale Fehlbildungen, Deformatitäten und Chromosomenabberationen

758.0	Down-Syndrom
760.71	Fetales Alkohol-Syndrom
749.00	Gaumenspalte
742.3	Hydrocephalus congenitus
752.5	Hodenretention

758.3   Katzenschrei-Syndrom (Antimongolismus-Syndrom)
758.7   Klinefelter-Syndrom
749.10   Lippenspalte
759.82   Marfan-Syndrom
742.1   Mikrozephalus
751.3   Morbus Hirschsprung und sonstige kongenitale Funktionsstörungen des Dickdarms
750.5   Pylorusstenose, kongenitale hypertrophe
741.90   Spina bifida (aperta) (cystica)
760.71   Toxische Auswirkungen von Alkohol auf den Fötus
760.75   Toxische Auswirkungen von Kokain auf den Fötus
760.73   Toxische Auswirkungen von Halluzinogene auf den Fötus
760.72   Toxische Auswirkungen von Narkotika auf den Fötus
760.70   Toxische Auswirkungen von andere Substanzen (einschl. verordnete Medikamente) auf den Fötus
759.5   Tuberöse Sklerose
758.6   Ullrich Turner-Syndrom
752.7   Unbestimmbares Geschlecht und Pseudohermaphroditismus

Hämatologische Erkrankungen

288.0   Agranulozytose
284.9   Anämie, aplastische
283.9   Anämie, erworbene hämolytische
283.11   Anämie, hämolytisch-urämisches Syndrom
283.10   Anämie, nicht autoimmune hämolytische
281.0   Anämie, perniziöse
283.19   Autoimmunbedingte hämolytische Anämie
280.9   Eisenmangelanämie
288.3   Eosinophilie
281.2   Folsäuremangelanämie
286.9   Koagulopathien, n. n. bez.
287.0   Purpura Schonlein-Henoch
282.60   Sichelzellanämie
282.4   Thalassämie
287.5   Thrombozytopenie

Überdosierungen

972.4   Amyl/Butyl/Nitrat
962.1   Androgene und verwandte anabolische Stoffe

971.1 Anticholinergika
969.0 Antidepressiva
967.0 Barbiturate
967.1 Chloralhydrat
967.5 Glutethimid
969.6 Halluzinogene/Cannabis
962.3 Insulin und antidiabetische Substanzen
968.5 Kokain
962.0 Kortikosteroide
967.4 Methaqualonverbindungen
970.1 Opiat-Antagonisten
965.00 Opiate
965.4 Paracetamol (Acetaminophenol)
967.2 Paraldehyd
968.3 Phencyclidin
965.1 Salizylate
962.7 Schilddrüsenhormone und Abkömmlinge
968.2 Stickoxid
970.9 Stimulantien
969.4 Tranquilizer auf Benzodiazepinbasis
969.2 Tranquilizer auf Butyrophenonbasis
969.1 Tranquilizer auf Phenothiazinbasis

Zusätzliche Codeziffern
für medikamenteninduzierte Störungen

Analgetika und Antipyretika
E935.42 Aromatische Analgetika (Phenacetin)
E935.10 Methadon oder L-Polamidon
E935.20 Narkotika, sonstige (Codein, Meperidin)
E935.6 Nichtsteroidale Entzündungshemmer
E935.31 Salicylate (Aspirin)

Antikonvulsiva
E936.3 Carbamazepin
E936.1 Hydantoin-Derivate
E937.0 Phenobarbital
E936.2 Succinimide (Ethosuximid)
E936.3 Valproinsäure

Anti-Parkinson-Mittel
E936.4 Amantadin
E933.0 Diphenhydramin
E936.4 L-Dopa
E941.1 Parasympathikolytika (Anticholinergika) und Spasmolytika

Neuroleptika
E939.3 Neuroleptika, sonstige (z.b. Thioxanthene)
E939.2 Neuroleptika vom Butyrophenontyp (z.b. Haloperidol)
E939.1 Neuroleptika vom Phenothiazintyp (z.b. Chlorpromazine)

Sedativa, Hypnotika und Anxiolytika
E937.0 Barbiturate
E939.4 Benzodiazepine
E937.1 Chloralhydrat-Gruppe
E939.5 Hydroxyzinabkömmlinge
E937.2 Paraldehyd

Andere psychotrope Medikamente
E939.0 Antidepressiva
E939.6 Cannabisderivate
E940.1 Opium-Antagonisten
E937.7 Psychostimulantien (ausschl. zentrale Appetithemmer)

Herzmittel
E942.0 Antiarrhythmetika (einschl. Propanolol)
E942.6 Antihypertonika, sonstige (z.b. Clonidin, Guanethidin, Reserpin)
E942.2 Antilipämische und antiarteriosklerotische Medikamente
E942.4 Coronardilatoren) (z.b. Nitrate)
E942.3 Ganglionblocker (Pentamethonium)
E942.1 Herzglykoside (z.B. Digitalis)
E942.5 Vasodilatoren, sonstige (z.b. Hydralazin)

Primär systemisch wirkende Mittel
E933.0 Anti-Allergika und Anti-Emetika (außer Phenothiazin, Hydroxizine)
E934.2 Antikoagulantien
E933.1 Antineoplastika und Immunsuppressiva

E941.0   Cholinergika (Parasympathomimetika)
E941.1   Parasympathikolytika (Anticholinergika und Spasmolytika)
E941.2   Sympathikomimetika (Adrenergika)
E933.5   Vitamine, sonstige (außer Vitamin K)

Muskel- und Atemwegswirkstoffe
E945.7   Antiasthmatika (Aminophyllin)
E945.4   Antitussiva (Dextromethorphan)
E945.8   Auf die Atmungsorgane wirkende Medikamente, sonstige
E945.1   Muskelrelaxantien für die glatte Muskulatur (Metaproterenol)
E945.2   Skelettmuskelrelaxantien
E945.0   Wehenfördernde Mittel (Ergotaminalkaloide, Prostaglandine)

Hormone und deren Ersatzstoffe
E932.1   Androgene und Anabolica
E932.8   Antithyreotrope Substanzen
E932.0   Nebennierenrindenhormone
E932.2   Ovarialhormone (einschl. oraler Kontrazeptiva)
E932.7   Thyroxin und deren Derivate

Diuretika, Mineralien und harnsäureregulierende Mittel
E944.3   Chlorothiazide
E944.4   Diuretika, sonstige (Furosimid, Etacrynsäure)
E944.7   Harnsäureregulierende Mittel, sonstige (Probenecid)
E944.2   Kohlensäureanhydrasehemmer
E944.1   Purinderivate Diuretika
E944.0   Quecksilberdiuretika

Numerische Liste der DSM-IV-Diagnosen

292.00 Nikotinentzug
292.00 Opiatentzug
292.00 Entzug von Sedativa-, Hypnotika- oder Anxiolytika
292.11 Amphetamininduzierte Psychotische Störung, Mit Wahn
292.11 Durch Andere (oder Unbekannte) Substanz Induzierte Psychotische Störung, Mit Wahn
292.11 Cannabisinduzierte Psychotische Störung, Mit Wahn
292.11 Halluzinogeninduzierte Psychotische Störung, Mit Wahn
292.11 Inhalantieninduzierte Psychotische Störung, Mit Wahn
292.11 Kokaininduzierte Psychotische Störung, Mit Wahn
292.11 Opiatinduzierte Psychotische Störung, Mit Wahn
292.11 Phencyclidininduzierte Psychotische Störung, Mit Wahn
292.11 Sedativa-, Hypnotika- oder Anxiolytikainduzierte Psychotische Störung, Mit Wahn
292.12 Amphetamininduzierte Psychotische Störung, Mit Halluzinationen
292.12 Durch Andere (oder Unbekannte) Substanz Induzierte Psychotische Störung, Mit Halluzinationen
292.12 Cannabisinduzierte Psychotische Störung, Mit Halluzinationen
292.12 Halluzinogeninduzierte Psychotische Störung, Mit Halluzinationen
292.12 Inhalantieninduzierte Psychotische Störung, Mit Halluzinationen
292.12 Kokaininduzierte Psychotische Störung, Mit Halluzinationen
292.12 Opiatinduzierte Psychotische Störung, Mit Halluzinationen
292.12 Phencyclidininduzierte Psychotische Störung, Mit Halluzinationen
292.12 Sedativa-. Hypnotika- oder Anxiolytikainduzierte Psychotische Störung, Mit Halluzinationen
292.81 Amphetaminintoxikationsdelir
292.81 Amphetaminentzugsdelir
292.81 Durch Andere (oder Unbekannte) Substanz Induziertes Delir
292.81 Cannabisintoxikationsdelir
292.81 Halluzinogenintoxikationsdelir
292.81 Inhalantienintoxikationsdelir

292.81 Kokainintoxikationsdelir
292.81 Opiatintoxikationsdelir
292.81 Phencyclidinintoxikationsdelir
292.81 Sedativa-, Hypnotika- oder Anxiolytika-Intoxikationsdelir
292.81 Sedativa-, Hypnotika- oder Anxiolytika-Entzugsdelir
292.82 Persistierende, durch Andere (oder Unbekannte) Substanz Induzierte Demenz
292.82 Persistierende Inhalantieninduzierte Demenz
292.82 Persistierende Sedativa-, Hypnotika- oder Anxiolytikainduzierte Demenz
292.83 Persistierende, durch Andere (oder Unbekannte) Substanz Induzierte Amnestische Störung
292.83 Persistierende Sedativa-,. Hypnotika- oder Anxiolytikainduzierte Amnestische Störung
292.84 Amphetamininduzierte Affektive Störung
292.84 Durch Andere (oder Unbekannte) Substanz Induzierte Affektive Störung
292.84 Halluzinogeninduzierte Affektive Störung
292. 84 Inhalantieninduzierte Affektive Störung
292.84 Kokaininduzierte Affektive Störung
292.84 Opiatinduzierte Affektive Störung
292.84 Phencyclidininduzierte Affektive Störung
292.84 Sedativa-,. Hypnotika- oder Anxiolytikainduzierte Affektive Störung
292.89 Persistierende Wahrnehmungsstörung im Zusammenhang mit Halluzinogenen (Flashbacks)
292.89 Halluzinogeninduzierte Angststörung
292.89 Amphetaminintoxikation
292.89 Amphetamininduzierte Angststörung
292.89 Amphetamininduzierte Sexuelle Funktionsstörung
292.89 Amphetamininduzierte Schlafstörung
292.89 Intoxikation mit Anderer (oder Unbekannter) Substanz
292.89 Durch Andere (oder Unbekannte) Substanz Induzierte Angststörung
292.89 Durch Andere (oder Unbekannte) Substanz Induzierte Sexuelle Funktionsstörung
292.89 Durch Andere (oder Unbekannte) Substanz Induzierte Schlafstörung
292.89 Cannabisintoxikation

292.89 Cannabisinduzierte Angststörung
292.89 Inhalantienintoxikation
292.89 Inhalantieninduzierte Angststörung
292.89 Koffeininduzierte Angststörung
292.89 Koffeininduzierte Schlafstörung
292.89 Kokainintoxikation
292.89 Kokaininduzierte Angststörung
292.89 Kokaininduzierte Sexuelle Funktionsstörung
292.89 Kokaininduzierte Schlafstörung
292.89 Opiatintoxikation
292.89 Opiatinduzierte Sexuelle Funktionsstörung
292.89 Opiatinduzierte Schlafstörung
292.89 Phencyclidinintoxikation
292.89 Phencyclidininduzierte Angststörung
292.89 Sedativa-, Hypnotika- oder Anxiolytikaintoxikation
292.89 Sedativa-, Hypnotika- oder Anxiolytikainduzierte Angststörung
292.89 Sedativa-, Hypnotika- oder Anxiolytikainduzierte Sexuelle Funktionsstörung
292.89 Sedativa-, Hypnotika- oder Anxiolytikainduzierte Schlafstörung
292.90 NNB Störung im Zusammenhang mit Amphetamin
292.90 NNB Störung im Zusammenhang mit Anderer (oder Unbekannter) Substanz
292.90 NNB Störung im Zusammenhang mit Cannabis
292.90 NNB Störung im Zusammenhang mit Halluzinogenen
292.90 NNB Störung im Zusammenhang mit Inhalantien
292.90 NNB Störung im Zusammenhang mit Koffein
292.90 NNB Störung im Zusammenhang mit Kokain
292.90 NNB Störung im Zusammenhang mit Nikotin
292.90 NNB Störung im Zusammenhang mit Opiaten
292.90 NNB Störung im Zusammenhang mit Phencyclidin
292.90 NNB Störung im Zusammenhang mit Sedatia. Hypnotika oder Anxiolytika
292.98 Halluzinogenintoxikation
293.00 Delir Aufgrund von... *[Benenne den Medizinischen Krankheitsfaktor]*
293.81 Psychotische Störung Aufgrund von... *[Benenne den Medizinischen Krankheitsfaktor]* .Mit Wahn

293.82	Psychotische Störung Aufgrund von... *[Benenne den Medizinischen Krankheitsfaktor]*, Mit Halluzinationen
293.83	Affektive Störung Aufgrund von... *[Benenne den Medizinischen Krankheitsfaktor]*
293.89	Angststörung Aufgrund von... *[Benenne den Medizinischen Krankheitsfaktor]*
293.89	Katatone Störung Aufgrund von... *[Benenne den Medizinischen Krankheitsfaktor]*
293.90	NNB Psychische Störung
294.00	Amnestische Störung Aufgrund von... *[Benenne den Medizinischen Krankheitsfaktor]*
294.10	Demenz Aufgrund einer Huntingtonschen Erkrankung
294.10	Demenz Aufgrund einer Parkinsonschen Erkrankung
294.10	Demenz Aufgrund eines Schädel-Hirn-Traumas
294.10	Demenz Aufgrund von ... *[Benenne den Nicht Oben Aufgeführten Medizinischen Krankheitsfaktor]*
294.80	NNB Amnestische Störung
294.80	NNB Demenz
294.90	Demenz Aufgrund einer HIV-Erkrankung
294.90	NNB Kognitive Störung
295.10	Schizophrenie-Desorganisierter Typus
295.20	Schizophrenie-Katatoner Typus
295.30	Schizophrenie-Paranoider Typus
295.40	Schizophreniforme Störung
295.60	Schizophrenie-Residualer Typus
295.70	Schizoaffektive Störung
295.90	Schizophrenie-Undifferenzierter Typus
296.00	Bipolar I Störung, Einzelne Manische Episode, Unspezifisch
296.01	Bipolar I Störung, Einzelne Manische Episode, Leicht
296.02	Bipolar I Störung, Einzelne Manische Episode, Mittelschwer
296.03	Bipolar I Störung, Einzelne Manische Episode, Schwer ohne Psychotische Merkmale
296.04	Bipolar I Störung, Einzelne Manische Episode, Schwer mit Psychotischen Merkmalen
296.05	Bipolar I Störung, Einzelne Manische Episode, Teilremittiert

296.06 Bipolar I Störung, Einzelne Manische Episode, Vollremittiert
296.20 Major Depression, Einzelne Episode, Unspezifisch
296.21 Major Depression, Einzelne Episode, Leicht
296.22 Major Depression, Einzelne Episode, Mittelschwer
296.23 Major Depression, Einzelne Episode, Schwer ohne Psychotische Merkmale
296.24 Major Depression, Einzelne Episode, Schwer mit Psychotischen Merkmalen
296.25 Major Depression, Einzelne Episode, Teilremittiert
296.26 Major Depression, Einzelne Episode, Vollremittiert
296.30 Major Depression, Rezidivierend, Unspezifisch
296.31 Major Depression, Rezidivierend, Leicht
296.32 Major Depression, Rezidivierend, Mittelschwer
296.33 Major Depression, Rezidivierend, Schwer ohne Psychotische Merkmale
296.34 Major Depression, Rezidivierend, Schwer mit Psychotischen Merkmalen
296.35 Major Depression, Rezidivierend, Teilremittiert
296.36 Major Depression, Rezidivierend, Vollremittiert
296.40 Bipolar I Störung, Letzte Episode Manisch, Unspezifisch
296.41 Bipolar I Störung,.Letzte Episode Manisch, Leicht
296.42 Bipolar I Störung, Letzte Episode, Mittelschwer
296.43 Bipolar I Störung, Letzte Episode Manisch, Schwer mit Psychotischen Merkmalen
296.45 Bipolar I Störung, Letzte Episode Manisch, Teilremittiert
296.46 Bipolar I Störung, Letzte Episode Manisch, Vollremittiert
296.50 Bipolar I Störung, Letzte Episode Depressiv, Unspezifisch
296.51 Bipolar I Störung, Letzte Episode Depressiv, Leicht
296.52 Bipolar I Störung, Letzte Episode Depressiv, Mittelschwer
296.53 Bipolar I Störung, Letzte Episode Depressiv, Schwer ohne Psychotische Merkmale
296.54 Bipolar I Störung, Letzte Episode Depressiv, Schwer mit Psychotischen Merkmalen
296.55 Bipolar I Störung, Letzte Episode Depressiv, Teilremittiert

296.56	Bipolar I Störung, Letzte Episode Depressiv, Vollremittiert
296.60	Bipolar I Störung, Letzte Episode Gemischt, Unspezifisch
296.61	Bipolar I Störung, Letzte Episode Gemischt, Leicht
296.62	Bipolar I Störung, Letzte Episode Gemischt, Mittelschwer
296.63	Bipolar I Störung,. Letzte Episode Gemischt, Schwer ohne Psychotische Merkmale
296.64	Bipolar I Störung, Letzte Episode Gemischt, Schwer mit Psychotischen Merkmalen
296.65	Bipolar I Störung, Letzte Episode Gemischt, Teilremittiert
296.66	Bipolar I Störung, Letzte Episode Gemischt, Vollremittiert
296.70	Bipolar I Störung, Letzte Episode Unspezifisch
296.80	NNB Bipolare Störung
296.89	Bipolar II Störung
296.90	NNB Affektive Störung
297.10	Wahnhafte Störung
297.30	Gemeinsame Psychotische Störung
298.80	Kurze Psychotische Störung
298.90	NNB Psychotische Störung
291.80	Alkoholinduzierte Schlafstörung
291.80	Alkoholinduzierte Sexuelle Funktionsstörung
299.00	Autistische Störung
299.10	Desintegrative Störung im Kindesalter
299.80	Rett-Störung
299.80	Asperger-Störung
299.80	NNB Tiefgreifende Entwicklungsstörung (einschließlich Atypischer Autismus)
300.00	NNB Angststörung
300.01	Panikstörung ohne Agoraphobie
300.02	Generalisierte Angststörung
300.11	Konversionsstörung
300.12	Dissoziative Amnesie
300.13	Dissoziative Fugue
300.14	Dissoziative Identitätsstörung
300.15	NNB Dissoziative Störung

300.16 Vorgetäuschte Störung, Mit Vorwiegend Psychischen Zeichen und Symptomen
300.19 Vorgetäuschte Störung, Mit Vorwiegend Körperlichen Zeichen und Symptomen
300.19 Vorgetäuschte Störung, Mit sowohl Psychischen wie Körperlichen Zeichen und Symptomen
300.19 NNB Vorgetäuschte Störung
300.21 Panikstörung mit Agoraphobie
300.22 Agoraphobie ohne Panikstörung in der Vorgeschichte
300.23 Soziale Phobie
300.29 Spezifische Phobie
300.30 Zwangsstörung
300.40 Dysthyme Störung
300.60 Depersonalisationsstörung
300.70 Hypochondrie
300.70 Körperdysmorphe Störung
300.81 Somatisierungsstörung
300.81 NNB Somatoforme Störung
300.81 Undifferenzierte Somatoforme Störung
300.90 Unspezifische Psychische Störung (nichtpsychotisch)
301.00 Paranoide Persönlichkeitsstörung
301.13 Zyklothyme Störung
301.20 Schizoide Persönlichkeitsstörung
301.22 Schizotypische Persönlichkeitsstörung
301.40 Zwanghafte Persönlichkeitsstörung
301.50 Histrionische Persönlichkeitsstörung
301.60 Dependente Persönlichkeitsstörung
301.70 Antisoziale Persönlichkeitsstörung
301.81 Narzißtische Persönlichkeitsstörung
301.82 Vermeidend-Selbstunsichere Persönlichkeitsstörung
301.83 Borderline Persönlichkeitsstörung
301.90 Persönlichkeitsstörung NNB
302.20 Pädophilie
302.30 Transvestitischer Fetischismus
302.40 Exhibitionismus
302.60 Störung der Geschlechtsidentität, bei Kindern
302.60 NNB Störung der Geschlechtsidentität
302.70 NNB Sexuelle Funktionsstörung
302.71 Störung mit Verminderter Sexueller Appetenz

302.72	Erektionsstörung beim Mann
302.72	Störung der Sexuellen Erregung bei der Frau
302.73	Weibliche Orgasmusstörung
302.74	Männliche Orgasmusstörung
302.75	Ejaculatio Praecox
302.76	Dyspareunie (nicht Aufgrund eines Medizinischen Krankheitsfaktors)
302.79	Störung mit Sexueller Aversion
302.81	Fetischismus
302.82	Voyeurismus
302.83	Sexueller Masochismus
302.84	Sexueller Sadismus
302.85	Störung der Geschlechtsidentität, bei Jugendlichen oder Erwachsenen
302.89	Frotteurismus
302.90	NNB Paraphilie
302.90	NNB Sexuelle Störung
303.00	Alkoholintoxikation
303.90	Alkoholabhängigkeit
304.00	Opiatabhängigkeit
304.10	Sedativa-, Hypnotika- oder Anxiolytikaabhängigkeit
304.20	Kokainabhängigkeit
304.30	Cannabisabhängigkeit
304.40	Amphetaminabhängigkeit
304.50	Halluzinogenabhängigkeit
304.60	Inhalantienabhängigkeit
304.80	Polytoxikomanie
304.90	Abhängigkeit von Anderer (oder Unbekannter) Substanz
304.90	Phencyclidinabhängigkeit
305.00	Alkoholmißbrauch
305.10	Nikotinabhängigkeit
305.20	Cannabismißbrauch
305.30	Halluzinogenmißbrauch
305.40	Sedativa-, Hypnotika- oder Anxiolytikamißbrauch
305.50	Opiatmißbrauch
305.60	Kokainmißbrauch
305.70	Amphetaminmißbrauch
305.90	Mißbrauch einer Anderen (oder Unbekannten) Substanz
305.90	Inhalantienmißbrauch

305.90   Koffeinintoxikation
305.90   Phencyclidinmißbrauch
306.51   Vaginismus (nicht Aufgrund eines Medizinischen Krankheitsfaktors)
307.00   Stottern
307.10   Anorexia Nervosa
307.20   NNB Ticstörung
307.21   Vorübergehende Ticstörung
307.22   Chronische Motorische oder Vokale Ticstörung
307.23   Tourette-Störung
307.30   Stereotype Bewegungsstörung
307.42   Insomnie im Zusammenhang mit ... *[Benenne die Achse I- oder Achse II-Störung]*
307.42   Primäre Insomnie
307.44   Hypersomnie im Zusammenhang mit ... *[Benenne die Achse I- oder Achse II-Störung]*
307.44   Primäre Hypersomnie
307.45   Schlafstörung mit Störung des Zirkadianen Rhythmus
307.46   Pavor Nocturnus
307.46   Schlafstörung mit Schlafwandeln
307.47   NNB Dyssomnie
307.47   NNB Parasomnie
307.47   Schlafstörung mit Alpträumen
307.50   NNB Eßstörung
307.51   Bulimia Nervosa
307.52   Pica
307.53   Ruminationsstörung
307.59   Fütterstörung im Säuglings- oder Kleinkindalter
307.6   Enuresis (Nicht Aufgrund eines Medizinischen Krankheitsfaktors)
307.7   Enkopresis ohne Verstopfung und Überlaufinkontinenz
307.80   Schmerzstörung in Verbindung mit Psychischen Faktoren
307.89   Schmerzstörung in Verbindung mit sowohl Psychischen Faktoren wie einem Medizinischen Krankheitsfaktor
307.90   NNB Kommunikationsstörung
308.30   Akute Belastungsstörung
309.00   Anpassungsstörung mit Depressiver Stimmung
309.21   Störung mit Trennungsangst

309.24	Anpassungsstörung mit Angst
309.28	Anpassungsstörung mit Angst und Depressiver Stimmung, Gemischt
309.3	Anpassungsstörung mit Störungen des Sozialerhaltens
309.4	Anpassungsstörung mit Emotionalen Störungen und Störungen des Sozialerhaltens, Gemischt
309.81	Posttraumatische Belastungsstörung
309.9	Anpassungsstörung, Unspezifisch
310.10	Persönlichkeitsveränderung Aufgrund von... *[Benenne den Medizinischen Krankheitsfaktor]*
311.00	NNB Depressive Störung
312.30	NNB Impulskontrollstörung
312.31	Pathologisches Spielen
312.32	Kleptomanie
312.33	Pyromanie
312.34	Intermittierende Explosible Störung
312.39	Trichotillomanie
312.80	Störung des Sozialverhaltens
312.9o	NNB Sozial Störendes Verhalten
313.23	Selektiver Mutismus
313.81	Störung mit Oppositionellem Trotzerhalten
313.82	Identitätsproblem
313.89	Reaktive Bindungsstörung im Säuglingsalter oder in der Frühen Kindheit
313.90	NNB Störung im Kleinkindalter in der Kindheit oder Adoleszenz
314.00	Aufmerksamkeitsdefizit-/Hyperaktivitätsstörung, Vorwiegend Unaufmerksamer Typus
314.01	Aufmerksamkeitsdefizit-/Hyperaktivitätsstörung, Mischtypus
314.01	Aufmerksamkeitsdefizit-/Hyperaktivitätsstörung, Vorwiegend Hyperaktiv-Impulsiver Typus
314.90	NNB Aufmerksamkeitsdefizit-/Hyperaktivitätsstörung
315.00	Lesestörung
315.10	Rechenstörung
315.20	Störung des Schriftlichen Ausdrucks
315.31	Expressive Sprachstörung
315.31	Kombinierte Rezeptiv-Expressive Sprachstörung
315.39	Phonologische Störung

315.40   Entwicklungsbezogene Koordinationsstörung
315.90   Lernstörung.NNB
316.0...   *[spezifischer Psychischer Faktor],* der... *[Benenne den Me-*
          dizinischen Krankheitsfaktor] Beeinflußt
317.00   Leichte Geistige Behinderung
318.00   Mittelschwere Geistige Behinderung
318.10   Schwere Geistige Behinderung
318.20   Schwerste Geistige Behinderung
319.00   Geistige Behinderung mit Unspezifischem Schweregrad
332.10   Neuroleptikainduzierter Parkinsonismus
333.10   Medikamenteninduzierter Haltetremor
333.70   Neuroleptikainduzierte Akute Dystonie
333.82   Neuroleptikainduzierte Tardive Dyskinesie
333.90   NNB Medikamenteninduzierte Bewegungsstörung
333.92   Malignes Neuroleptisches Syndrom
333.99   Neuroleptikainduzierte Akute Akathisie
347.00   Narkolepsie
607.84   Erektionsstörung beim Mann Aufgrund von... *[Benenne*
          den Medizinischen Krankheitsfaktor]
608.89   Andere Sexuelle Funktionsstörung beim Mann Aufgrund
          von... *[Benenne den Medizinischen Krankheitsfaktor]*
608.89   Dyspareunie beim Mann Aufgrund von... *[Benenne den*
          Medizinischen Krankheitsfaktor]
608.89   Störung mit Verminderter Sexueller Appetenz beim
          Mann Aufgrund von... *[Benenne den Medizinischen*
          Krankheitsfaktor]
625.00   Dyspareunie bei der Frau Aufgrund von... *[Benenne den*
          Medizinischen Krankheitsfaktor]
625.80   Andere Sexuelle Funktionsstörung bei der Frau Auf-
          grung von... *[Benenne den Medizinischen Krankheitsfak-*
          tor]
625.80   Störung mit Verminderter Sexueller Appetenz bei der
          Frau Aufgrund von... *[Benenne den Medizinischen Krank-*
          heitsfaktor]
780.09   NNB Delir
780.52   Schlafstörung Aufgrund von ... *[Benenne den Medizini-*
          schen Krankheitsfaktor], Insomnie-Typus
780.54   Schlafstörung Aufgrund von ... *[Benenne den Medizini-*
          schen Krankheitsfaktor], Hypersomnie-Typus

780.59	Schlafstörung Aufgrund von ... *[Benenne den Medizinischen Krankheitsfaktor]*, Parasomnie-Typus
780.59	Schlafstörung Aufgrund von ... *[Benenne den Medizinischen Krankheitsfaktor]*, Mischtypus
780.59	Atmungsgebundene Schlafstörung
780.90	Altersbedingter Kognitiver Abbau
787.60	Enkopresis mit Verstopfung und Überlaufinkontinenz
799.90	Diagnose oder Zustand auf Achse I Zurückgestellt
799.90	Diagnose auf Achse II Zurückgestellt
995.20	NNB Ungünstige Wirkungen einer Medikation
V15.81	Nichtbefolgen von Behandlungsanweisungen
V61.10	Partnerschaftsproblem
V61.10	Körperliche Mißhandlung eines Erwachsenen
V61.10	Sexueller Mißbrauch eines Erwachsenen
V61.20	Eltern-Kind-Beziehungs-Problem
V61.21	Vernachlässigung eines Kindes
V61.21	Körperliche Mißhandlung eines Kindes
V61.21	Sexueller Mißbrauch eines Kindes
V61.80	Problem zwischen Geschwistern
V61.90	Zwischenmenschliches Problem im Zusammenhang mit einer Psychischen Störung oder einem Medizinischen Krankheitsfaktor
V62.20	Berufsproblem
V62.30	Schwierigkeiten in Schule und/oder Studium
V62.40	Kulturelles Anpassungsproblem
V62.81	NNB Zwischenmenschliches Problem
V62.82	Einfache Trauer
V62.89	Grenzbereich der Intellektuellen Leistungsfähigkeit
V62.89	Problem einer Lebensphase
V62.89	Religiöses oder Spirituelles Problem
V65.20	Simulation
V71.01	Antisoziales Verhalten im Erwachsenenalter
V71.02	Antisoziales Verhalten in der Kindheit oder Adoleszenz
V71.09	Keine Diagnose auf Achse II
V71.09	Keine Diagnose oder kein Zustand auf Achse I

Diagnostischer Index

Strukturiertes Klinisches Interview für DSM-IV (SKID-I und SKID-II)

Achse I: Psychische Störungen
Achse II: Persönlichkeitsstörungen
Deutsche Bearbeitung
von Hans-Ulrich Wittchen,
Michael Zaudig und Thomas Fydrich

Test komplett bestehend aus:
Handanweisung, Interviewheft SKID-I inkl.
Beurteilungsheft, Interviewheft SKID-II inkl.
Auswertungsbogen und Fragebogen SKID-II.
DM 158,– • Bestellnummer: 01 229 03

Das SKID-I dient der Erfassung und Diagnostik psychischer Syndrome und Störungen, wie sie im DSM-IV auf Achse I definiert werden. Außerdem werden Kodierungsmöglichkeiten für die Beurteilung von Achse III (Körperliche Störungen) und Achse V (Psychosoziales Funktionsniveau) angeboten. Das SKID-II ist ein Verfahren zur Diagnostik der zehn auf Achse-II sowie der zwei im Anhang des DSM-IV aufgeführten Persönlichkeitsstörungen.

SKID-I und SKID-II ermöglichen dem Interviewer eine schnelle und valide Diagnosestellung nach DSM-IV. Die Durchführungszeit von SKID-I beträgt etwa 60 Minuten, die von SKID-II liegt bei etwa 30 Minuten.

 Hogrefe - Verlag für Psychologie
Rohnsweg 25 • 37085 Göttingen • http://www.hogrefe.de

Internationale Diagnosen Checklisten (IDCL) für DSM-IV (IDCL für DSM-IV)

von Wolfgang Hiller, Michael Zaudig
und Werner Mombour

Test komplett bestehend aus:
Manual, 31 Checklisten (á 10) und Screening-Blatt
DM 198,– • Bestellnummer: 01 220 01

Die Internationalen Diagnosen Checklisten (IDCL) wurden vor allem für die tägliche Routinediagnostik im Bereich der psychiatrischen und psychosozialen Versorgung entwickelt. Die insgesamt 31 Checklisten können dem Kliniker während des Explorationsgesprächs als Leitfaden dienen, um die diagnostischen Kriterien der in Frage kommenden Störungsbilder systematisch zu überprüfen. Folgende Störungsbereiche werden berücksichtigt: Psychotische Störungen, Affektive Störungen, Angststörungen, Somatoforme Störungen, Störungen durch die Einnahme psychotroper Substanzen, Eßstörungen und Organisch bedingte psychische Störungen. Die jeweiligen Diagnosekriterien (z.B. Symptome, Zeit- und Verlaufsmerkmale, Schweregrad, Ausschlußkriterien) sind in übersichtlicher Form angeordnet, und die exakte Diagnosenstellung ist sofort während oder nach der diagnostischen Untersuchung möglich. Somit wird auch das Überprüfen komplexer Diagnosen vereinfacht und dem Diagnostiker wird genügend Flexibilität im Umgang mit dem Patienten ermöglicht.

 Hogrefe - Verlag für Psychologie
Rohnsweg 25 • 37085 Göttingen • http://www.hogrefe.de